dtv

Dieses Lesebuch lädt ein, sich mit berühmten Reisenden auf eine Spurensuche ins Land der Gallier zu machen, um Orte und Landschaften, Geschichte und Kultur, Menschen und Lebensstil aus erlebten Perspektiven kennenzulernen. Von der Metropole Paris bis zu Badefreuden am Meer, von den Loire-Schlössern bis zu interessanten Begegnungen mit der Haute cuisine reicht das Spektrum der originellen Einblicke – der Versuch, das »Phänomen« Frankreich zu ergründen. Ob zur Vor- oder Nachbereitung einer Reise, ob als Begleiter für unterwegs oder zur vergnüglichen Lektüre in Mußestunden: für Anregungen und Überraschungen, aber auch für Déjà-vu-Erlebnisse ist bestens gesorgt.

Der Herausgeber *Dr. phil. Stefan Janson* ist Hörfunkprogrammleiter und lehrt als Literaturwissenschaftler an der Katholischen Universität Eichstätt-Ingolstadt.

Frankreich
Reise-Lesebuch

Herausgegeben und
mit einem Essay versehen von
Stefan Janson

Deutscher Taschenbuch Verlag

Von Stefan Janson
sind im Deutschen Taschenbuch Verlag erschienen:
Italien. Reise-Lesebuch (20805)
Griechenland. Reise-Lesebuch (20806)

Meiner Frau und meinen Kindern

Originalausgabe
Juli 2007
Deutscher Taschenbuch Verlag GmbH & Co. KG,
München
www.dtv.de

Umschlagkonzept: Balk & Brumshagen
Umschlaggestaltung unter Verwendung eines Gemäldes
(1937) von Albert Marquet (VG Bild-Kunst, Bonn 2006)/
Bridgeman Giraudon
Gesetzt aus der Bembo 10,7/11,5' (QuarkXPress)
Satz: Fotosatz Reinhard Amann, Aichstetten
Druck und Bindung: Druckerei C. H. Beck, Nördlingen
Gedruckt auf säurefreiem, chlorfrei gebleichtem Papier
Printed in Germany · ISBN 978-3-423-13566-5

Inhalt

I.

»Hier schreiten noch heute Fasane wie leibhaftige Barone«
Orte und Landschaften, Städte und Gärten

Georg Büchner

In den Vogesen
Landschaft um Straßburg

An die Familie

Straßburg, den 8. Juli 1833

Bald im Tal, bald auf den Höhen zogen wir durch das liebliche Land. Am zweiten Tage gelangten wir auf einer über 3000 Fuß hohen Fläche zum sogenannten weißen und schwarzen See. Es sind zwei finstere Lachen in tiefer Schlucht, unter etwa 500 Fuß hohen Felswänden. Der weiße See liegt auf dem Gipfel der Höhe. Zu unseren Füßen lag still das dunkle Wasser. Über die nächsten Höhen hinaus sahen wir im Osten die Rheinebene und den Schwarzwald, nach West und Nordwest das Lothringer Hochland; im Süden hingen düstere Wetterwolken, die Luft war still. Plötzlich trieb der Sturm das Gewölke die Rheinebene herauf; zu unserer Linken zuckten die Blitze, und unter dem zerrissenen Gewölk über dem dunklen Jura glänzten die Alpengletscher in der Abendsonne. Der dritte Tag gewährte uns den nämlichen herrlichen Anblick; wir bestiegen nämlich den höchsten Punkt der Vogesen, den an 5000 Fuß hohen Bölgen. Man übersieht den Rhein von Basel bis Straßburg, die Fläche hinter Lothringen bis zu den Bergen der Champagne, den Anfang der ehemaligen Franche Comté, den Jura und die Schweizergebirge vom Rigi bis zu den entferntesten Savoyischen Alpen. Es war gegen Sonnenuntergang, die Alpen wie blasses Abendrot über der dunkel gewordenen Erde. Die Nacht brachten wir in einer geringen Entfernung vom Gipfel in einer Sennerhütte zu. Die Hirten haben hundert Kühe und bei neunzig Farren und Stiere auf der Höhe. Bei Sonnenaufgang war der Himmel etwas dunstig, die Sonne warf einen roten Schein über die Landschaft. Über den Schwarzwald und den Jura schien das Gewölk wie ein schäumender Wasserfall zu stürzen, nur die Alpen standen hell darüber, wie eine blitzende Milchstraße. Denkt Euch über der dunklen Kette des Jura und über dem Gewölk im Süden, so weit der Blick reicht, eine ungeheure, schimmernde Eiswand, nur noch oben durch die Zacken und Spitzen der einzelnen Berge unterbrochen. – Vom Bölgen stiegen wir rechts herab in das sogenannte Amarinental, das letzte Haupttal der Vogesen. Wir gingen talaufwärts. Das Tal schließt sich mit einem schönen Wiesengrund im wilden Gebirg. Über die Berge führte uns eine gut erhaltene Bergstraße nach Lothringen zu den Quellen der Mosel. Wir folgten eine Zeit lang dem Laufe des Wassers, wandten uns dann nördlich und kehrten über mehrere interessante Punkte nach Straßburg zurück.

THEODOR FONTANE

»Da lag sie, vom Frühlicht umflossen …« Die Kathedrale von Reims

Es war Mittag, als wir in Reims einfuhren. Ich schickte meine Sachen in den »Lion d'or« und schlenderte im Zickzack die Esplanade und die Straßen hinauf, um auf dem Wege ins Hôtel zugleich ein Bild der Stadt zu gewinnen. […]

Ich hatte ein halbes Dutzend Plätze und beinahe ebensoviele Statuen zu passieren, einen Colbert, einen Canonicus Godinot, einen Duc d'Erlon (Marschall Drouet) und traf ziemlich ermüdet auf dem Kathedralen-Platze ein, an dessen einer Ecke, wie ich erfahren hatte, sich mein Lion d'or befinden mußte. So war es auch. Die Introduktion ließ viel zu wünschen übrig. Aus einer Flur-Ecke hervor sahen mich meine drei kleinen Gepäckstücke wehmütig wie Waisenkinder an und der Hôtelier versicherte mir: alles sei besetzt. Meiner kummervollen Miene indes bewilligte er schließlich »eine Matratze im Salon«. Ich muß übrigens gleich hier bemerken, daß dies »alles besetzt«, dem ich sechs Wochen lang, und zwar zeitweilig Tag um Tag begegnete, mich zuletzt kaum noch in Schrecken setzte. Es fand sich, mit wenigen Ausnahmen, immer etwas. Auch hier in Reims war mir noch eine freundliche Überraschung vorbehalten.

Ich nahm nun zunächst ein Spät-Dejeuner, machte so viel Toilette wie in einem Speise-Salon mit großen Fenstern und noch größeren Trumeaux, die alle Geheimnisse sechsmal wiedererzählten, überhaupt möglich war, und brach dann auf, um einige Zeilen auf die Post und mich selber ans Flanieren zu geben. Den Kathedralen-Besuch (immer eine herzhafte Arbeit) dachte ich bis auf den folgenden Tag zu verschieben. [...]

Ich [...] sah nun das Mittelschiff hinunter über den Hochalter fort, bis in die dahintergelegene, den ganzen Bau nach Osten hin abschließende Kapelle hinein, deren großes Glasfenster, wie eine Juwelenwand, dunkelleuchtend vor mir stand. Die Wirkung war sehr bedeutend, magisch, ganz besonders dadurch, daß man nicht unmittelbar, sondern durch einen offenen Spitzbogen des hohen Chors (der nun wie ein vorgestelltes, einrahmendes Tor wirkte) auf dies, die ganze Mittelkirche beherrschende Fenster blickte. Der Umstand, daß ich selber in einem breiten, vom Portal her einfallenden Lichtstreifen stand, während die ganze übrige Kirche in einem grauen, nur hier und dort farbig durchblitzten Dämmer lag, steigerte die Wirkung des Ganzen.

Aber hiermit war auch der Zauber, den das *Innere* dieser vielberühmten Kathedrale auf mich ausübte, erschöpft. Es waren Licht- und Farbenwirkungen, die zum Teil in günstigen Zufälligkeiten ihren Grund hatten. Zu einer eigentlichen Schönheits-Bewunderung der inneren Struktur dieses Baues konnte ich es nicht bringen. [...]

Mir persönlich indes ist der innere Aufbau viel zu *schwer* und *massig* erschienen; ich gebe dem graziösen, palmenhaften Aufwachsen der Pfeiler-Avenuen, wie sie sich beispielsweise in den drei gotischen Kirchen von Rouen vorfinden, unbedingt den Vorzug. Hier in Reims geht das Schönheitliche im Königlichen, im Feierlichen und Imposanten unter. Auch was unter den restaurierenden Händen der Neuzeit geschehen ist: mattvergoldete Kapitäle und goldgestirnte blaue Deckengewölbe, es hat mich nicht begeistern können. Auch nach dieser Seite hin sind wir in unsern deutschen Domen glücklicher gewesen.

Der *historische* Glanz alles dessen, was hier geschah, sollte schließlich (so hofft' ich) einen poetischen Schönheitsschimmer um diese schweren Pfeilermassen ausgießen; – so schritt ich denn das Mittelschiff abermals hinauf, dem Hauptaltar entgegen, der seinerzeit mit Goldplatten bekleidet und mit einem schwebenden Tabernakel geschmückt war. Welches Sanctuarium dies! Die Stelle, wo alle Könige Frankreichs, von Philipp August (1179) bis auf Karl X. (1825) das heilige Salböl empfangen hatten. Nur drei Ausnahmen: Heinrich IV., der in Chartres, Napoleon, der in Paris, Ludwig XVIII., der gar nicht gekrönt wurde. An diese Altarstufen war es auch, wohin *Jeanne d'Arc* den Dauphin führte. [...]

Es war 9 Uhr als ich die Kathedrale wieder vor mir sah, [...] und das Mondlicht lag wie Schnee über den Platz hin. [...] Da stand die Mondscheibe links neben dem linken Turm, und meine Vormittagsbetrachtungen erschienen mir nun als bare Ketzerei. Zwischen den Fensterstäben stand es jetzt wie silberne Lichtmassen, nichts von Öde und Kahlheit mehr, alles schlank, phantastisch; – wie aus einer Märchenwelt trat ich in die prosaische Welt des Hôtelhofes ein.

Aber auch hier hatte sich's inzwischen zu meinen Gunsten geändert; ich wurde mit der Zusicherung empfangen, daß sich ein Zimmer gefunden habe. Ich dankte, stieg treppauf, und eine Stunde später träumte ich bereits von blauem Grund und goldenen Sternen, die bald aus dem Himmels-, bald aus dem Kathedralengewölbe auf mich herniederzublicken schienen.

Früh war ich auf; [...] noch allerhand blieb zu sehen. Da lag sie zunächst wieder, die schöne Unvermeidliche – die Kathedrale, jetzt vom Frühlicht umflossen. Es war nicht der volle Zauber vom Abend vorher, aber doch auch ein Zauber. Ein breiter Streifen reflektierten Lichtes fiel auf die drei Portale, die sich dadurch von dem im Schatten bleibenden Rest der Façade abtrennten. Es war nicht möglich teilnahmslos an ihnen vorüberzugehen. Der enorme Detail-Reichtum dieser vielberühmten Front sprach immer lebendiger zu mir und die günstige, allen Teilen zu ihrem Recht verhelfende Beleuchtung ließ mich erst jetzt erkennen, daß es sich hier nicht bloß um einen überreich gegliederten Portalschmuck, sondern um einen *riesenhaften Gesamt-Fries* der ganzen Front handelte, in dem die drei großen Portale nur selbst wieder integrierende Teile waren. Ja der produktive Drang jener Epoche hatte sich auch *daran* noch nicht genug sein lassen; dieser Façadenschmuck wuchs noch nach links und rechts hin *um beide Ecken herum*, etwa (um der Trivialwelt einen Vergleich zu entnehmen) als habe man einen figurenreichen Bilderstreifen an die Front eines Kastens zu kleben gehabt, habe aber, weil der Streifen eben länger war als nötig, ihn, so weit er reichte, noch seitwärts geklappt. Es gibt nichts, was einem die Schaffenslust und Fülle jener Jahrhunderte so veranschaulichen könnte, wie dieser über Ziel und Aufgabe hinauswachsende Überschuß.

MARIE-LUISE KASCHNITZ

»Als läge das Schloß ganz einsam …« Ein Frühlingstag in Versailles

[Palmsonntag 1939]

Am Nachmittag waren wir in Versailles. Von der großen Allee aus sieht das Schloß aus wie eine ganze kleine Stadt oder der Platz einer Residenz, da die symmetrisch angelegten, aber sehr verschiedenartigen Gebäudeflügel vortreten und zurückweichen und so angeordnet sind, daß kleine Sträßchen sich in den Hintergrund verlieren. Auf dem holprigen Kopfsteinpflaster des Hofes müssen die alten gläsernen Kutschen nicht schlecht gerumpelt haben. Es regnete, und wir gingen durch die Schlachtensäle, die H. Vernet ausgemalt hat, durch die Salle des glaces und die Zimmer des Königs und der Königin mit ihren schönen Stuck- und Golddekorationen. Die kleinen Wohnräume sind nach häßlichen Hinterhöfen zu gelegen, aber jedes einzelne von ihnen ist eine vollkommene kleine Schöpfung durch die wunderbare Sicherheit, mit der die Wände aufgeteilt und getäfelt, die Farben ausgewählt sind (zartgrün und rosa, Glasschränke und Boiserie). Man fragt sich, warum alle Räume so völlig leer sind – es wäre doch ein leichtes, sie im Stil der Zeit ihrer Bewohner (jeder König, jede Königin hatte ihre eigene Zimmerflucht) zu möblieren, mit den besten Dingen, die in Frankreich aufzutreiben sind.

Das große Baldachinbett Ludwigs XIV. steht hinter einer Balustrade, zu der sich beim Lever die Bittstellenden drängten. Ein Wachsporträt zeigt ihn in großer Fette und Scheußlichkeit, und gleich erinnert man sich daran, daß zu jeder Stunde der Nacht ein völlig fertiges warmes Essen für ihn bereitstehen mußte, da er oft aufwachte und zu essen verlangte.

Von den Prachtsälen schaut man immer wieder über die herrlichen Gartenanlagen, die Wasserspiegel und Treppen hin. Wir sahen noch das Théâtre, das einmal sehr hübsch gewesen sein muß, weiß und gold, mit blauen Vorhängen vor den Logen, das aber zur Zeit Louis Philippes dunkelrot und gold angestrichen wurde und sehr düster wirkt. In dem gewaltig hohen, seinerzeit wegen seiner raffinierten Anlage berühmten Schnürbodenraum der Bühne wurde 1918 den Diplomaten des Friedensvertrags ein Essen gegeben, und man fragt sich vergebens, warum gerade dieser staubige, dunkle und etwas unheimliche Raum dazu ausgewählt wurde.

Nach dem Garten zu ist die Front des Schlosses völlig einheitlich. In großartigen Bogen führen die Treppen hügelab, die Wege schließen sich um ein großes rundes Bassin und führen dann zu beiden Seiten schmaler Teiche zwischen den Rändern des Parkwaldes immer weiter ins freie Land hinaus, in das der Park ohne Abschluß übergeht. Es hatte aufgehört zu regnen, zwischen den schweren Sciroccowolken erschien immer mehr blauer Himmel, und auf den grünbemoosten Stämmen der Platanen lag das Sonnenlicht in magischem Grün wie eine bengalische Beleuchtung. Wir gingen quer durch den Park, aus einem Springbrunnen schleuderte ein moosbewachsener Titan seine letzten Verwünschungen zum Himmel empor, halb schon von Steinen bedeckt. Hinter niederen Holzgittern standen die schlanken Stämme noch lange so giftig grün, der Boden war mit einer dem Maikraut ähnlichen Pflanze überall dicht bedeckt. Eine Amsel lockte mit großer Dringlichkeit und übertönte alle andern Vogelstimmen. Aus dem Wald tretend hatten wir ein schönes Bild vor Augen: hinter der ansteigenden Rasenfläche, von ihrer Wölbung überschnitten, ein Stück der Schloßfassade, schwarze Tujabüsche, die Böschung hinab gereiht wie dicke schwarze Hühner, darüber der Himmel, nun blau mit weißen Wolken – es sah aus, als läge das Schloß ganz einsam auf einem unendlich großen Wiesenhügel. Die Luft war herrlich rein, in den Baumkronen lag ein Schleier von Grün, und in der Ferne war alles so bläulich silbern, so einzigartig im Licht, daß man aus diesem Erlebnis der Landschaft die Einzigartigkeit der französischen Malerei zu begreifen begann –

Walter Pater

»Zwischen nördlichem Ernst und der Üppigkeit des Südens« – Auxerre, Sens, Troyes

Auxerre ist vielleicht die vollkommenste Verkörperung des eigentlichen Wesens der französischen Stadt, die der Wanderer finden kann. Das Schaffen aufeinanderfolgender Zeitalter ist, nicht ohne lebendige Züge der Gegenwart, harmonisch ineinander verschmolzen mit einer *eigentümlichen* Schönheit – einer zisalpinen, nördlichen Schönheit, die jedoch gleichzeitig etwas durchaus anderes ist als die deutsche malerische Wucht von Ulm oder Freiburg oder Augsburg. Turner hat dieses Ideal in manchen seiner Studien französischer Flüsse gefunden; eine vollendet glückliche Vereinigung von Fluß und Stadt stellt dabei das wesentlichste Merkmal dar. Gewiß ist Auxerre, was den malerischen Charakter betrifft, die hervorragendste aus der Gruppe der drei bedeutenden Städte in dieser Gegend – Auxerre, Sens, Troyes –, von denen sich jede, als ob auf diese Wirkung bewußt hingezielt worden wäre, um den wuchtigen Mittelpunkt einer riesigen, grauen Kathedrale sammelt.

Um Troyes herum muß man das Malerische allein in der Natur, in der reichen, fast groben sommerlichen Färbung der Champagne suchen, wo sogar die Dachziegel, der Stuck und die Backsteine der winzigen Dörfer und der großen, sich lang hinziehenden dorfähnlichen Bauerngüter die Wärme eingefangen haben. Die Kathedrale, die – weit über die Felder von anscheinend frei wuchernden Blumen hin sichtbar – eine reiche Mischung aller Abarten des Spitzbogenstils bis zum spätesten Flamboyant darstellt, ist unter den größeren französischen Kirchen bemerkenswert wegen der weiten Maße im Innern und berühmt durch den fast beispiellosen Schatz an Glasmalereien, besonders des prunkvollen, künstlichen späteren Stils, mit viel äußerst bewußtem, künstlerischem Raffinement in der Linienführung wie in der Farbe. In einem der reichsten Fenster zum Beispiel laufen gewisse perlweiße Linien auf Rubinrot und Dunkelblau hin und her, die in der Entfernung köstlich wirken. Kommt man näher, so entdeckt man, daß es das Fenster der Pilger ist und jene seltsamen weißen Linien die langen Wanderstäbe in den Händen Abrahams, Raphaels, der Weisen aus dem Morgenland und der anderen Schutzheiligen der Reisenden. Den ländlichen Charakter, der der Bourgeoisie der Champagne eignete, kann man, wie es scheint, heute noch unter den Bürgern von Troyes feststellen. Seine Straßen, größtenteils in Fachwerk und verputztem Lehm, enthalten mehr als ein unverändertes Beispiel des alten *Hôtel* oder Stadthauses mit Vorhof und Garten dahinter, und seine frommen Bürger scheinen selbst beim Kirchenbau hauptsächlich danach getrachtet zu haben, die Augen derjenigen zu erfreuen, die mit weltlichen Angelegenheiten und im Freien beschäftigt waren, denn mit viel Aufwand haben die einzelnen Gemeinden nur die gewaltigen, nutzlosen Portale ihrer Kirchen vollendet, von überraschender Höhe und Leichtigkeit in einer Art wild-elegantem Gotisch-auf-Stelzen, das den Straßen von Troyes ein eigentümlich groteskes Aussehen gibt, wie einem wunderlich beklommenen Traum des Mittelalters.

In Sens, dreißig Meilen weiter westlich, einem Ort von sehr viel ernsterem Gepräge, bedeutet der Name Jean Cousins ein gezügelteres Temperament selbst in diesen prächtigen Schmuckformen. Hier ist alles kühl und beherrscht mit einer fast englischen Strenge. Das erste Denkmal des Spitzbogenstils in England – das harte »Frühenglisch« von Canterbury – ist die Schöpfung Wilhelms, eines Meisters, der in der Dombauhütte von Sens erzogen wurde, und sein strenger Geschmack hat, so scheint es, dort als zügelnde Kraft bei allen späteren Stilwandlungen gewirkt – Wandlungen, die an sich meist nach Üppigkeit trachteten. Im Einklang mit der Atmosphäre ihrer großen Kirche steht das Sauber-Ruhige der Stadt, die durch kleine Kanäle klaren Wassers frisch gehalten wird, Abzweigungen von der reißenden Vanne, welche gleich unterhalb in die Yonne mündet. Anmutig schlängelt sich die Yonne hin, Glied auf Glied, durch das endlose Rauschen der Pappeln zwischen niedrigen, rebenbepflanzten Hügeln mit Resten freundlichen Waldlandes hier und da, manchmal dicht am Ufer, manchmal mit einer breiten Wiese dazwischen; sie hat all die heiteren Kennzeichen einer französischen Flußlandschaft in einem kleineren Maßstab als gewöhnlich, so etwa wie sich ein Kind einen Fluß vorstellt, oder wie die Flüsse der alten Miniaturmaler, blau und voll bis an den hellgrünen Rand. Mehr als anderswo bemerkt man an seinen Ufern noch unberührte alte Herrschaftssitze, größere und kleinere. Die Kette alter, winkeliger Städte, die ihre fröhlichen Kais am Wasser entlang ausbreiten, trägt den gleichen Charakter – Joigny, Villeneuve, Saint-Julien-du-Sault –, und doch verführen sie uns, bei jeder einzelnen zu verweilen und die Spuren der Renaissance und des Mittelalters zu studieren, altes Glas und ähnliches, um sich anschauliche, wenn auch noch nicht die wesentlichen Lehren über die verschiedenen Künste zu erwerben, die sich ihr bedeutendstes Denkmal in Auxerre setzten. – Auxerre! Ein geringer Aufstieg der gewundenen Straße! Und vor euch liegt die hübscheste Stadt Frankreichs – der breite Rahmen der Weinberge mit den weißen Häuschen in der Ferne, der sanft gegen den Horizont ansteigt und zu Wanderungen einlädt – die ruhige Windung des Flusses unten mit all den Einzelheiten der Flußlandschaft – die drei großen, purpurgedeckten Massen von Saint-Germain, Saint-Pierre und der Kathedrale von Saint-Etienne, die aus den dicht aneinander gedrängten Häusern unvermittelter und unregelmäßiger aufsteigen, als das sonst im französischen Städtebau der Fall ist. Hier findet jener seltene Künstler, der empfängliche Architekturmaler, den für ihn geschaffenen Gegenstand, wenn er nur den Wert von Linie und Masse, von breiten Massen und zarten Linien gleichermaßen kennt.

Ein wahres Rebenland, ist es dennoch im Ausdruck eher friedlich als strahlend. Das vollendete Beispiel jener glücklichen Mitte zwischen nördlichem Ernst und der Üppigkeit des Südens, wofür wir Mittelfrankreich schätzen, ist sein Charakter doch nicht ganz heiter – reizt teilweise durch seine Schwermut. In der bezeichnendsten Stimmung erscheint es, wenn Lichtfluten und ferne Wolken schnell darüber hinwandern, wenn der Regen nicht weit weg ist und jeder Zug der Kunst oder Zeit auf seinen alten Gebäuden sich in klarem Grau abhebt. Ein schöner Sommer reift seine Trauben zu wertvollem Wein; aber dennoch scheint es sich stets nach mehr oder länger anhaltendem Sonnenschein zu sehnen, der so sehr nach seinem Geschmack ist. Man könnte ein Nörgeln oder Klagen aus dem Rauschen der Weinblätter heraushören, wenn Jacques Bonhomme im blauen Kittel sein Tagewerk unter ihnen beendet.

WOLFGANG KOEPPEN

Chambord, Amboise, Chenonceaux … Schlösser an den Ufern der Loire

Die Loire ist einfach Glück. Sie ist ein stilles und doch unbändiges Wasser. Lange Strecken liegt sie wie eine träge Schöne in einem nachlässig gemachten Bett und gibt sich, nachdem sie mit den Königen hurte, den stillen Anglern hin. Auf ihren Sandbänken, auf ihren Inseln können Götter wohnen. Ihre Farbe ist der rote Mohn, ist die Kornblume, ist die Lupine. Wie Läufer begleiten die Blumen den Fluß. Man könnte auch sagen, daß die Loire der französische Sommer ist. Sie braucht Sonne. Wenn der Himmel bedeckt ist, erinnert man sich der Geschichte, die ihre Dunkelheit, ihre bösen, ihre blutroten Flecken hat. Die gelobten, die berühmten Schlösser dienten – mit Ausnahmen – der Lust und nicht der Angst, wenn man auch Angst einjagen mußte, um so viel Lust genießen zu können. Nun strömen Neid und Bewunderung und der unstete Stumpfsinn zu den gelblich-weißen oder roten Steinen und den hohen Dächern aus schwarzem Schiefer, und die wenigsten erkennen, daß sie die Schlösser der Monde fabuleux sehen, die Geisterburgen der Märchenkönige, der guten und der bösen Feen, der verwunschenen Prinzessinnen und des Ritters Blaubart.

Chambord ist noch immer eine Jagd, die Jagd Franz' I., Einfahrt durch ein Tor in einer chinesischen Mauer. Ich hatte noch nie so weites Land so eingeschlossen gesehen. Es wird ein Stillstand der Zeit, vom Besucher her ein Zurückdrehen der Zeit erreicht. Der Tag bleibt draußen, nein, er verwandelt sich in einen alten Tag, den sich die Könige ewig dachten. Ein Park voll großer Klarheit, und doch ein Park, um sich in ihm zu verlieren. Das Schloß darf man ein Märchen nennen. Nur so wohnten die Märchenkönige. Die Realität des Baus löst sich in seinen Dächern dann auch vollkommen auf. Die Dächer sind mit Türmen, Kaminen und Mastkörben wie nach einem Entwurf von Paul Klee konstruiert. Molière hat in Chambord als Gast Ludwigs XIV. seinen ›Bürger als Edelmann‹ geschrieben. Das Stück wurde im Schloß und vor dem König uraufgeführt. Da saß also der Hof, von Gräben, von Wiesen, von Wäldern, von einer unerhörten Mauer und natürlich von Bewaffneten beschützt, und zählte den Baumeister, den Zauberer seines Schlosses, und den Theatermann des abendlichen Festes zu seinen Lakaien. Über den Autoweg vom Thron zum Tor schreiten noch heute Fasane wie die leibhaftigen Barone.

Kein lieblicherer Anblick als Blois! Wo man auch am Fluß steht, es ist eine lichte Stadt. Und wer aus dem Fenster des Schlosses blickte, mochte sich wohl glücklich wie Polykrates fühlen. Ludwig XII. war sanften Gemütes. Die Händel der Welt quälten ihn. Er hatte in mancher Himmelsrichtung Pech, aber in Blois liebte man den guten Herrn, und er liebte seine freundliche Stadt. Doch im Alter schickte ihm sein Dämon eine Siebzehnjährige ins Haus. Sie ließ ihn Nacht für Nacht durch die festlich erleuchteten Räume des Schlosses nach ihrer Jugend jagen und sterben. Franz I. aber hatte sich von Anfang an dem höllischen Salamander verschworen und nahm es gelassen hin, mit Krieg, Mord, Verrat, Gefangenschaft und Frauen zu kämpfen. Ein Andenkenladen neben dem Schloß roch wie das Ancien régime in seinen guten Zimmern, die Inhaberin, eine alte Dame, sprach ein so höfisches Französisch, daß man meinen konnte, Ludwig XIV. habe eben bei ihr die Ansichtspostkarte mit seinem Bild gekauft.

Das Schloß von Amboise liegt hoch über seiner Stadt und trutzt ihr und dem Land. Die Straßen der Stadt sind so eng, daß nur Franzosen mit ihren Wagen noch hindurchfahren können. Die Autobusse halten unten an der Loire, und die Besucher des Schlosses nähern sich der Höhe im Schweiße ihres Angesichts. Der mächtige Fels und auch Leonardo da Vinci, der dort, von Franz I. hingeholt, begraben liegt, gehören nun dem Grafen von Paris, dem Thronprätendenten, der Phantasmagorie von Frankreich. Seine Beamten geben Eintrittskarten aus und wollen den Fremden zur Teilnahme an Führungen zwingen. Ich entwischte den Managern der Historie und verlor mich in einer Zwingburg. Amboise war berüchtigt durch seine Oublietten, seine unterirdischen Kerker, in denen Tausende schmachteten. Die Hugenottenverschwörung von 1560 endete hier, und gegen Abend traten Katharina von Medici, Franz II. und seine junge Frau Maria Stuart vor das Tor, blickten über das schöne Land, über den blanken Fluß und sahen plaudernd den Hinrichtungen zu.

Viel menschenfreundlicher ist Chenonceaux, über einen Wasserlauf gestellt, am Abend angestrahlt und ganz ins Feenreich gehoben. Katharina von Medici, Franz II. und Maria Stuart weilten auch hier. Aber sie ließen nur eine junge Frau als Sirene verkleidet am Wasser singen. Bezahlte Nymphen antworteten ihr aus den Büschen, und auf der Wiese traten Tänzer als Satyre auf. Ich kam aber zur Mittagszeit nach Chenonceaux, es schlug gerade zwölf, und der Verwalter schloß das Gittertor und ging essen. Draußen sammelten sich die Automobile und ihre ratlosen Besitzer aus aller Welt. Sie blickten durch die Sprossen des Gitters in einen Garten Eden. Der Verwalter hatte alle Unschuld eines Beamten und eines

Franzosen. Selbst eine Schlange hätte ihn vor zwei Uhr zu gar nichts verführen können. Ich ging in das Dorf, ich traf Kühe in den Straßen und ein Restaurant, das von Dornröschens Schloß profitierte. Es war wieder ein Damenbetrieb. Eine geschäftstüchtige Madame und eine mürrische Kellnerin. Viel heiße Sonne über roten Gartenschirmen, keine Sirene, keine Nymphen, kein Satyr und mäßige Hors-d'œuvres.

RAINER MARIA RILKE/MARIE VON THURN UND TAXIS

»Ich rate – Tarascon, bitte, und Beaucaire ...« Empfehlungen für die Provence

MARIE TAXIS AN RILKE NACH PARIS

Grand Hôtel West-End, San Remo
6 – 3 – 14 <Freitag>

Dottor Serafico – ich möchte nächste Woche – wenn nichts dazwischen kommt – meine kleine Tour nach Avignon unternehmen – und zwar dorten wohnen, und von dorten Nîmes, Orange etc. anschauen. Jetzt wenn Sie ein Held wären würden Sie hinkommen, und mir alles zeigen, denn dieß alles ohne Sie sehen ist sehr bitter. Aber ich sehe von hier Ihr entsetztes Gesicht, und sage Ihnen nur daß Sie mir einiges schreiben möchten – was ich besonders sehen soll etc etc – [...]

RILKE AN MARIE TAXIS NACH SAN REMO

Hotel Marienbad, München
am 12. März 1914 <Donnerstag>

Meine liebe Fürstin,
komm ich zu spät? Ich fürchte. Ach und dann ich müßte doch dort sein, um wirklich rathen zu können, denn das machts ja nicht, daß man die Dinge nennt, sagt: dies und dies, – man muß sich zusammen hin versuchen und alles Unerwartete des

Weges zum Erwartbaren hinzugeschenkt bekommen, damits ganz, damits heil, lebendig sei, nicht nur eine Voreingenommenheit und Pedanterie. Straßennamen vergaß ich auch, ja sogar die Kirche fällt mir nicht ein, an der man zunächst vom Hôtel l'Europe vorüberkommt: es bleibt vorzuschlagen: das *Palais des Papes*, darin, *vor allem*, das Gemach in der *Tour de la Garderobe* mit dem Fischweiher, der Jagd –; aber auch den schmalen Weg rechts vor dem Palais nicht übersehen, unter dem hochgespannten *Contrefort*, das sich hinüber stützt auf den Fels, durchgehen und langsam zurück ... – Geht man diesen Weg ganz weiter, kommt man in leere Straßen, am Ende der einen die Kapelle der *Pénitents (gris? ou noirs)* – aber das läßt mich gleich ans fast Wichtigste denken, mir Wichtigste, die *rue des Teinturiers*, getheilt wie ein doppeltes Fahnentuch in Wasser und Weg, alte Platanen an der Steinbrüstung, vielleicht muß es Sommer sein, damit man den Zauber jener Straße recht empfände: das Grün der Platanen muß da sein, ihr durchscheinender Schatten –, und dann müssen die alten Wasserräder, eines hinter dem anderen, (ihr wunderbares Sich-rühren, fast thierhaftes Aufstehen) die Kühle des Baches gelassen heraufheben und vertheilen in den halbschattigen Sommertag. Dort liegt, leicht zu finden, eine andere Penitenten-Kapelle, drei dunkle Innenräume, wie drei Beeren einer dunklen Traube zusammenhängend –.

Dann, dies: Blick auf Avignon. Über die Brücke gegen *Villeneuve-lès-Avignon* fahren, an der Barthelasse-Insel halten lassen, den kleinen ländlichen Fußweg rechts den Fluß entlang nehmen, bis zur Stelle, wo man das Brückenfragment in voller Verkürzung gegenüber hat, aufgebäumt gegen sich und dahinter *les rochers du Dôme*, die Stadt –

Und das andere müssen die Zufälle fügen, Antiquare werden sich finden; ja noch eins: die Fresquen im *Beffroi* des Rathhauses, in dem ehemaligen *Violon* für die kleinen Diebe; wenns nicht zu viel wird, je nach dem Wetter, bis zur Plattform des Thurmes steigen, zu dem lustigen Glockenschlägerpaar. –

Und was mögen Sie sonst noch in Ihre Straße einbeziehen? –, ich rathe: Tarascon, bitte, und Beaucaire (dort ein alter schöner Palast, heute *Mairie*,) dann *Aix*, *Carpentras*, bitte, wenn sichs thun läßt: das Alteleutehospiz dort, von einem der Bischöfe herrlich aufgebaut, mit lauter ganz klein gewordenen alten Leuten, um die herum das Haus immer größer wird –, eventuell auch die alte schöne Synagoge dort –; der Blick vom Balkon des Hospitals auf den Ventoux ... und Les Baux – – – aber hier muß ich aufhören, denn mir scheint, der Brief muß schnell schnell fort, wenn er wenigstens das ganz Wenige wirken soll, das in seiner geringen Macht steht, sonst erreicht er Sie auf dem Heimweg und erweist sich als völlig unnütz. (Orange: das Theater; das Triumphthor vor der Stadt, besonders wenn eine Schafheerde auf dem offenen Platz herum weidet: zuletzt fuhr ich mit Pierro dort durch –)

Charles Dickens

»Mein Blut erstarrte ...« Eine Führung durch den Palast von Avignon

Nach dem Frühstück am nächsten Morgen gingen wir aus, um die Sehenswürdigkeiten der Stadt zu betrachten. Ein so köstlicher Wind wehte vom Norden herüber, daß der Spaziergang ganz anmuthig war; obgleich die Pflastersteine und die Mauern und die Häuser viel zu heiß waren, als daß man ruhig die Hand hätte daran legen können.

Zuerst gingen wir eine felsige Höhe hinauf, nach dem Dome, wo die Messe celebrirt wurde vor einem Publikum, ziemlich dem in Lyon gleich, nämlich verschiedenen alten Weibern, einem kleinen Kinde und einem Hunde von unzerstörbarem Gleichmuthe, der sich eine Uebungsbahn ausgesucht hatte, die beim Altargitter anfing und bei der Thür endigte, und die er während der ganzen Dauer des Gottesdienstes so methodisch ruhig auf und ab trabte, wie es nur ein alter Herr im Freien thun konnte. Der Dom ist eine kahle, alte Kirche, und die Gemälde an der Decke sind von der Zeit und dem feuchten Wetter traurig mitgenommen; aber die Sonne schien herrlich durch die rothen Fenstervorhänge und funkelte auf dem Altargeräth; und Alles sah so hell und freundlich aus, wie es nur zu verlangen war. [...]

Dicht bei dem Dome steht der alte Palast der Päpste, von dem ein Theil jetzt ein Kerker, der andere eine lärmende Kaserne ist; während düstere Reihen von Staatszimmern, verschlossen und verlassen, wie ein Hohn auf den Glanz und die Pracht ihrer Vergangenheit dastehen, gleich einbalsamirten Königsleichen. Aber wir gingen dorthin, weder um Prunkzimmer, noch um Kasernenräume oder Gefängnisse zu sehen, obgleich wir ein paar Geldstücke in die Gefangenenbüchse an der Thür steckten, während die Gefangenen hoch oben durch ihre eisernen Gitter blickten und uns mit unruhiger Aufmerksamkeit betrachteten. Wir gingen hin, um die Ruinen der schauerlichen Räume zu sehen, in welchen die Inquisition vor Zeiten ihre Sitzungen hielt.

Ein kleines, altes, braunes Weib mit ein paar funkelnden schwarzen Augen – ein Beweis, daß die Welt den Teufel in ihr noch nicht beschworen hatte, obgleich sie sechzig bis siebzig Jahre dazu Zeit gehabt – trat mit einem großen Bund Schlüssel aus der Kasernenschenke, der sie vorstand, und schritt uns voraus. Wie sie uns unterweges erzählte, daß sie eine Regierungsbeamte sei (*concierge du palais apostolique*) und seit ich weiß nicht, wie vielen Jahren schon gewesen sei; und wie sie diese Gefängnisse Fürsten gezeigt; und wie sie die beste von allen Kerkerführern sei; und wie sie in diesem Palast von Kindheit an gewohnt habe – dort geboren sei, wenn ich nicht irre – das brauche ich nicht zu erzählen. Aber eine solche wüthende, kleine, rasche, feuersprühende, energische Teufelin habe ich nirgends gesehen. Sie war die ganze Zeit über in Feuer und Flammen. Ihr Geberdenspiel war über alle Maaßen heftig. Sie sprach niemals, ohne dazu stehen zu bleiben. Sie stampfte mit dem Fuße, faßte uns bei den Armen, nahm theatralische Stellungen an, hämmerte gegen die Mauern mit ihren Schlüsseln, blos der Emphase wegen. Jetzt flüsterte sie, als wäre die Inquisition noch da; jetzt schrie sie, als läge sie selbst auf der Folter, und dabei hatte sie eine geheimnißvolle hexenartige Geberde mit ihrem Zeigefinger, wenn sie sich den Resten einer neuen Schrecklichkeit näherte – wobei sie zurücksah und auf den Zehen schlich und abscheuliche Grimassen schnitt – die sie allein befähigt hätte, um eines Kranken Kopfkissen, mit Ausschluß aller andern Gestalten, durch die ganze Dauer eines Fiebers zu schweben.

Durch einen Hof, in dem unbeschäftigte Soldaten herumstanden, gingen wir durch ein Seitenthor, welches diese Hexe für uns öffnete und wieder hinter uns schloß. Dann traten wir in einen engen Hof, noch enger geworden durch herabgefallene Steine und Schutthaufen, von denen einige die Mündung eines verfallenen unterirdischen Ganges verstopften, der einst mit einem andern Schloß auf dem entgegengesetzten Ufer des Flusses in Verbindung stand oder gestanden haben soll. Dicht neben diesem Hofe ist ein Kerker – wir standen drinnen in der nächsten Minute – in dem unheimlichen Thurm *des oubliettes*, wo Rienzi gefangen saß, mit einer eisernen Kette an dieselbe Mauer befestigt, die jetzt noch steht, aber beraubt des Himmelslichtes, welches jetzt hereinscheint. Ein paar Stufen brachten uns in die Cachots, wo die Gefangenen der Inquisition achtundvierzig Stunden lang nach ihrer Verhaftung ohne Speise und Trank eingesperrt blieben, damit ihre Standhaftigkeit erschüttert werde, selbst ehe sie noch vor ihre schrecklichen Richter traten. Dorthin ist der Tag noch nicht gelangt. Noch sind es enge Zellen, eingeschlossen von vier starren harten Mauern; immer noch herrscht dort die tiefste Nacht; immer noch schließen sie feste Thüren und Riegel, wie vor Alters.

Die Hexe ging mit dem Blick, den ich oben beschrieben habe, leise weiter in einen gewölbten Raum, jetzt als Vorrathskammer benutzt, einst die Kapelle des heiligen Officiums.

Der Saal, wo das Gericht saß, war einfach, die Bühne hätte gestern erst entfernt sein können. Man denke sich das Gleichniß des guten Samariters an der Wand eines dieser Inquisitionsräume! Und doch war das Bild dort, und noch jetzt kann man seine Spur entdecken.

Hoch oben in der mistrauischen Mauer sind Nischen, wo die bebende Antwort der Beschuldigten vernommen und niedergeschrieben wurde. Viele von ihnen brachte man aus derselben Zelle, die wir so eben gesehen; durch denselben steinernen Gang. Wir hatten in ihre Fußstapfen getreten.

Ich blicke um mich mit dem Schrecken, den ein solcher Ort einflößt, als mich die Hexe am Arme faßt und nicht die knochigen Finger, sondern den Griff eines der Schlüssel an die Lippe legt. Mit einer Bewegung ladet sie mich ein, ihr zu folgen. Ich thue es. Sie führt mich in einen anstoßenden Raum mit einem trichterförmigen, oben immer enger werdenden Dach, das sich hoch oben dem hellen Himmel öffnet. Ich frage sie, wo wir sind. Sie schlägt die Arme übereinander, zieht ein scheußliches Gesicht und starrt mich an. Ich frage wieder. Sie blickt um sich um zu sehen, ob die ganze kleine Gesellschaft da ist; dann setzt sie sich auf einen Steinhaufen nieder, wirft ihre Arme in die Luft und ruft mit gellender Stimme wie ein Dämon: *»La salle de la question!«*

Die Folterkammer! Und das Dach wurde in dieser Form gebaut, um das Geschrei der Opfer zu ersticken. O, Hexe, Hexe! laß uns eine Weile darüber nachdenken und schweigen. Still, Hexe! Sitze mit deinen kurzen Armen, deine Knie umfassend dort auf dem Steinhaufen nur fünf Minuten lang und dann sei wieder Feuer und Flamme!

Minuten! Sekunden hat der Zeiger der Palastuhr noch nicht hinter sich, als die Hexe schon wieder mit funkelnden Augen in der Mitte des Gemachs steht und mit ihren sonnenverbrannten Armen ein Rad darstellt, schwere Schläge austheilend. So drehte es sich um und um! rief die Hexe. Dumpf hallend, eine endlose Reihe schwerer Hämmer, niederfallend auf des Gemarterten Glieder. Seht den steinernen Trog, sagte die Hexe. Zur Wasserfolter. Da schlinge, schwelle, berste zu des Erlösers Ehre! Ziehe den blutigen Leinenfetzen mit jedem deiner Athemzüge in deinen ungläubigen Körper, Ketzer! Und wenn der Henker ihn wieder heraus zieht, rauchende Spuren tragend von den kleinen Geheimnissen von Gottes Ebenbilde, dann erkenne in uns seine auserwählten Diener, die wahren Gläubigen an die Bergpredigt, die erlesenen Schüler dessen, der nie anders Wunder that, als um zu heilen: der nie über einen Menschen Lähmungen, Blindheit, Taubheit, Stummheit, Wahnsinn oder eine andere Krankheit verhängte; der seine gesegnete Hand nie anders ausstreckte, als um Genesung und Erlösung vom Leide zu spenden.

Seht! ruft die Hexe. Dort war der Ofen. Dort machten sie die Eisen glühend heiß. Jene Löcher stützten den gespitzten Pfahl, auf den die Gemarterten herabhingen, mit ihrem ganzen Gewichte vom Dache herabhingen. »Aber«, flüsterte die Hexe, »hat Monsieur von diesem Thurme gehört? Ja? Dann sehen Sie hinab!«

Eine kalte Luft, schwer von einem erdigen Geruch, strömt mir entgegen; denn sie hatte unterdeß eine Fallthür in der Mauer geöffnet. Ich sehe hinein. Hinab auf dem Boden, hinauf zum Gipfel eines steilen, finstern, hohen Thurmes: sehr unheimlich, sehr finster, sehr kalt. Der Henker der Inquisition, erzählt die Hexe, und sah neben mir hinunter, warf hier die hinein, die über alles fernere Foltern hinaus waren. »Aber schaut! Sieht Monsieur die schwarzen Flecke an der Mauer?« Ein Blick über die Schulter nach der Hexe funkelndem Auge zeigt mir – und würde mir auch ohne diese Führer gezeigt haben – wo sie sind. »Was ist das?« – »Blut.« –

Im Oktober 1791, als die Revolution in dieser Stadt ihren Höhepunkt erreicht hatte, wurden hier sechzig Personen, Männer und Frauen (und Priester, sagte die Hexe, Priester), ermordet und die Todten und die Sterbenden zusammen in diesen schrecklichen Abgrund gestürzt, wo man dann ungelöschten Kalk auf ihre Leichname warf. Diese gräßlichen Zeichen des Blutbades waren bald verschwunden; aber so lange ein Stein dieses festen Gebäudes, in welchem die That geschah, auf dem andern bleibt, so lange werden sie in dem Gedächtniß der Menschen so deutlich bleiben, wie jetzt die Flecken von ihrem Blute an der Mauer zu sehen sind. [...]

Des alten Weibes Finger ist wieder gehoben; und sie schleicht wieder hinaus in die Kapelle des heiligen Amtes. Sie macht an einer gewissen Stelle Halt. Ihr Haupteffect kommt jetzt. Sie wartet auf die Uebrigen. Sie stürzt auf den wackern Courier los, der etwas erklärt, giebt ihm mit dem größten Schlüssel einen schallenden Schlag auf den Hut und heißt ihn schweigen. Sie versammelt uns alle um eine kleine Fallthür im Fußboden wie um ein Grab. »*Voilà.*« Sie schießt nieder auf den Ring und wirft die Thür offen mit einem Krach, obgleich sie nicht leicht ist. »*Voilà les oubliettes!* Schauerlich! Schwarz! Grausenhaft! Tödtlich! *Les oubliettes de l'Inquisition!*«

Mein Blut erstarrte, als ich von der alten Hexe hinab in die Gewölbe sah, wo diese vergessenen Geschöpfe mit Erinnerungen an die Außenwelt, an Gattinnen, Freunde, Kinder, Brüder zu Tode hungerten und die Mauern wiederhallen machten von ihrem nutzlosen Stöhnen. Aber als ich die verfluchte Mauer unten zerfallen und durchbrochen und die Sonne durch ihre klaffenden Wunden scheinen sah, da durchzuckte mich ein Gefühl des Sieges und des Frohlockens. Als ich es sah, fühlte ich mich erhöht mit dem stolzen Gefühle, in diesen entarteten Zeiten zu leben: als ob ich der Held einer großen That wäre! Das Licht in diesem trauervollen Gewölbe war ein Symbol des Lichtes, welches herabfällt auf alle Verfolgungen in Gottes Namen, obgleich es seinen Mittag noch nicht erreicht hat! Es kann einem Blinden, dem eben das Gesicht wieder geschenkt ist, nicht lieblicher erscheinen, als einem Reisenden, der es ruhig und majestätisch sich in das Dunkel dieses Höllenbrunnens hinab ergießen sieht.

Ernst Jünger

»Der Duft von Pfirsichen und reifen Melonen« Ein Vormittag in Antibes

Antibes ist das alte Antipolis, die Gegenstadt: nach einigen Autoren von Marseille, nach anderen von Nizza; Strabo, Polybius und Ptolemäus haben es erwähnt. Thrasso Castanakis, ein griechischer Professor, der dort seine Tage verbringt, stimmte der Meinung bei, daß Antibes von den Einwohnern Nizzas gegründet worden sei, der alten, nach der Bezwingung der ligurischen Ureinwohner von den Griechen der Siegesgöttin Nike geweihten Stadt. Die Magistrate und Geschäftsleute von Nizza hätten hier, des milden Klimas wegen, ihre Villen und Weingärten gehabt. Man habe in Antibes seit jeher angenehm gelebt. Das kann ich bestätigen. Die in der Rue Barbacane verbrachten Tage sind mir in guter Erinnerung.

Das Gäßchen liegt in der Nähe des Palazzo Grimaldi, dessen weißer Turm die Stadt dem Seefahrer ankündet. *Barbacane* ist ein altes Wort für »Schießscharte«. Das Haus hatte wohl früher eine Rolle bei der Verteidigung des auf die Klippen gegründeten Mauergürtels gespielt, der sich in der von Vauban geschnittenen Form erhalten hat. Wenn ich morgens Kirschen aß, konnte ich die Steine aus meinem Fenster ins Meer knipsen.

Das Haus stand auf schmaler Grundfläche; es war turmartig. Die Stockwerke, von denen jedes kaum mehr als die enge Treppe und ein Zimmer faßte, erhoben sich bis zum flachen Dache, von dem aus man in den Nächten die Lichter von Cannes und Nizza wie Säume glimmender Holzkohlen die Küste entzünden sah. Der Raum in der Cité war immer knapp bemessen, daran wird sich wenig geändert haben, seitdem die Griechen sie gründeten.

Das Speisezimmer lag als Nebenraum zur Küche im Erdgeschoß. Wenn ich Umm-el-Banine die erste Sure des Korans, die Fatiha, aufsagen hörte, wußte ich, daß das Frühstück gerichtet war. Wir tranken Kaffee, während Madame Thérèse mit ihrem Korb zum Fischmarkt ging. [...]

Wenn man in dieser Stadt und um diese Zeit zum Baden fährt, kann man nicht nur die Uhr, sondern fast alles zurücklassen. In Anzugsfragen herrscht letzte Lockerung. Niemand nimmt Anstoß, wenn ich, nur mit einer Badehose und ein Paar Bastschuhen bekleidet, mich auf dem Rade durch die engen Gassen der Stadt zwänge. [...]

Auf dem Markt muß ich vorsichtig sein. Die Stände drängen sich unter einem langen blauen Glasdach zusammen und greifen auch darüber hinaus. Der Fischmarkt liegt ein wenig abseits, im Schatten des römischen Turmes, ebenso der Platz, an dem die Töpfer ihre Ware auf Lagen von Stroh ausbreiten. Die Sonne leuchtet auf dem herrlichen goldgelben Ton von Vallauris, der nicht nur die Freude der Handwerker, sondern auch der Künstler ist. Er wird hier in der Stadt in einer Reihe von Öfen gebrannt.

Es ist nicht einfach, ohne abzusteigen sich durch das Gewimmel hindurchzuwinden, das die Auslagen umdrängt. Man gleitet durch Schichten von Gerüchen, den Duft von Pfirsichen und reifen Melonen, die Symphonie der Blumenstände, die Witterung der Fleischerscharren, den Dunst der Parmesanlaibe, die in zentnerschweren Rädern auf Strohmatten feil liegen.

Schon sind Bekannte unterwegs, meist Männer, die sich den Einkauf vorbehalten haben, wie es bei den Phäaken üblich ist. Dort feilscht Professor Castanakis, Athener und Epikuräer, mit einer Fischfrau um einen Meeraal; er hält das Tier dicht hinter dem Kopfe, wo es die schmackhafteste Stelle besitzt. Ich grüße ihn im Vorbeifahren. Früher kam es vor, daß ich ihn mit Niko Kazantzákis verwechselte, der auch am Kap wohnt und zu Banines Freunden zählt. Beide sind Griechen, beide Autoren und tragen Namen, die zur Verwechslung herausfordern. Kazantzákis, ein wenig gallig, nahm es übel, während Castanakis, stets bei guter Laune, darüber lachte und den Irrtum mit einem »C'est l'autre« berichtigte.

Ich sehe auch Georges Lemar, einen großen Liebhaber des Boulespieles oder der »Pétanque«, wie man hier sagt. Er hatte früher den Ehrgeiz, einer unserer großen Maler zu werden, zog dann aber hierher, um auf der Straße mit Knaben Boule zu spielen, und widmete sich der Töpferei. »Wissen Sie, wenn ich mein ganzes Leben lang angestrengt arbeite, erreiche ich vielleicht, daß so ein Bild von mir im Louvre hängt.« Er deutete dabei mit den Händen einen unwahrscheinlich kleinen Rahmen an und wies dann, weit ausladend, auf den Strand, das Meer und die Kette der Seealpen.

Zuweilen besuche ich ihn an seinem Ofen, in dem er viele Sorten von Früchten und Fischen bäckt. Besonders prächtig sind die Tomaten, deren Rot den höchsten Grad der Reife ausdrückt und denen er einen kleinen grünen Stiel anheftet. Kein Chinese könnte ihn übertreffen darin. Er zieht die Flamme der elektrischen Heizung vor. »Das Holz hat viel mehr Geist.« Man darf dort Widmungen auf Teller und Schüsseln malen, die dann gebrannt werden. Das erinnert an die Tage nach Weihnachten, den ersten Tuschkasten. An einem der Tische des staubigen Gewölbes sitzt ein alter Maler; er zaubert mit blauer Farbe Meerestiere auf ein vielteiliges, zum Servieren der Bouillabaisse bestimmtes Geschirr. Er mustert mit ihnen die Teller, Schüsseln, Platten, deren noch ungebrannter Grund die Farbe begierig trinkt. Um den Knauf der Terrine zu bilden, stelzt sich ein Seestern fünfstrahlig auf. Es muß sich um die Laune eines reichen Mannes handeln; der Maler heißt Chagall. [...]

Die Schwalben kreisen immer noch über den rostigen Dächern, die in den Farben alter Fayencen leuchten; die Sonne hat sie vergilbt. Die Schreie sind gläsern, zerschneiden wie Diamanten den Azur.

Des Windes wegen ist heut das Bad am Sandstrand vorzuziehen. Bei stillem Wetter ist es an den Klippen schöner, etwa bei La Garoupe. Der Weg führt zu einer Aussicht, die der große Kenner des Mittelmeeres, Guy de Maupassant, als eine der schönsten bezeichnet hat:

»Ich habe nichts Überraschenderes gesehen als Antibes vor den Alpen, wenn die Sonne verglüht.«

Bei ruhigem Wetter kann man sich dort im Meere treiben lassen und, die Arme hinter dem Kopf verschränkt, im warmen Wasser fast einschlafen. Die Ohren sind eingetaucht, man hört ein leises Klickern, als ob Glas spränge. Auf der heißen Klippe verfliegt die Zeit wie im Traum. Die Zikaden schrillen auf den Kiefern so rastlos, daß man sie nicht mehr hört. Wenn es ganz still wird, steigen marmorierte Krabben aus den Felsspalten empor. [...]

Der Kieselstrand, die Plage des Galets, für den ich mich heute entschieden habe, ist wenig besucht. Allerdings fallen auch hier, im Verhältnis zum Vorjahr, Veränderungen auf. Wo damals noch eine schöne Stelle war, erheben sich Gerüste, werden Bauplätze abgesteckt. Der freie Raum wird schnell beschnitten, man merkt es von einem Jahr zum anderen. Und es sind meist die besten Plätze, die so verloren gehen. Das gilt nicht nur für die belebte Küste, sondern auch für die innere Provence. Man hat sich noch bis vor kurzem an einer alten Mühle, einer verlassenen Wirtschaft, einem Mas mit gedrehten Schornsteinen erfreut. Wenn man wiederkommt, wird bereits für einen Maler, einen Schauspieler, eine reiche Amerikanerin umgebaut. Zu den Zeichen der Zeit, den Symptomen des Schwundes gehört der schmerzhafte Drang nach den alten Stätten beseelter Heimat, überlieferter Kultur. Sie werden parasitär beflogen und psychisch abgegrast. Auch das erinnert an späte Römerzeiten, an Martial, der die Schönheit etruskischer Krüge und ländlicher Kamine besingt. Sie wird nachleuchtend, wird erst im Verluste offenbar.

Erika und Klaus Mann

Schauplatz der Sensationen
Sanary-Sommer

Sanary scheint zunächst durchaus das freundliche und intime Hafenstädtchen, wie es deren an der Riviera viele gibt: mit einer Straße am Meer, die *Quai Victor Hugo* heißt und an der das *Café de la Marine* liegt; mit ein paar größeren Hotels vor dem Städtchen, stattlichen, aber nicht gerade sehr luxuriösen (*Hôtel de la Plage* usw.). – In Wahrheit aber hat es seine eigene Bewandtnis mit Sanary, denn seit einigen Jahren ist es die erklärte große Sommerfrische des Café du Dôme, der sommerliche Treffpunkt der pariserisch-berlinisch-schwabingerischen Malerwelt, der angelsächsischen Bohème. Für die Deutschen hat es Meister Rudolf Levi in Mode gebracht, der mit der vielbesungenen Marietta und einigen jungen Leuten im Café de la Marine Hofstaat hielt, wo man seine über mehrere Kapitalen berühmte Baßstimme scherzen und regieren hören konnte. Alles spricht dafür, daß es hoch herging, vor allem, wenn über den Quai Victor Hugo sich noch Pascin näherte, leicht schwankend, die Zigarette zwischen den genußsüchtigen Lippen, den Hut schief über den melancholisch-lasziven Augen, umgeben von ein paar Damen, die auch nicht mehr nüchtern schienen. – Pascin, der Abgott von Montparnasse, der begnadetste »noceur«, dessen katastrophales Ende für so viele Menschen, die ihn sehr geliebt haben, eine Trauer bedeutete, die sie nie wieder überwinden zu können glaubten. In einer Ecke sitzt der umgetriebene Altmeister Orlik und zeichnet jemanden, der vielleicht zufällig Purrmann ist und der ihn zur Strafe gleich wieder zeichnet. Draußen fährt ein Rennwagen vor, und warum sollte es nicht Derain sein, der aussteigt? Er ist es wahrscheinlich.

Diese Sanary-Sommer werden in die Kunstgeschichte eingehen (und vielleicht auch in die Cronique scandaleuse der großen europäischen Bohème). Ihre Stimmung ist einzigartig, denn die Gelächter der Café-du-Dôme-Leute mischen sich hier sehr merkwürdig mit dem Schmunzeln der südfranzösischen Spießer, die bei ihrem Apéritif an der Bar stehen. Die Frauen haben eine leichte und schöne Sommeruniform: weite Matrosenhosen, runde Mützen, breitgestreifte Trikotsweater, die die braunen Arme nackt lassen. Diese wild aussehende Dame, die, von einem Matrosen, einem Trupp anderer schöner Frauen und Burschen gefolgt, daherkommt, ist Madame Renée Kisling; ihr berühmter Gatte ist einer der ungekrönten Sanary-Könige, ihr Haus und ebenso ihre Yacht sind Zentren dieses Ortes. Der kleine, geistreiche Balte, der dort drüben über ausgefallene literarische Leckerbissen spricht, ist der Zeichner Rolf von Hoerschelmann, eine der berühmtesten Schwabinger Koryphäen; und die lange Figur, die dort hinten naht, ist kein Geringerer als Aldous Huxley, dessen Romane richtunggebend für die junge englische Literatur sind, und kostbarster Bestandteil der europäischen. Hier nennen ihn die Leute Uelex, weil es ihnen bequemer ist, es klingt eher münchnerisch, als provençalisch. Die Angelsachsen sind eine Clique für sich, die sich aber mit der französisch-deutschen gelegentlich berührt und vermischt. Sie ist im Trinken noch stärker, als die der anderen Nationen. Der Lyriker Campbell, der einen großen Namen bei seinen Landsleuten hat, soll darin das Phantastischste leisten.

Wenn man den Schauplatz und die Sensationen wechseln will, werden Ausflüge gemacht; nach *Bandol* vor allem, wo wieder andere Bars und andere Gesellschaft zu erwarten sind. Auch hier Bohème, aber smartere. Mehr Champs Elysées und Montmartre, als Montparnasse. Man zeigt sich die Mistinguette und den Chevalier; andererseits gibt es den gescheiten Wilhelm Herzog. Landschaft und Aussicht hier sind fast noch hübscher als in Sanary, trotzdem wird der Ort von den alten »Sanaryanern« furchtbar verachtet, er gilt als »bourgeois«. Das ist Verleumdung. Um sich hiervon zu überzeugen, gehe man abends in die kleine Bar *»Fortuné Cadet«* (am Quai), die von der populären Madame Suzy geleitet wird und wo sich die flottesten Leute treffen. (Die Photos von Mistinguette und Chevalier hängen sich an der Wand gegenüber; die beiden sind aber auch gelegentlich selber dort.) Die Bar hat vielfarbig beleuchtetes Parkett und daher oft orgiastische Stimmung aufzuweisen. – Weitere Bandol-Attraktionen: das Restaurant la *Réserve* am Meer, wo man wirklich nett ißt und auch wohnen kann. Das Etablissement *Lido* (Richtung Sanary), an der *Plage Dorée*; das neu gebaute, ziemlich scheußliche *Casino*, eine leicht expressionistische Bahnhofshalle und meistens geschlossen. (Man hat es ins Meer hinaus gebaut, es soll auf einem Untergrund von Sardinenbüchsen stehen und schon etwas wackeln, so neu es ist.) – Empfehlenswert: *Grand-Hôtel et des Bains* (Richtung Sanary), etwas spießig, aber sehr solide geführt, mit schönem Meerblick, wunderschönem Garten, Tennisplatz. (60–70 fr. Pensionspreis.) (NB: nach Damen in Hosen dreht man sich im Speisesaal um.)

Zu diesem Komplex von Orten gehört auch *Cassis*. Es ist angelsächsischer, als die beiden anderen, darum aber nicht weniger munter. Michael Arlen ist eines seiner repräsentativen Gesichter.

Diese kleinen Orte bergen, während einiger Monate, so viel Berühmtheit, wie Hollywood oder die Künstlerviertel der großen Städte. Ihnen geschieht Ehre, denn es ist keine falsche Elite, die sich hier zusammenfindet. Die Konturen dieser Landschaft werden auf den Bildern von Derain und vieler anderer von der Nachwelt geliebt werden, wenn hier alles von großen Hotels zugebaut sein wird und die Bohème sich bis an den Kongo flüchten muß.

Joseph Roth

»Der berauschende kosmopolitische Gestank ...« Marseille

Ich sehe vor lauter Mastbäumen nicht das Meer. Es riecht im Hafen nicht nach Salz und Wind, sondern nach Terpentin. Öl schwimmt an der Oberfläche der See. Boote, Barken, Flöße, Fußböden sind so eng nebeneinandergepflastert, daß man trockenen Fußes durch den Hafen spazieren könnte, wäre nicht die Gefahr, in Essig, Öl und Seifenwasser zu ertrinken. Ist hier das unermeßliche Tor zu den unermeßlichen Meeren der Welt? Das ist vielmehr das unermeßliche Magazin für die Bedarfsartikel des europäischen Kontinents. Da sind Fässer, Kisten, Balken, Räder, Hebel, Bottiche, Leitern, Zangen, Hämmer, Säcke, Tücher, Zelte, Wagen, Pferde, Motoren, Autos, Gummischläuche. Da ist der berauschende kosmopolitische Gestank, der entsteht, wenn tausend Hektoliter Terpentin neben tausend Zentnern Heringen lagern; wenn Petroleum, Pfeffer, Tomaten, Essig, Sardinen, Juchten, Gutapercha, Zwiebeln, Salpeter, Spiritus, Säcke, Stiefelsohlen, Leinewand, Königstiger, Hyänen, Ziegen, Angorakatzen, Ochsen und Smyrnateppiche ihre warmen Dünste ausatmen; und wenn schließlich der klebrige, fette und lastende Rauch der Steinkohle alles Tote und Lebende umhüllt, alle Gerüche eint, alle Poren tränkt, die Luft sättigt, die Steine umflort und endlich so stark wird, daß er die Geräusche dämpfen kann, wie er längst schon das Licht gedämpft hat. Ich habe hier die Grenzenlosigkeit des Horizonts erwartet, die blaueste Bläue des Meeres und Salz und Sonne. Aber das Meer des Hafens besteht aus Spülwasser und riesenhaften, graugrünen Fettaugen. Ich besteige einen der großen Passagierdampfer und hoffe, hier einen leisen Duft jener Fernen zu erhaschen, die das Schiff durchfahren hat. Aber hier riecht es wie zu Hause vor Ostern: nach Staub und gelüfteten Matratzen; nach Lack für die Türen; nach feuchter Wäsche und Stärke; nach angebrannten Speisen; nach geschlachtetem Schwein; nach gesäubertem Hühnersteig; nach Schmirgelpapier; nach einer gelben Pasta für Messing; nach einem Mittel für Ungeziefer; nach Naftalin; nach Bohnerwachs; nach Eingemachtem.

In dieser Stunde stehen mehr als siebenhundert Schiffe im Hafen. Das ist eine *Stadt aus Schiffen.* Die Bürgersteige bestehen aus Booten und die Straßenmitten aus Flößen. Die Einwohner dieser Stadt tragen blaue Kittel, braune Gesichter und harte, große, schwarzgraue Hände. Sie stehen auf Leitern, streichen die Rümpfe der Schiffe mit frischem braunem Lack an, tragen schwere Eimer, wälzen Fässer, sortieren Säcke, werfen eiserne Haken aus und angeln Kisten, drehen an Kurbeln und ziehen auf eisernen Rollen Waren in die Höhe, polieren, hobeln, säubern und verursachen neuen Mist. Ich möchte zurück in den alten Hafen, wo die romantischen Segelschiffe stehen und die knatternden Motorboote und wo man die frischen, triefenden Muscheln verkauft, das Stück zu dreißig Centimes. [. . .]

Ich liebe die schöne, bewegte, müßige und zwecklose Geschäftigkeit in den Straßen. Die meisten Menschen gehen nicht ihren Pflichten nach, sondern neben den Pflichten. Der exotisch gekleidete Fremdling, von fernen Küsten hergetrieben, reiht sich in den Gewändern seiner Heimat dem bewegten Zug der Straße ein und fühlt sich wie zu Hause. Er ändert weder Tracht noch Schritt, noch Bewegung. Er schreitet wie auf eigenem Boden, er trägt die Heimat an den Sohlen. Nichts kann so exotisch sein, daß es Aufsehen erregte. Der Bürgersteig gehört der ganzen Welt, den Passagieren von siebenhundert Schiffen aus allen Ländern.

Hier kommen die Reiter aus Turkestan, in den breiten, an den Knöcheln gebündelten Hosen, welche die gekrümmten Beine verhüllen. Dann die kleinen chinesischen Matrosen in den schneeweißen Uniformen wie Knaben im Sonntagsanzug; die großen Kaufleute aus Smyrna und Konstantinopel, die so mächtig sind, als handelten sie nicht mit Teppichen, sondern mit Königreichen; die griechischen Händler, die ein

Geschäft nicht zwischen vier Wänden abschließen können, sondern nur unter freiem Himmel, wie um Gott noch mehr herauszufordern; die kleinen Schiffsköche aus Indochina, auf leichten Füßen durch den Abend huschen sie, schnell und lautlos wie Nachttiere; die griechischen Priester mit den langen Bärten aus Hanf; die heimischen Mönche, die eigene Fülle vor sich hertragend wie eine fremde Last; die schwarzen Nonnen im bunten Gewühl, jede ein kleiner, versprengter Leichenzug; die weißen Zuckerbäcker, die kandierte Nüsse verkaufen, freundliche Gespenster des Mittags; die Bettler mit dem Brotsack und Wanderstab, die nicht Requisiten des Elends, sondern Insignien der Würde sind; die weisen algerischen Juden, groß, hager, stolz, wie schwankende Türme; die wandernden Schuhputzer, Knaben und erwachsene Männer, Vertreter eines blühenden Gewerbes und einer Kunst.

Ich glaube, man muß lange lernen, ehe man mit dieser mütterlichen Zärtlichkeit einen grünen Plüschlappen über die Stiefelkappe gleiten läßt und dem Leder alle Nuancen entlockt, vom tristen-feuchten Matt bis zur strahlendsten, schwärzesten Trockenheit. Mit leichtem Knall fliegt die Bürste aus der Rechten in die Linke. Die Blechdose mit der Pasta wirbelt wie ein Ball durch die Luft. Ihr Deckel springt automatisch ab und springt mit sanftem Klirren in die Utensilienkiste.

Und der Gast sitzt indessen hoch auf einem breiten, hölzernen Thron; und wenn nichts an ihm königlich ist, so werden es bald wenigstens die Stiefel sein …

Hugo von Hofmannsthal

»Die Vergangenheit ist noch immer« Von Grenoble in die Camargue

Grenoble liegt mitten im lichtgrünen, hügeligen Delphinat. Auf breiten Landstraßen, die durch helle Waldtäler laufen, begegnet man viel großen Viehherden, und es ist ungefähr die friedliche Natur der Gauermann und Waldmüller. Das geht so fort, in runden Hügeln und freundlichem Laub, bis Valence. Da, in der Stadt des Cäsar Borgia und der Diane de Poitiers, im Valentinois, hört französische Natur und französische Sprache auf, und es beginnt die Provence, mit gelben sonnverbrannten Hügeln, mit Oliven und Feigen und mit der eigenen Sprache, die wenig vom Französischen hat und viel vom Spanischen, manches auch vom verschollenen Italienisch der ›Divina Commedia‹ und vom Griechisch der Phokäer und vom Arabisch der Mauren. In Rhythmus und Klangfarbe ist sie, wilder und dunkler als die übrigen romanischen Sprachen, dem Spanischen am nächsten. Sie hat viele Dichter und Dichterkongresse und Dichterkrönungen; es ist aber etwas meistersängerlich Pedantenhaftes in dieser Dichterei, etwas Galvanisiertes und Gekünsteltes, und die Epigonen der Bertran de Born, der Peire Cardenal und der Raimon von Toulouse sind Schuster, Barbiere und Buchhändler.

Ihr berühmtestes Werk ist bekanntlich die ›Mirèio‹ des Mistral, ein Idyll in preziösen künstlichen Strophen, halb Homer, halb Berthold Auerbach, ein viel zu langes Gedicht, in dem die wunderschönen Dinge der Vergangenheit steif und tot herumstehen, wie in einem ungemütlichen Provinzmuseum.

Und doch ist die Vergangenheit in diesem Land minder tot als überall anders; es ist eine so klare, stille, trockene, erhaltende Luft. Frauen von Arles haben noch immer die feierliche römische Schönheit, die Kameenprofile und den königlichen Gang und die königlichen Gebärden; und andere haben die griechische Grazie im Stehen und Lehnen, wie die Tanagrafiguren, und griechische Koketterie in der leichtbeflügelten Rede; und andere haben den mattgoldenen maurischen Glanz und das weiche, biegsame Gleiten, »wie Palmen im Winde«. Und sie sitzen mit ruhig-heißen Augen auf den Stufen der Arena: da ist Stiergefecht; schwarze, rotäugige Stiere und Banderilleros und Toreadores mit schönen langen Namen, aus Saragossa und Valencia, mit elegantem Gladiatorenanstand und grünseidenen Mänteln; und Musik aus ›Carmen‹ statt der Tuben und Flöten. Das ist ihr Theater. Und wenn die Straßen in grellem Licht glühen, so gehen sie in dämmernden Klostergängen spazieren, zwischen maurischen Ornamenten und byzantinischen Säulen, oder auf den »Alyscampo«, wo im Zypressenschatten uralte Sarkophage liegen, der vornehmste Begräbnisplatz der Erde.

Oder sie gehen beten in die große Kathedrale von Saint-Trophime, und im Halbunkel zwischen steingrauen Aposteln und Greifen, Engeln und geflügelten Stieren atmet junge griechische und sarazenische Schönheit. [...]

Diese weißen Pferde kommen aus der Camargue. Das ist eine große Rhône-Insel, unfern von Arles beginnend und bis dorthin gedehnt, wo die Rhône mündet.

Eine weite, baumlose Fläche, graugrün, von vielem Heidekraut violett schimmernd, nicht gefärbt, nur schimmernd (violacé); darüber der blaßlilafarbene Himmel. Da weiden in Herden die weißen Pferde und die schwarzen Stiere und rosenrote Flamingos.

Es ist eine ägyptische Landschaft, totenstill, und auf kleinen zweiräderigen Wagen rollt man lautlos hindurch.

Wo die Camargue aufhört, beginnt das Meer, »das lichtblaue Meer, mit Delphinen und Möwen«. Es hat wirklich nicht das goldatmende glänzende Blau des Claude Lorrain und auch nicht das düstere Schwarzblau des Poussin, sondern ein ganz helles Blau des Puvis de Chavanne.

Es ist keine zufällige Besonderheit, daß ich soviel von Farben spreche. Man kümmert sich in diesen hellen Ländern viel mehr um Farbe als in unserer grauen und braunen Welt. Sogar das Menü wird pittoresk. Schon in Savoyen hatte das Frühstück die heitere Farbengebung der Huysum und Hondecoeter: unter der Weinlaube stand auf reinlich weißem Tuch der Fayencekrug mit hellem Wein, und gelbe Butter, rote Krebse; grüner Spinat und blaue Trauben waren so erfreulich als erfrischend. Hier aber, am rollenden, phosphorschimmernden Meer, ist das Dejeuner in den Fischerherbergen eine große Orgie von Farben. Der rotflossige Fisch schwimmt in einer Safransauce, andere flimmern silberschuppig, und die grellroten Langusten sind von mattgrünen Oliven umrahmt. Es fehlt nur der Pfau mit vergoldetem Schnabel zu einem farbigen Essen der Renaissance. Dazu das blaue Meer und am weißen Strand Pinien und Zypressen. Das ist längs der Küste, von den Pyrenäen bis zur Riviera. Im Innern aber ist die provenzalische Landschaft eintönig, wie die griechische. Graugelb, mit graugrünen Olivenhainen. Dann und wann auf der staubigen alten königlichen Straße eine Schafherde, die lautlos weitertrippelt. Dann ein ausgetrocknetes Flußbett. Dann, in schweigender Einsamkeit, Ruinen; ein verfallener Aquädukt, ein Triumphbogen. Dann weite, schattenlose Haine der mageren Oliven. So hat es rings um den Engpaß ausgesehen, wo Ödipus dem Vater begegnete. So um den Hügel, wo Antigone den Leichnam des Bruders besuchte. Hier hat der heutige Tag kein Eigenleben. Die Vergangenheit ist noch immer.

Vladimir Nabokov

Saison in Biarritz
Badefreuden 1907

Biarritz hatte in jenen Tagen noch seine Eigenart bewahrt. Staubige Brombeersträucher und *terrains à vendre* voller Unkraut säumten die Straße, die zu unserer Villa führte. Das Carlton-Hotel war noch im Bau. [...] Auf der Promenade am Casino steckte eine ältliche Blumenfrau mit Kohleaugenbrauen und einem angemalten Lächeln die dicke Wulst einer Nelke behende in das Knopfloch eines angehaltenen Spaziergängers, dessen linke Wange sich noch königlicher faltete, als er auf die Blume hinunterschielte, die ihm da gewandt angesteckt wurde. [...]

Kleopatra, ein tropisch wirkender Zitronenfalter in Gelb und Orange, der schmachtend in den Gärten umherflappte, war 1907 eine Sensation gewesen, und sein Fang machte immer noch Spaß.

Auf dem hinteren Teil der *plage* standen die verschiedenen Strandstühle und -hocker, und auf ihnen saßen die Eltern der Kinder, die Strohhüte trugen und vorne im Sand spielten. Mich zum Beispiel konnte man auf den Knien mit dem Versuch beschäftigt sehen, einen gefundenen Kamm mit Hilfe eines Brennglases in Brand zu setzen. Die Männer hatten weiße Hosen an, die für heutige Begriffe aussähen, als seien sie in der Wäsche lächerlich eingelaufen; die Damen trugen in jener Saison leichte Mäntel mit Seidenaufschlägen, Hüte mit großem Kopf und weitem Rand, dicht bestickte weiße Schleier, Blusen mit Brustkrausen, Krausen an den Handgelenken, Krausen an den Sonnenschirmen. Die Brise machte einem die Lippen salzig. Mit gewaltiger Geschwindigkeit kam ein verirrter Postillon über den wimmelnden Strand geschossen.

Für weitere Bewegung und weiteren Lärm sorgten die

Verkäufer, die *cacahuètes*, kandierte Veilchen, himmlisch grünes Pistazieneis, Cachous und riesige, konvexe Stücke einer trockenen, spröden, waffelartigen Masse aus einem roten Faß feilboten. Mit einer Klarheit, die keine späteren Erinnerungsüberlagerungen getrübt haben, sehe ich den Waffelmann mit dem schweren Faß auf dem gebeugten Rücken durch den tiefen, mehligen Sand stapfen. Wenn man ihn rief, streifte er es mit einer Drehung des Gurtes von der Schulter, knallte es auf den Sand, wo es wie der schiefe Turm von Pisa zu stehen kam, wischte sich das Gesicht mit dem Ärmel und setzte eine Art Wahlvorrichtung mit einem Pfeil und Zahlen auf dem Faßdeckel in Bewegung. Der Pfeil scharrte und schwirrte im Kreis herum. Fortuna war es überlassen, die Größe einer Waffel zu bestimmen, die man für einen Sou bekam. Je größer das Stück, desto mehr tat er mir leid.

Die Badeprozedur spielte sich an einem anderen Teil des Strandes ab. Berufsmäßige Bademeister, stämmige Basken in schwarzen Badeanzügen, waren zur Stelle, um den Damen und Kindern behilflich zu sein, sich der Schrecken der Brandung zu erfreuen. Ein solcher *baigneur* stellte den *client* mit dem Rücken zur heranrollenden Welle und hielt ihn an der Hand, wenn der steigende, wirbelnde Schwall schäumenden grünen Wassers von hinten auf einen niederging und den Füßen mit einem mächtigen Schlag den Halt nahm. Nach einem Dutzend derartiger Stürze führte der *baigneur*, selber glänzend wie ein Seehund, seinen keuchenden, fröstelnden, feucht schnüffelnden Schützling landwärts zum flachen Strand, wo eine unvergeßliche alte Frau mit grauen Haaren auf dem Kinn einem unverzüglich einen Bademantel von mehreren aussuchte, die dort an einer Wäscheleine hingen. In der Sicherheit einer kleinen Kabine half einem ein weiterer Wärter, sich des triefenden, vom Sand schweren Badeanzugs zu entledigen. Er klatschte auf die Bretter, und immer noch zitternd vor Kälte trat man aus ihm heraus und trampelte auf seinen diffusen bläulichen Streifen herum. Die Badekabine roch nach Fichtenholz. Der Wärter, ein

Buckliger mit vergnügt strahlenden Runzeln, brachte eine Schüssel dampfend heißen Wassers, in die man die Füße tauchte.

Kurt Tucholsky

»Da kommt die Prozession« Ein Tag in Lourdes

Wagen quetschen sich zwischen den Leuten hindurch, die elektrische Bahn poltert, noch mehr Läden, noch mehr Straßenverkäufer, die da brave Gruppenaufnahmen, Andenken, Kerzen und Vanille feilhalten – die ganze Luft riecht nach Vanille. Da: die Basilika.

Eine moderne hohe graue Kirche, rechts und links mit zwei weitausladenden Rampen, die den Platz wie zwei Arme umfassen. Einzelne Leute gehen durch einen Torbogen der Rampe zur Grotte. [...]

Ich drücke mich zur Grotte hindurch.

Es ist eine kleine Felsgrotte, ein paar Meter tief, mit einem schmiedeeisernen Gitter. »Entrée« und »Sortie« steht daran, auf blauen Emailschildern in weißer Schrift. [...]

Vor der Grotte, in Wagen und Bahren: die Kranken. Sie sitzen und liegen da, die Augen zum Himmel aufgerichtet, die Träger, die sie umgeben, beten – die Verwandten beten, manche sind halb bewußtlos und haben die Augen geschlossen und fiebern. Sie halten Rosenkränze in den Fingern. Viele singen.

Neugierige und Touristen stehen unter den Leuten, es wird fotografiert, gesprochen, in Büchern geblättert.

Bahren im Getümmel, Krankenwagen, gestützte Kranke – alles geht leise und freundlich vor sich. [...]

Die Frommen gehen gleich nach der Ankunft zum Gottesdienst, zum Quellenbad, zur »piscine«; große Anschläge verkünden überall in der Stadt den Dienst des betreffenden Zugs, alles ist Tradition, alles ist vorausgesehen und eingespielt. [...]

Um drei Uhr nachmittags ist der große Platz gesperrt, hinter den Rändern summt und wimmelt es an den langen Leinen, mit denen er abgegrenzt ist. Hier wird nachher die große Prozession entlanggehen, und obgleich es noch lange nicht halb fünf ist, stehen und sitzen da schon viele Frauen mit Kindern und auch Männer. Sie haben sich Klappstühle mitgebracht, die man für drei Francs kaufen kann, und warten unter den Bäumen. Noch werden viele Kranke an die Grotte gerollt und zum Bad; nachmittags sind es nur die Schwerkranken, die gebadet werden. Wieder stehen alle dichtgedrängt um den Priester, wieder ruhen die Kranken auf den Stühlen, wieder schallen die Gebete. [...]

Halb vier Uhr. Eine riesige Prozession formt sich, die Spitze steht auf der langen Esplanade, alle haben die Basilika im Rücken – denn sie werden erst den Rasenplatz umschreiten, mit dem Heiligen Sakrament in der Mitte. Oben, die Plattform der Kirche, ist schwarz vor Menschen, die beiden Rampenarme sind frei und leer. Die Träger sperren sie ab. Da kommt die Prozession. [...]

Für den Abend ist die große Fackelprozession angesetzt, schon kurz nach dem Abendbrot laufen alle Leute in Lourdes mit kleinen Fackelchen herum, wie man sie uns auf den Kinderfesten in die Hand gesteckt hat. Blaugedruckte Papierschirme mit dem Bildnis der Jungfrau umhüllen die Kerze. Aber bevor das angeht, sehe ich doch noch etwas anderes.

Die Kranken können die Hospitäler nicht verlassen, sie können den Fackelug nicht verstärken. Wenn der Pilgerzug groß genug ist, dann versammeln sich manchmal die Angehörigen vor dem großen Krankenhaus und ziehen an ihren Kranken vorbei. Und das ist das Erschütterndste, das ich in Lourdes gesehen habe.

Zum Fackelzug wird das ›Ave Maria‹ gesungen. Verfasser

und Komponist ist der Abbé Gaignet, ein Geistlicher aus der Vendée, er schuf dieses Lied im Jahre 1874. Es hat unzählige Strophen, einfache Vierzeiler zu einer simpeln Melodie, und als Refrain ist ihm das Ave angesetzt, das in der französischen Liedbetonung ungefähr folgendermaßen klingt:

Avé
Avé
Avé Mariaa –

Es ist so einfach, daß es ein Kind nachsingen kann. Und da stehen sie nun vor dem Hospital de Notre-Dame-des-Douleurs und singen:

Sur cette colline
Marie apparut
Au front qu'elle incline
Rendons le salut:
Avé – Avé –

[. . .]

Sie marschieren in Schlangenlinie, sie nähern sich auf dem gewundnen Lichtpfad immer mehr der Kirche . . . [. . .]

Das steht wie ein Wall da unten. Unerschütterlich, voller Kraft klingt das Credo.

Et exspecto resurrectionem mortuorum. Et vitam
venturi saeculi. Amen.

Das ist ein Tag in Lourdes.

II.

»Immer sind es die Träume, die an die Seine führen«
Glücks- und Schicksalstage
Ansichten von Paris

Deine Nelken nun haben, in einer alten Glas-Flasche, den wichtigsten Blumen-Platz auf dem Tische vor dem kleinen Sofa; steht man unweit davor, so sieht man sie vor dem Grau des Sammets, – und solches Rosa vor Grau geht mich wunderbar an und heißt mir, wo immer ichs gewahr, – Paris.

Rainer Maria Rilke
30. November 1918

Wolfgang Koeppen

»Eine blinkende, lockende Austernschale«
Ankunft in Paris

Schon der Stadtplan von Paris ist ein Versprechen irdischer und geistiger Freuden. Aber ist das nicht eine recht banale oder allzu literarische, eine rein ästhetische oder egozentrisch illusionäre Vorstellung? Wer Paris wirklich kennt, wer dort gelebt, studiert, geliebt, gearbeitet, gedacht, gestrebt, gelitten, vielleicht gehungert hat, wird schwören, Paris sei eine harte, eine böse Stadt. Ihre Dichter haben sie geliebt oder verflucht. Aber die zwanzig bunten Arrondissements, eingezwängt in den Gürteln der alten Festungswälle, die achtundfünfzig geschleiften oder noch zu bewundernden Kasemattentore, die den Endstationen der Untergrundbahn die alten Namen und noch immer die Puccini-Phantasie, die romantische Opernkulisse der Bannmeile geben, die zwanzig grellen Farbschuppen erinnern an eine blinkende, lockende Austernschale, in deren Mitte zwei schöne Perlen liegen, die Île de la Cité und die Île Saint-Louis. Aus dem Muschelbett erhebt sich die Göttin, Aurora, die Morgenröte, die Fluß und Brücken und alle Dächer umarmt, die ernste hausfrauliche Venus im Louvre, die nacktjagende Diana von Poitiers, hochmütige Herzogin von Valentinois, auf dem durch Liebreiz und Ehrgeiz bezwungenen Hirsch, die kopflose Nike von Samothrake, der immer noch für etwas anrüchig gehaltene Genius der Freiheit unter der phrygischen Mütze, die strenge kurzsichtige Gloriole der Vernunft, die Epiphania Pascals, Balzacs Mädchen mit den Goldaugen, Prousts reifenspielende Gilberte aus den geschwätzigen Salons, das rotschopfige Mannequin des Dernier cri und die hübsche Kuh der Küchenreklame, la vache qui rit. Immer sind es Träume, die an die Seine führen. Die Luft ist für alle Zeit von den Impressionisten gemalt, die Leuchtfeuer des Abends stammen von Picasso und Miró, die

Natur ringsum ist domestiziert und auf das anmutigste zerstört, Monets Frühstück im Grünen und Maupassants fröhlich-traurige Ruderpartie ereignen sich immer noch, aber die steingefaßten oder grünen Ufer, die romantisch gehaltenen oder kommod geführten Wege sind von Kentauren bevölkert, von blechbepanzerten gummibereiften Herden, die von den breiten Autostraßen ausbrechen und gierig zu ihnen zurückströmen. Pan wohnt griechisch-französisch in der humanen Landschaft der Pariser Peripherie, debussyisch auf Balkonen, herrscht über Spaziergängerwäldchen, Familienwiesen, Nixenteichen, Lustlisieren, Fabriken, Lagerplätzen, Gleisen, Kanälen, über die vielversprechenden Parzellen der blühenden Bodenspekulation, über Paradiese und Höllen der Touristen, die gedemütigten Schlösser, die hollywoodisierten Stadtrandschenken und, aller Wirtschaft zum Trotz, noch immer über Liebespaare. Die Dörfer sind Dörfer geblieben, mit einigen Hochhäusern neben den Ställen, aber die neuen Satellitenstädte bilden sich kühn nach dem Stil utopischer Planeten. Immer ist die Bühne ärmlich und reich, üppig und selbstgenügsam, waschmittelweiß und lebensschmutzig. Die Pensionärsvilla mit Erkerchen und Türmchen überlebte die soliden, die gestürzten Renten und kokettiert mit dem glatten Beton, dem harten Stahl, dem indiskreten Glas der Corbusier-Türme. Schon im Umkreis von Paris erlebt man das Wunder der einzigartigen Stadt, sich alles einzuverleiben und das Häßliche schön zu machen. Der Grundton ist grau: dunkelgrau, fleckiggrau, hellgrau, lichtgrau. Der Putz bröckelt von den Fassaden, die Dächer haben Wunden. Seit 1914 verfällt Paris, aber es stirbt nicht.

»Ein merklich anderer Himmel«
Das Klima über Paris

Schon von der Champagne her, das Tal der Marne entlang bis zu ihrem Eintritt in die Seine nimmt das Land mit seinen mässig erhobenen flach hingestreckten kalkigen Höhen etwas von der Fläche eines ruhig wallenden Meeres an. – Erscheint somit in der Physiognomie der Bildung des Bodens eine Annäherung des Landes zum Meere, so wirkt auch hinwiederum die Luft des nahen Meeres und zwar eines Weltmeeres wesentlich auf die Atmosphäre dieses Landstrichs und dieser gewaltigen Stadt. – Schon ist ein merklich andrer Himmel über Paris als über Deutschland! – der erste Blick auf die Wolkenbildungen an den Spätsommertagen nach meiner Ankunft – das wunderbar weiche und südlich verblasene in diesen Wolkenformen und Farben – ohngefähr wie ich es früher in Neapel und doch wieder anders, gesehen hatte – liess mich diese Wahrnehmung machen. – Als ich aber an einem dieser Abende gegen Sonnenuntergang mich auf dem Pont royal befand, als die Sonne hinter die im wärmsten Duft den westlichen Abfluss der Seine beschattenden Wolken sich zur Hälfte verbarg, und durch diesen zarten südlich geröteten Duft mit dem glänzendsten Goldleuchten hervorblitzte, während hoch über den feinen Cirro-Cumulis der südlichen Wolkengebilde die schon breitere Mondsichel im milden Weiss schimmerte, da war mir diese Bemerkung noch entschiedener! – Steht man endlich bei sommerlicher Nachmittagsbeleuchtung auf der Anhöhe des Jardin des plantes, über der prächtigen hundertjährigen Ceder unter jener von allen Reisenden erwähnten bronzenen Gloriette, blickt über die Cypressen, Zirbelkiefern, Pinien, und das weithinschattende Dach jener Ceder auf die ungeheure ringsum sich lagernde Stadt, nach Montmartre und den Höhen von Père la Chaise hinüber und gegen die Ebnen von Vincennes hinaus, – dann erkennt man auch bald ein um so viel anderes atmosphärisches Licht, welches ich in einiger Hinsicht dem über die Gegenden Oberitaliens ausgegossenen wohl vergleichen möchte, wenn nicht jener schon bei den Ebnen der Champagne erwähnte milchige Duft, den ich nur den Ausdünstungen eines an die nahen Küsten flutenden Weltmeeres zuschreiben kann, einen merklichen Unterschied bedingte und einigermassen an das Ansehen der neapolitanischen Küste, wenn der Scirokko weht, erinnerte. – Indem nun überdies grossenteils die finstern hohen Dächer unsrer Gegenden hinwegfallen – indem die Häuser mehr in Parallelogrammformen sich aneinander reihen, und indem sie mehr einer vorherrschend wagerechten Zeichnung in ihren Gruppierungen folgen, so gewährt dies mit dem gelblichen Grau der Mauern, der schieferfarbenen Bedachung, bei dem vielfach sichtbar werdenden weisslichen Boden, untermengt mit sparsamem Grün, in diesem milchigen Ton, vom heitern Licht umflossen, die eigentümlichste und man darf sagen reizendste Wirkung.

Gibt man nun ferner Achtung, wie auch bei eintretenden Übergängen zu unfreundlichem, regnichten kühlen Wetter die Luft seltener jene widrige Rauhigkeit annimmt, welche uns in der Heimat nur zu oft lästig fällt, und hört man ferner von Personen, welche jahrelang hier gelebt und das Klima von Paris mit dem von Deutschland in gleichen Breitegraden verglichen haben, dass jene gewisse Mildigkeit der Luft, jene ganz besondre und weder vom Thermometer, Barometer oder Hygrometer zu bestimmende wohltuende Einwirkung der Luft auf das Hautorgan (worüber in physiologischer Beziehung und in Vergleich mit der Mildigkeit mancher Wässer sich noch viel sagen liesse), hier bei weitem mehr herrschend sei als in unsern Gegenden – so muss man sich wohl veranlasst finden nachzudenken, woher eine solche Erscheinung wohl abzuleiten wäre.

Felix Hartlaub

Im »Bauch von Paris«
Kehraus in »Les Halles«

1. März [1941]

Die Kolonnaden um die Handelsbörse herum, daran vorbei der Blick auf die Fassade von St. Eustache. Der eine Flankenturm ist in der Höhe des Mittelgiebels steckengeblieben, auch der andere ist nicht zu Ende gewachsen, ein magerer Stumpf, mit Säulen geschient. Der grosse Abstand zwischen den beiden Türmen, die Flachheit des Giebels – eine breite Sitzfläche für eine breite Kruppe, die Türme als Pfosten für die Arme zum Festhalten. Wie bei St. Sulpice. Das grosse Stück Himmel zwischen den Türmen – leuchtende feuchte saftige Wolken auf der Fahrt nach Nordosten, meist richtige Wolken mit Bäuchen, Herz und Nieren, dazwischen manchmal auch blosse Tücher und Fahnen. [...]

Der Marktlärm scheint dann anzuwachsen, auszugreifen in eine Leere, und die hellen blendenden Häuserfronten vergilben, werden eng, hoch, sechs und mehr Stockwerke, – die Unzählbarkeit der durch die geöffneten Persiennes verdreifachten Fenstertüren, an denen hier und da Menschen erscheinen, die das weichende Licht mit sich zog. Wird es gleich regnen? [...]

Unter den Kolonnaden stehen Menschen vor einer Fleischerei Schlange, eng aufeinander und an der Wand entlang. Ein Polizist in einer effacierten Art daneben, damit die Zirkulation unter den Säulen frei bleibt. Armlos, der weisse Knüppel kommt vorschriftsmässig zwei cm weit unter dem Umhang vor, – er sieht, hört ganz woanders hin, die vielköpfige Schlange heftet nur einzelne hohle Blicke auf seinen Rücken. Die Stille – um so lauter die hallenden Schritte der Vorübergehenden und das Kläffen altmodischer Hupen – nur manchmal ein kurzer murrender Knäuel in der Schlange.

Die Gesichter ausgeleert, ausgelaufen vom Warten, wehrlos in dem krassen blendenden Licht. Kleine Augen, schnurrbärtige Frauen, manche Stirn entfaltet, entblättert schwitzend. Über einige fällt der Schatten der Säulen. Die Leiber stumpf aneinander. Lehrmädchen mit gerunzelter Stirn im Schatten eines breiten Rückens, lesen billige Romanbroschüren, die sie nah ans Gesicht halten. An der Ladentür erscheint ein Schild, schwarz mit Kreideschrift: »Plus de tripes«. Einer, halb erstickt, mit eingezogenem Bauch, windet sich zwischen kolossigen Weibern heraus, ruft etwas zu einem Wagen herüber. Die hängenden leeren ausgebauchten Markttaschen. [. . .]

In den Hallen selbst wird geschlossen, Abfälle mit dem Wasserschlauch über den Boden getrieben. Abgewetzte Lederjacken. Einzelne Lehrmädchen, in knapp sitzenden weissen Kitteln und Schaftstiefeln, die Hände in den Taschen, unter den Männern, rauchend, sie scharren an dem kühlen dunklen Holperpflaster. Überall stehen grosse Tragekörbe, ovaler Querschnitt, mit Salatbüscheln, die innen an den Wänden entlang hochgestapelt sind, so dass in der Mitte ein Hohlraum bleibt. – Dunkle, müde Salatblätter zwischen dünne Holzlatten gepresst. Plötzlicher Geruch nach Lorbeer. Eine einstürzende Pyramide aus Apfelsinen, die in mattes Papier gerollt sind. Zwei Nonnen schleppen einen schweren Sack zwischen sich, er streift den Boden. Ihre staubigen, unbequemen Kutten. Die eine, jüngere, trägt den Kopf im Nacken mit einem mühsamen, entschuldigenden Lächeln. Sie hat rote Backen und eine schwarze Hornbrille. Von der Anderen Gebeugten hört man nur das Keuchen. – Einem wackligen, aller Insignien beraubten Autochen entsteigt ein massiger deutscher Soldat, Marineinfanteristenuniform, das Koppel im letzten Loch: ein richtiger Küchenbulle. Er begrüsst sich freundschaftlich mit einem breitbeinig dastehenden Ladeninhaber, klopft ihm auf die Lederschulter. Dann zerrt er einen bereitgestellten schweren Harras in den Wagen hinein, blutroten Nackens.

Gegenüber der Kirchenfassade das Restaurant »Au nègre joyeux«. Schmale Fassade, grosse Unterschiede der Dachhöhe. Eine Häusergruppe ochsenblutrot angestrichen. Die weiten Cafés etc. fast leer – an einigen Tischen noch Geldzählende.

KURT TUCHOLSKY

»In der Métro – kein Mensch«
August in Paris

Im August ist Paris die zweithäßlichste Stadt der Welt: staubig, heiß, stickig, grau und reizlos. Auf den Boulevards kann man manchmal auch einen Franzosen sehen – der ist dann aus Algier und sieht auch so aus. Die Original-Franzosen sind in Trou-sur-Mer und werden dort mit Flintenschüssen empfangen. [...]

Die Luft steht still.

Die Bäume stehen still und rühren sich nicht in der milden, schon eine Spur herben Sonne. Sie warten. Alles wartet auf etwas. Die Schatten im Laub sind dunkler, die Schatten in den Mauerwinkeln, wo die Spatzen wohnen, sind schwärzer, das Licht goldener, die Luft blauer, härter, klarer. Es beginnen die Spätsommertage, jene Tage, die man festhalten möchte, und bei denen man nicht genau weiß, wo der Sommer aufhört und der Herbst beginnt ... Schon ...? Schon.

So ein Tag ist das also heute.

Paris ist leer. Seit Sonnabend mittag sind nun selbst die ausgeflogen, die nicht an die See, nicht ins Gebirge gereist sind: sie haben den halben Sonnabend, den ganzen Sonntag und den ganzen Montag, der ein Feiertag ist. Paris ist leer. Paris ist verzaubert.

Man kann die großen Boulevards hinuntergehen; da sind

noch einige Menschen, auch noch Wagen ... Aber die langen Avenuen meiner Lieblingsviertel sind leer geblasen – man kann sich durch das Siebente träumen und durch das Achte – man kann auf dem Fahrdamm stehenbleiben und einer Katze zusehen, die hochmütig an der Tür sitzt, eine Concierge auch sie – aber sie zeigt viel weniger Interesse für ihre Mieter als die geschäftige Frau, die in jedes pariser Haus diesen Schuß von Kleinerleuteluft, Klatsch, Gemüsekram und Polizeispitzelei hineinträgt ... Guten Tag, Katze. Hört nicht.

Leer ist Paris. [...]

Unter der Erde, in der Métro – kein Mensch. Leer rollen die Wagen dahin, fast unnütz. Viele Läden haben geöffnet, die nämlich, in denen man sich etwas zu essen kaufen kann. Und Zeitungen kann man kaufen – aber es kauft sie fast niemand. [...]

Apfelblau ist Paris, und von einer reinlichen, ganz leichten Herbstluft durchflossen. Ob die Luft so gut ist, weil alle Politiker in den Ferien sind –? Der ›Matin‹ hat sie abgebildert – man kann sie da hängen sehen –, und es sieht nicht schön aus. Politiker im hellen Sonnenlicht – das erinnert immer an das, was unter einem Stein kriecht, den man plötzlich hochhebt ... Und oben stehen die Setzmaschinen des ›Matin‹, und da wird nun alles gesetzt – nichts verschweigen und nichts hinzusetzen, die reine Wahrheit ... ach, du lieber Gott!

Ich entdecke ganz neue Sachen, die ich noch niemals gesehen habe – bisher stand sich die Stadt immer selbst im Wege. Ich gehe umher, neugierig, beklommen, es ist fast ein bißchen unheimlich. Sind Sie einmal als Junge während der Ferien im Schulgebäude gewesen? So etwas ist es.

Alles wartet. Es ist eine Atempause.

Über ein Kleines.

Und die Lavaströme der Zurückgekehrten werden sich aus den Bahnhöfen in die Straßen ergießen, alle Minister und andere Leute vom Theater werden wieder da sein, die Zeitungen werden wieder lebhafter, niemand ist mehr »i. V.«, und dann wird Paris regnerischgrau werden, angefüllt mit silbrigem Nebel, Musik, leuchtenden Festen, gelben Lichtern und aufgeregten Tänzen in den Couloirs des Parlaments.

WALTER BENJAMIN

Der Efeu gelehrter Blätter über den Seine-Quais
Paris und die Bücher

Unter allen Städten ist keine, die sich inniger mit dem Buche verband als Paris. Wenn Giraudoux recht hat und es das höchste menschlicher Freiheitsgefühle ist, schlendernd dem Lauf eines Flusses zu folgen, führt hier noch der vollendetste Müßiggang, die beglückteste Freiheit also, zum Buch und ins Buch hinein. Denn über die kahlen Seine-Quais hat sich seit Jahrhunderten der Efeu gelehrter Blätter gelegt: Paris ist ein großer Bibliotheksaal, der von der Seine durchströmt wird.

Kein Monument in dieser Stadt, an dem sich nicht ein Meisterwerk der Dichtung inspiriert hätte. Notre Dame – wir denken an den Roman von Victor Hugo. Eiffelturm – Cocteaus ›Vermählte auf dem Eiffelturme‹, mit Giraudoux' ›Gebet auf dem Eiffelturm‹ sind wir schon auf den schwindelnden Höhen der neuesten Literatur. Die Oper: Mit Leroux' berühmtem Kriminalroman ›Das Phantom der Oper‹ sind wir in den Souterrains dieses Baues und der Literatur zugleich. Der Triumphbogen spannt sich mit Raynals ›Grab des unbekannten Soldaten‹ um die Erde. So unauslöschlich hat sich diese Stadt ins Schrifttum eingezeichnet, weil in ihr selbst ein Geist wirkt, der den Büchern verwandt ist. Hat sie nicht, wie ein routinierter Romancier, von langer Hand die fesselndsten Motive ihres Aufbaues vorbereitet? Da sind die großen Heerstraßen, die von der Porte Maillot, der Porte de Vincennes, der Porte de Versailles den Truppen ehemals den Zugang auf Paris zu sichern hatten. Und eines Morgens, über Nacht, besaß Paris die besten Autostraßen unter allen Städten Europas. Da ist der Eiffelturm – ein reines freies Monument der Technik in sportlichem Geiste – und eines Tages über Nacht, eine europäische Radiostation. Und die unabsehbaren leeren Plätze: sind sie nicht feierliche Seiten, Vollbilder in den Bänden der Weltgeschichte? In roten Ziffern leuchtet das Jahr 1789 auf der Place de Grèves. Von dem Gewinkel der Dächer umgeben auf jener Place des Vosges, wo er den Tod fand: Henri II. Mit verwischten Zügen eine unentzifferbare Schrift auf jener Place Maubert, ehemals der Zugang zum finsteren Paris. Bei der Wechselwirkung zwischen Stadt und Buch ist einer dieser Plätze in die Bibliotheken hineingewandert: auf den berühmten Didot-Drucken des vorigen Jahrhunderts steht als Signet die Place du Panthéon.

Wenn das literarische Spektrum der Stadt von dem geschliffenen prismatischen Verstande auseinandergefaltet wird, so sehen, je weiter wir uns von der Mitte den Rändern nähern, die Bücher um so seltsamer aus. Es gibt ein ultraviolettes und ein ultrarotes Wissen um diese Stadt, die sich beide nicht mehr in die Form des Buches zwängen lassen: Photo und Stadtplan, – das genaueste Wissen vom Einzelnen und vom Ganzen. Wir haben von diesen äußersten Rändern des Blickfeldes die schönsten Proben. Wer je in einer fremden Stadt an einer Straßenecke bei schlechtem Wetter mit einem der großen papierenen Pläne hantieren mußte, die bei jedem Windzuge wie Segel schwellen, an jeder Kante reißen und bald nur noch ein Häufchen schmutziger Blätter sind, mit denen man sich quält, erfährt aus dem Studium des Plan Taride, was ein Stadtplan sein kann. Und was die Stadt ist. Denn ganze Viertel erschließen ihr Geheimnis in ihren Straßennamen. An dem großen Platz vor der Gare St. Lazare hat man halb Frankreich und halb Europa um sich. Namen wie Havre, Anjou, Provence, Rouen, Londres, Amsterdam, Constantinople ziehen sich durch die grauen Straßen wie durch graue Seide changierende Bänder. Das ist das sogenannte Viertel

Europe. So kann man Stück für Stück die Straßen auf der Karte, kann freilich auch »Straße für Straße, Haus für Haus« die Stadt in dem riesigen Werke durchgehen, in dem um die Mitte des neunzehnten Jahrhunderts Lefeuve, der Hofhistoriograph Napoleons III., alles Wissenswerte gesammelt hat. [...]

In tausend Augen, tausend Objektiven spiegelt sich die Stadt. Denn nicht nur Himmel und Atmosphäre, nicht nur Lichtreklamen auf den abendlichen Boulevards haben aus Paris die »Ville Lumière« gemacht. – Paris ist die Spiegelstadt: Spiegelglatt der Asphalt seiner Autostraßen. Vor allen Bistros gläserne Verschläge: die Frauen sehen sich hier noch mehr als anderswo. Aus diesen Spiegeln ist die Schönheit der Pariserin getreten. Bevor der Mann sie erblickt, haben sie schon zehn Spiegel geprüft. Ein Überfluß von Spiegeln umfängt auch den Mann, zumal im Café (um es innen heller zu machen und all den winzigen Gehegen und Ställchen, in die Pariser Lokale zerfallen, eine erfreuliche Weite zu geben). Spiegel sind das geistige Element dieser Stadt, ihr Wappenschild, in das sich noch immer die Embleme sämtlicher Dichterschulen eingezeichnet haben.

Wie Spiegel jeden Reflex prompt, nur symmetrisch verschoben, zurückgeben, tut dies auch die Schlagworttechnik der Komödien von Marivaux: Spiegel werfen das bewegte Draußen, die Straße, in das Intérieur eines Caféhauses, wie ein Hugo, ein Vigny es liebten, Milieus einzufangen und ihre Erzählungen vor einen »historischen Hintergrund« zu stellen.

Die Spiegel, die trüb und ungepflegt in den Kneipen hängen, sind das Sinnbild von Zolas Naturalismus; wie sie einander in unabsehbarer Reihe spiegeln, ein Gegenstück zu der unendlichen Erinnerung der Erinnerung, in die sich unter der Feder von Marcel Proust sein eigenes Leben verwandelt hat. Jene neueste Photosammlung »Paris« schließt mit dem Bilde der Seine. Sie ist der große, immer wache Spiegel von Paris. Tagtäglich wirft es seine festen Bauten und seine Wolkenträume als Bilder in diesen Fluß. Er nimmt die Opfergaben gnädig an, und er bricht sie zum Zeichen seiner Gunst in tausend Stücke.

GOTTFRIED BENN

Hermelinmantillen, Kuchensorten bis auf die Trottoirs … Die Stadt des Aufwands

Zwischen den Pyrenäen und Ardennen liegt die große Weinebene Europas; der jährliche Ertrag ist 270 Millionen Francs; man unterscheidet 250 Sorten; an Gesamtmenge liefert Frankreich 40 Millionen Eimer im Jahr, während Deutschland 4 ½, Spanien 8 ½ Millionen liefert; in Paris kommen jährlich auf den Kopf bzw. die Gurgel der Bevölkerung 112 Liter Wein. Außerdem ist Frankreich das pompöseste Obstland des Erdteils, und zwischen Cannes und Grasse werden Blumen in weiten Feldern gebaut wie andernorts Rüben und Getreide. Im Jahr werden 2 Millionen Pfund Orangenblüten, 1 500 000 Millionen Pfund Rosen, 75 000 Pfund Veilchen gewonnen, Lavendel und Rosmarin sind so häufig, wie bei uns Klee und Gras, – hier sind die kleinen Orte, die starke Gerüche kilometerweit in ihre Umgebung treiben, die Fabriken der illustren Firmen, die in der Rue de la Paix ihre Niederlage haben.

Nimmt man von Berlin den Kurfürstendamm und die Linden zusammen, multipliziert es mit 10, dann hat man 20 solcher Straßen, wenn man vor der Madeleine steht. Rechts ist ein Haus, das führt nur blaue Straußenfächer, links das führt nur Perlen. Strümpfe, dreifarbig in der Längsrichtung, regenbogenfarbig ineinanderfließend, werden der Charme des Sommers sein. Jetzt ist das Unumgängliche Cape und Hermelin. In Hermelinmantillen von der Größe eines Theatervorhangs, am Hals geschlossen von einer Hand unter dem Feuer haselnußgroßer Solitärs, betreten die Damen nach dem Theater um Mitternacht das Restaurant. Die Austern sind aus Portugal, haben einen großen Bart, wenig Fleisch, aber es ist fest und hat das Salz des Meeres. Die Oliven sind fett von taraskonischem Öl; den Poularden, erweicht von burgunderschweren Saucen, blättert das Mastfleisch von den Knochen; über das Pistazieneis gießt man Champagner; wer abends keinen Frack anhat, ist ein Mann vom Lande. Da ist Potin, Geschäft für Lebensmittel. Geschäft! Wertheim für Delikatessen, maurischer Durchbruch durch drei Boulevards zum Stapel kanaanitischer Gehänge, Pilaster, erstickt von Ananas; Pfeiler, grün von Feigen und Artischocken; eine Stromschnelle für Forellen; Schnepfen, Fasanen serienweise. Anhäufungen von Spargel, eine Miete Kiebitzeier, Kuchensorten bis auf die Trottoirs. 20 000 Hektoliter Olivenöl braucht Paris jährlich für Salat und Mayonnaisen, – ja, wir sind Mangeurs du choucroute, Sauerkohlfresser, genannt Jean Potage.

Oder da ist Moulin Rouge. Teppiche von einem bestimmten Rot zwischen Lachs und Glaskirsche liegen vom Pflaster über die Freitreppe bis in alle Winkel des Theaters. In einer Ecke eine Dixie-Band vom Red River, in der andern ein Haifischbeschwörer aus Colombo. Und auf der Bühne New York-Montmartre, la grande Revue du Moulin Rouge, zwei Akte, 50 Bilder, etwa 60 Erzeuger, alle namentlich genannt einschließlich der Autoren, der Schnallen und Steine der Schuhbänder, des Perlmutters der Muscheltänzerinnen und des Produzenten der telefonischen Organisation.

Ich glaube nicht, daß das Budget des preußischen Staats genügt, um diese Revue zu finanzieren. Alle Erdteile sind ausgeraubt. Der Mann aus Chinatown hat die fremden Bewegungen, und das Land des Geheimnisses tut sich auf. Der Irokese zischt sonderbare Laute, der Tomahawk flirrt und Musik und Melancholie des Indian Territory. Und Tanz, Tanz, Tanz; unerträglich allmählich im übrigen Europa, hier erregend, unflätig und elegant: buck dance, flicher dance, peacock's mirror dance, jazz dance, Leopard dance, danse des gigolettes, danse des candélabres. – Und Bilder, Erdteile, Kulturschichten; Aufsteigendes aus Falltüren, Niedergleitendes aus Bonbonschachteln, Reitendes, Fahrendes, Sprünge in den Nil, Familienszenen, schwarze Messen, Ball auf dem Dachgarten der Astors, Versuchungen des heiligen Antonius, Pantherzug der Königin von Saba: Apachen, Magier, Standartenschwinger, Lotosträgerinnen, Lustknaben, Amazonen und »ah, viens dans mes bras« – der Sklave. [. . .]

Es ist die Stadt des Aufwands, der Antiquitäten, der Porzellane, der Bijous und eines ruhelosen Modedrangs. Aber der Luxus wirkt nicht unsozial, das ist sonderbar. Es ist die Nation, die verschwendet; auf dem Weg siegbeschenkter Jahrhunderte erwarb sie genug. Es liegt hier eine Erscheinung vor wie beim Stil, der sein Unwiederbringliches durch Übertreibung gewinnt: die leere Automatie des Technischen hat durch die frappante Notdurftsentfernung im Luxus einen seelischen Zauber gewonnen. [. . .]

Das ist Paris, im Flug genommen, Lutetia, Stadt des Fiebers, Stadt des Traums. Vom Bois weht es durch die Tuilerien um den Obelisk des Sesostris an die Platanen vor der Statue Charlemagnes. 30 Brücken über den Fluß, und auf den Bogen die Triumphe und die Genien eines Volkes und darunter das Herz des Inconnu. Stadt der Liebe und der Blutlachen, der Kronen und der Kommunarden, Stadt der armen und der großen Söhne – ah, viens dans mes bras!

René Schickele

Nächtliches Fest in Meudon

Es sollte, es mußte ein Nachtfest gefeiert werden. Variot hatte den Vollmond am Himmel gesehen. »Zu meinem Garten gehören der Wald, der Park und die Terrasse von Meudon. Ich lade Sie ein, auf der Terrasse bei Vollmondschein Champagner zu trinken ... Henri, vergiß den Champagner nicht!«

Bertrand nannte das sofort eine grandiose Idee und fügte hinzu, die beste Pariser Gesellschaft würde uns um dieses Fest beneiden, was die kleinen Schauspielerinnen, gewissermaßen als Vertreterinnen dieser Gesellschaft, lebhaft bestätigten. Variot erinnerte daran, daß ein Vollmond niemals allzulange anhielt, und so beschlossen wir, die Gelegenheit wahrzunehmen und ihn gleich am nächsten Abend zu feiern.

Die Köchin »MacMahon«, die sich auch auf den Tafelschmuck verstand, belegte den Tisch mit Blumen und rückte Teller, Gläser und Bestecke angenehm zurecht. Geholfen hatte ihr ein neuer Gast, den Cunin zu unsrer freudigen Überraschung mitbrachte, eine Dame von der *Comédie Française*, Gilonne Serval. Sie wurde von uns allen wie eine Fürstin behandelt, und sie benahm sich auch so. Wir vermuteten, sie sei Cunins Geliebte.

Der Tisch stand unter den Bäumen, nahe am Holzgitter, das den Garten vom Park trennte. Als wir nach einer feierlichen Aufforderung Bertrands daran Platz nahmen, wurden die Gedecke ein wenig geschüttelt, und während Gilonne Serval noch schalkhafte Scheltworte an uns richtete, störte Lo durch eine ungeschickte Bewegung, die das Tischtuch verzog, auch noch das Stäbchenspiel aus Tulpen, Rosen, Nelken, Margeriten. Darauf war nun die Tragödin besonders stolz gewesen. Lo zog das Tuch unter tausend Entschuldigungen gleich wieder zurecht und glättete es eifrig, aber sie vergaß, die Architektur der Blumen wieder herzustellen. Ihre berühmte Kollegin streifte Cunin mit einem spöttischen Lächeln und tat im übrigen, als merkte sie die Unordnung nicht. Cunin antwortete mit einem diskreten Achselzucken, das der großen Dame ihre Überlegenheit bestätigte. Wenn das Gespräch stockte, wurde der »von unserm Dichter«, wie Gilonne Serval sagte, aus einem Faßreif und zartbelaubten Haselnußgerten verfertigte Kronleuchter noch einmal bewundert. Er hing über dem Tisch in den Bäumen, und beim geringsten Windstoß, der auf seine zwanzig Kerzen blies, überfiel uns die Finsternis wie lautlose Vögel. Es huschte zwischen unsern Köpfen und warf wilde Schatten über das Tischtuch, die Blumen regten sich wie von selbst. Es durchrieselte einen. Jedermann spürte die Gegenwart von Luftgeistern aus dem nahen Wald.

Variot führte den Vorsitz am einen Ende des Tisches, am andern Ende beunruhigte ihn Cunin durch verschwiegene Huldigungen, die Lo mit der gleichen Zurückhaltung entgegennahm. Sie saß zur Rechten des Abgeordneten und neben mir. Gilonne Serval nahm die Aufmerksamkeit ihres einen Nachbarn in Anspruch, wenn der andre, Bertrand, seinen Dienst tat. Er regelte nämlich den Auftritt »MacMahons« und meldete die Gänge an, wobei er einen phantastischen *Major domus* alten Stils darstellte. Dies war seine Art, der großen Kollegin vom Staatstheater zu huldigen. Er stahl sich jedesmal möglichst unbemerkt vom Tisch weg und nahm erst wieder Platz, wenn die andern sich schon bedienten. Seine dicken Backen zitterten, wenn er wieder zu Gilonne Serval auf die Bank schlüpfte, er wagte dann eine Weile nicht, sie anzusehen, und warf statt dessen freche, raubgierige Blicke um sich oder starrte Lo blöd ins Gesicht.

Lo, ich fühlte es wohl, hielt sich Cunin zugewandt. Es war eine ihrer ergreifendsten Schönheiten, wie sie es verstand, jemand zuzuhören, den sie leiden mochte. Dann blieb ihr Gesicht vor dem Erzähler wie in unsichtbaren Liebkosungen emporgehoben, die braunen, durchsichtig feuchten Augen strahlten vor Klugheit, der gestreckte Hals schimmerte bräunlich im Schatten, er war vollkommen. Das aus weichem Stoff hart und sicher geformte Kinn schien der Mittelpunkt des Glanzes und der Beruhigung, die von Lo ausgingen. Ihre Aufmerksamkeit glich schon der Hingabe, doch eher der Hingabe einer erwachsenen Schwester für einen jüngeren Bruder als der einer Geliebten. Denn es war offenbar, daß sie nicht an Liebe dachte, und ihre ruhige Schönheit ließ den Gedanken an ihren Besitz, ich glaubte es aus Erfahrung zu wissen, auch im andern nicht aufkommen. Nur war sie so sehr Frau, daß ihre Freundschaft immer an Liebe grenzte ...

[...]

Cunin sprach jetzt anders von der Politik als in jener Nacht auf Montmartre. [...]

»Oh, jetzt bin ich in Ferien«, sagte er und blickte Gilonne Serval in das aufleuchtende Gesicht. »Ich denke nur an frische Luft, an lange Fahrten durch Wiesen und Wälder. Es wird einem so kühl, wenn der Zug durch einen Wald fährt. Ich möchte ans Meer, nach England. Die Überfahrt auf den braven, kleinen Dampfern, die sich mit hartnäckiger Wildheit gegen Wellen werfen, die manchmal größer sind als sie, diese kurzen stürmischen Überfahrten sind herrlich ... Ich sehne mich nach einem Haus am Meer, wo man zwei Monate nichts tut, als mit dem Meer und den Gestirnen zu leben – recht und schlecht ...«

Die Tragödin stieß einen Seufzer aus, der für den vierten Rang eines Theaters berechnet war. Und er erreichte ihn auch, denn auf einmal antwortete über uns ein Chor von Nachtigallen. – Nach einer Pause, wie nach einem Applaus im Theater, die sie mit unbeweglicher Miene verstreichen ließ, sagte Gilonne Serval leise: »Ach ja! ... Mieten Sie sich doch so ein Haus in der Normandie. Voriges Jahr war ich acht Wochen restlos glücklich in Villers-sur-mer.«

Cunin antwortete nicht. Vielleicht lauschte er noch den Nachtigallen. Lo machte ein ernstes, nachdenkliches Gesicht. Es entstand eine Pause, diesmal aber eine echte, menschliche, ein plötzliches Hindernis, über das niemand hinwegkam. Bertrand, der Clown, nahm es mit einem Satz: »Gilonne Serval schwärmt!« rief er. »Prost, so was erlebt man selten, ohne seinen Platz bezahlt zu haben.«

Niemand lachte.

»Fahren Sie fort, Cunin«, befahl der Schauspieler, »Sie waren noch nicht zu Ende«, und er gab seiner Nachbarin durch ein Zeichen zu verstehen, daß er gleich in die Küche verschwinden müsse. Sie sagte: »Ich gehe mit.« Da erhob er sich mit strampelnder Gelenkigkeit, reichte ihr den Arm, die beiden machten uns eine tiefe Reverenz und stolzierten davon. Wir andern atmeten auf. Warum? ... Und warum schwiegen wir noch immer? Die Nachtigallen? ... Sie waren verstummt! ... Endlich legte Lo die Hand auf den Arm ihres neuen Freundes:

»Erzählen Sie von dem Haus am Meer. Wie lebt man da? Beginnen Sie ... Wann steht man morgens auf?« Er gehorchte lächelnd und schilderte ihr einen Ferientag am Meer. »Aber das war es nicht, worauf ich vorher hinauswollte. Ich habe Ferien, sagte ich, ich fühle mich ganz in Ferien, ich habe das Parlament und seine Insassen, meine Freunde und sogar meine Wähler vergessen, was bedeutend schwerer ist, ich lese kaum Zeitungen. Ich bin glücklich über mich, es geht mir gut – und trotzdem komme ich von dem allem nicht los. Ich stecke bis an den Hals im gärenden Leben der Menge, das mein Leben ist, ich bin und bleibe ein Stück der Masse, ob ich will oder nicht. Ich erblicke mich selbst darin, wie in einem Wandgemälde. Dies und jenes ist wohl in den Schatten gerückt und das Ganze ein wenig verschwommen, aber ich fühle mich, weniger bewußt als sonst, aber fühle mich trotzdem mit tausend Fäden an alle die geknüpft, durch die und für die ich da bin. Ich kann aus meiner Haut nicht heraus.«

»Und was ist das für eine Haut?« fragte Lo.

»Die Haut eines Bürgers von 1789.«

Jetzt fuhr Variot auf. Ja, leider war Cunin ein Bürger, ein staatserhaltender Bürger, einer, der seine Revolution hinter sich hatte und jede neue verhindert ... Cunin unterbrach ihn. Jede Klasse war staatserhaltend, wenn sie einmal die Macht besaß. Die Anarchisten selbst würden sich nach ihrem Emporkommen wie die erbarmungslosesten Konservativen gegen einen revoltierenden Nachwuchs kehren.

»Die zuletzt kommen, haben immer recht«, erklärte Variot.

»Ja, aber nur wenn die älteren ihr eigenes Recht freiwillig abgeben, oder wenn es ihnen aus der Hand geschlagen wird.«

»Ich hasse deine Art, immer und überall die Machtfrage zu stellen«, erklärte Variot. »Das ist gemein gedacht, wenn man der Stärkere ist. Der Starke ist da, um dem Schwachen zu helfen.«

»Helfen, ja, aber nicht so sehr, daß der Schwache einem über den Kopf wächst. Denn dann tritt er unweigerlich mit dem Stiefel nach, und zwar kräftig.«

»Man hat euch auch geholfen. So ganz allein hättet ihr die Bastille nicht gestürmt.« [. . .]

Vor uns im Garten tauchte plötzlich die Tragödin auf, kompakt und drohend, eine Donna Anna im Mondschein. Ihr folgte in gebührendem Abstand der Schauspieler, er schlug mit den Armen, als versuchte er zu fliegen, und dann kam »MacMahon«. Die Köchin trug ein brennendes Kirschwasseromelette vor sich her, und ihr fetter Altmännerkopf im blauen Schein der Flamme erinnerte verblüffend an einen römischen Kaiser, der sich selbst beweihräuchert.

Der Aufzug wirkte so gespenstisch, daß ich beschwörend ausrief: »Alle guten Geister loben Gott, den Herrn« –

»Und dieses Omelette«, schrie der Schauspieler, womit wir uns alle zu unsrer leichten Laune zurückfanden.

Wie dann der Vollmond so recht deutlich am Himmel stand, mußten wir nach der Anleitung Bertrands zur Terrasse marschieren. Er stellte sich mit der Köchin an die Spitze des Festzugs. Die beiden trugen den Champagnerkorb und den Eiskübel, Variot und ich die Stühle, Cunin einen kleinen Tisch, und da er so nicht auf den Weg achten konnte, durfte Gilonne Serval ihn führen. Sie selbst hielt eine Vase mit hohen Lilien im Arm. Lo lief voraus, um den Ort auszusuchen, wo der Tisch aufgestellt werden sollte.

Über der Seine trieben Nebelschwaden ein seltsames Spiel. Sie stiegen langsam empor und blieben immer wieder an den Pappelspitzen hängen. Die einige Erfahrungen erworben hatten, beschieden sich dann und blieben oben. Aber es sanken und kamen immer wieder andere von unten herauf, die der hohe Mond lockte, und die glaubten, bis zu ihm emporsteigen zu können. Einem einzigen schien es gelungen zu sein ... Hoch im blauen Raum neben dem Mond hing unbeweglich eine blasse, runde Wolke.

Paris, am Horizont, glich einem Nadelkissen. Es war gespickt mit Nadeln in allen Größen, die Köpfe glitzerten. Eine große Hutnadel glänzte am höchsten, in der Gegend von Montmartre. Auf der andern Seite gab es eine vollkommen runde Brosche, das war das Große Rad, das heute beleuchtet war. »Man könnte es auf die flache Hand nehmen, unser Paris«, sagte Lo. Die Nacht war so weit, der Mond so hoch ... Auf einem Hügel leuchtete ein einsames Haus wie der Tempel eines vergessenen Gottes, tief im Tal glühten dicht über den Boden gespannte Silberdrähte: die Eisenbahnschienen.

Wir tranken und schwiegen. Lo hatte sich in meinen Arm gelehnt und starrte über sich in die milchige Bläue. Manchmal sprach Cunin, in langen Zwischenräumen, es war, als ob er Bruchstücke eines Märchens erzählte:

»Ronsard hat Verse auf die Terrasse gemacht. *De là tu pourras voir Paris, la grande ville.*

... Hier ist der erste Bourbon König geworden, und der letzte Dauphin starb hier.

... Da drüben brannte die Pompadour Feuerwerke ab. Sie wurden in Paris gesehen. Die Pamphletisten machten Witze, und die Pompadour brannte keine Feuerwerke mehr ab.

... Napoleon wollte hier eine Schule für Könige errichten. Die Thronerben Europas sollten darin gemeinsam erzogen werden ... Sein Sohn, der *Aiglon* hat hier gespielt ... Als Napoleon in die Verbannung ging, stieg er hier aus dem Wagen und ging allein durch den Park und den Wald bis auf die Straße, die nach Fontainebleau führt, und dort stieg er wieder in einen Wagen. Von hier sah er zum letztenmal Paris.«

Wir träumten von Frankreich ...

»Nicht wahr?« sagte Cunin, »hier fühlt man etwas von der ewigen Schönheit Frankreichs ... Wir sind heute das glücklichste Land – könnten wir's bleiben! Wir haben geerbt wie kein andres Volk, und ich glaube, daß fast jeder Franzose sich der Kostbarkeit seines Erbes bewußt ist. Die große Revolution hat es frei gemacht ... Was unsere Könige Schönes getan haben, besitzen wir, und vielleicht sind sie es, die uns gelehrt haben, wie man lebt ...«

Und nun sprang Variot auf die Balustrade und hob das Glas:

»Cunin, auf dein Wohl! Siehst du, wenn die Schönheit vor meine Seele tritt, vergesse ich die Politik und allen Kampf. Von all dem sehe ich in dieser wunderbaren Nacht nur dich, und du gefällst mir. Ich meine, jetzt könnte ich ruhig sterben, und alles, alles aufgeben, weil es vielleicht sehr gut, aber nicht das beste war. Es verdampft in der hohen Nacht, es verliert sich zwischen den Sternen und schmilzt am so reinen Mond wie die Düfte dieser tausend Gärten, wie die Geräusche im Tal und der Gesang der Nachtigallen. Man fühlt ihn gerade noch deutlich in etwas Großes, Schönes übergehen, wenn er auf einmal verstummt ... So wie jetzt – hört ihr's? ... [...]

In diesem Augenblick trat hinter einem Busch ein Mann hervor, und Variot sprang von der Balustrade herab. »Der Wächter«, flüsterte er.

Die Tragödin rief entsetzt: »Er hat ein Gewehr.« Aber Bertrand erhob sich und kreuzte die Arme auf der Brust, und so erwartete er den Mann mit der Jagdflinte. Der kam mit langsamen Schritten heran. Cunin füllte ein Glas Champagner und schob es neben Bertrand, er holte eine unangebrochene Flasche aus dem Korb hervor und stellte sie daneben. Der Fremde blieb fünf Schritte vor Bertrand stehen und betrachtete uns. Bertrand ging ihm entgegen ... Er verbeugte sich:

»Ich habe das Vergnügen, mit dem Herrn Wächter des Parks von Meudon ...? Wollen Sie, bitte, nähertreten ...«

Der andere rührte sich nicht. »Wie sind Sie hereingekommen?« fragte er streng.

Nun wußte Bertrand wenigstens, worüber der Brave sich wunderte. Er erklärte ihm, daß die Villa dieses Herrn dort, eines berühmten Dramatikers, in einem Garten lag, der an den Park grenzte. »Aber so treten Sie doch näher«, bat er. »Und legen Sie bitte ab.«

Er streckte die Hand aus, um dem Wächter das Gewehr abzunehmen. Aber das ging natürlich nicht. Jeder sah, daß der Wächter ein alter Krieger war, und daß er die Gewohnheit hatte, das Gewehr auf der Schulter zu tragen, wie andre mit ihrem Spazierstock gehn. Er berührte mit der freien Hand den Gewehrkolben und forderte uns auf, alle Späße zu unterlassen und sofort dorthin zu gehen, wo wir hergekommen seien. Bertrand kehrte ihm den Rücken zu und erklärte laut, der Herr müsse wohl aus dem Kaiserreich stammen. Er schnellte herum und schrie den Wächter an: »Sehen Sie denn nicht, daß wir Champagner trinken?«

»Champagner oder Selterwasser – die Terrasse von Meudon ist keine Gastwirtschaft.«

Bertrand verlor die Geduld. »Auf«, rief er uns zu. »Wenn der Herr nicht zu uns kommen will, so kommen wir zu ihm.« Wir umringten ihn. Und so wie wir jetzt daständen, donnerte der Schauspieler, so blieben wir hier, und wenn der Herr mit Kanonen schösse ... Der Herr selbst könnte tun, was ihm beliebte: mit uns Champagner trinken oder sich wieder ins Bett legen, denn, Bertrand reckte sich und blickte seinem Feind in die Augen, denn wir hätten das Recht, hier zu sein ... Aha, jaja, da schaute er, der Herr Kapitän? Jawohl, wir hatten das Recht. Von wem? Der Herr Kapitän sollte selbst suchen, wer uns das Recht gegeben haben konnte. Er sollte sich einmal seine Gäste ansehn. War er noch nie in der *Comédie Française?* noch nie in der Abgeordnetenkammer? Erinnerte er sich nicht, das Bild des einen oder andern von uns in den Zeitungen gesehen zu haben? Zum Beispiel der Kopf dort, kam der ihm nicht bekannt vor?

Cunin, auf den er mit dem Finger zeigte, wandte sich ab, und als Bertrand frech weitersprach, schlenderte er, wie unbeteiligt, an die Balustrade. Dieser diskrete Abgang aber war es, der den Wächter bedenklich stimmte! Umso mehr, als wir alle Cunin nachsahen und plötzlich verlegene Gesichter bekamen. »Und ich«, fuhr Bertrand nach einer Kunstpause fort, »und ich – glauben Sie, daß ein Vagabund mit dem Wächter des Parks von Meudon so spräche, wie ich mit Ihnen spreche? Wer ist Ihr Vorgesetzter? Also gehn Sie morgen zu ihm und erzählen Sie ihm, was heute nacht vorgefallen ist. Sagen Sie: so und so hat man zu mir gesprochen, wer mögen die Herren gewesen sein? Vergessen Sie nicht den Champagner zu erwähnen, und daß der Herr an der Balustrade, als ich diskret auf seine Eigenschaft hinwies, peinlich berührt zur Seite ging. Schildern Sie ihn, schildern Sie jene Dame von königlicher Haltung – schildern Sie vor allem mich! Ihr Chef wird lächelnd antworten ... wie heißen Sie? ... Herr Benoist, wird er antworten, es ist gut, ich danke Ihnen. Sie können gehn ... Auf Ihr Wohl, Herr Benoist.«

Der Wächter nahm das Glas. Er hatte listige Augen und schmunzelte in seinen Bart. Als er getrunken hatte, fragte er: »Und von wem soll ich den Chef grüßen?« Bertrand duckte sich: »Pst.« Er legte den Finger an den Mund: »Pst.« Dann flüsterte er ihm ins Ohr: »Vom berühmten Regisseur Bertrand – und seinen Freunden.« Der andere nickte, es hatte ihm sichtlich keinen Eindruck gemacht, dagegen fragte er den Schauspieler kameradschaftlich: »Dürfte ich nicht dem Herrn an der Balustrade die Hand drücken?«

»Pst!« machte der Schauspieler. »Ein andermal.« Er drückte dem Alten die Champagnerflasche in die Hand: »Sie müssen jetzt gehen und philosophisch über das Vorgefallene nachdenken. Keiner von uns, die wir doch seine Freunde sind, würde wagen, jenen Herrn zu stören.« Und er nahm seinen Arm und führte ihn davon.

Als er wiederkam, schlug er sich im Takt mit beiden Händen den Bauch. »Die Frau paßte am Fenster auf und warf mir eine Kußhand zu, als sie die Flasche sah«, lachte er. »Ich tat, als ob ich fortginge, und schlich dann leise ans Fenster zurück. Sie sitzt im Nachtkamisol am Tisch, er hält den Arm um sie geschlungen und erzählt ihr Geschichten, über denen sie den schönen Champagner wieder ausprustet. Es sind heitere Temperamente, die Alten. Es lebe die Liebe!«

Erich Kästner

»Unbeschreibbar und unvergeßlich«
Auf den Stufen von Sacré Cœur

Paris bietet Fremden tausend unterhaltsame Dinge und hat es, durch lange Übung, zu einer großen Fertigkeit darin gebracht, eigenes mit anderem zu mischen, bis es den Fremden besonders gut gefällt. Es gibt, sozusagen, ein Export-Paris, und dieses führen viele Fremde im Kopf mit sich über die Grenze. Und zu Hause erzählen sie dann, was sie gesehen haben. Vieles ist darunter, aber Paris ist nicht dabei.

Auf den Rummelstraßen, die von der Place Pigalle ausgehen, auf dem Montmartre also, wimmelt es von »frisierten« Lokalen. Weil der Fremde Spelunken sehen will, macht man sie ihm zurecht. Man zieht das Kellerlokal noch lumpiger an, als man es normalerweise täte, und säubert es noch seltener, als es sonst der Brauch ist. Man kleidet sich noch abenteuerlicher, und man blinzelt gefährlicher als üblich, damit der Gast für sein Geld auch die richtige Gänsehaut kriegt.

Oder man singt oben, gleich neben *Sacré Cœur*, noch lauter und bettelt noch frecher, als man möchte! Und dann sitzen die Fremden strahlenden Auges da und lassen sich von einem schlapphütigen Chansonnier ein Lied vortragen, von dem er – er verkauft es auch gedruckt und mit eigenhändiger Widmung – seit Jahren lebt, oder genauer: trinkt. Und im Wirtsgarten spielt einer auf einer goldenen Konzertharfe den ›Lenz‹ von Hildach. Und der Weinkonsum rentiert den Betrieb.

Wer aber mehr und Wirklicheres von der Stadt haben will, der setzt sich auf die Stufen von Sacré Cœur neben Liebespärchen, die sich freundlich umfaßt halten, und blickt mit ihnen hinunter auf Paris. Es wird wenige Dinge geben wie dieses Panorama zur Nacht.

Man sieht die Stadt bis zu ihren Grenzen ab, und alles, was man erblickt, sind dunkle Straßenzüge, Parks und Lichter. Rote Lichter, hellgelbe laufende Lichtreklamen, das Laternengezwinker der Bahnhöfe, ein glühend bestrahltes Haus, eine in die Tiefe strebende illuminierte Straße, rechts den fortwährend wechselnden Glühbirnentanz des Eiffelturms, nach Süden zu zeichnen die großen Boulevards bunte Muster ins Dunkel; und über dem Ganzen schwebt schimmernde, vom Widerschein und Staub fluktuierende Luft – das Bild ist unbeschreibbar und bleibt unvergeßlich.

Sebastian Haffner

Die Lampen von Paris

Lampen gibt es in jeder Stadt, gewiß, aber es kommt darauf an, was eine Stadt daraus macht. In den meisten Städten sind das unscheinbar nützliche, brave Dinger, die dazu da sind, daß man nachts die Häuser sehen kann; daß man auch sie selbst ansehen könnte, auf diesen Gedanken kommen sie in ihrer Bescheidenheit gar nicht, und am Tage, so lange sie nichts zu tun haben, stehen sie arm und überflüssig, sich selbst zur Verlegenheit, herum. Nicht so die Pariser Lampen. Das sind stolze Geschöpfe, die auf sich halten. Gebilde, die das Tageslicht nicht scheuen; für eine unbeachtete Dienstmädchen-

Existenz würden sie sich bedanken. So eine Pariser Lampe ist sich nicht zu gering dazu, einer Straße Rhythmus und Gliederung zu geben oder ganz einsam, denkmalhaft, als übermütiges Ausrufungszeichen einen Platz zu krönen. Sie kann es sich auch leisten. Sie hat es in sich. Die Lampe, die hier am häufigsten auftritt, eine hohe, schlanke Hängelaterne, repräsentiert in ihrer Anmut, in ihrem Stolz, in ihrer gelassenen Heiterkeit den ganzen Geist dieser Stadt. Auf ihren lichten Kopf, den sie sehr hoch trägt, ist ein runder, dunkelschimmernder Helm gestülpt. Aber damit ja nicht zuviel Wucht, zuviel Schwere in das Bild komme, ist dieser Helm wie eine Brauthaube mit einem leichten Band unter dem Kinn zusammengeknüpft; und all diese heitere Würde und hoheitsvolle Zierlichkeit trägt ein langer, schlanker, nach oben ständig verjüngter Stengel hoch bis vor die Fenster der ersten Etagen hinauf. Man muß es sehen, wenn in einer der langen Avenuen abends die schnurgerade Reihe dieser hochgewachsenen Lichtträger mit einem Schlage aufflammt, abenteuerlich-prunkvoll und lieblich zugleich; man wird es nicht ohne Herzklopfen sehen.

Aber Paris wäre nicht Paris, wenn es sich an diesem einen Lampentyp genügen ließe. Er bildet die Grundmelodie, aber diese Melodie wird ständig variiert, mitunter von Gegenmotiven ganz unterbrochen. Ihr holder Prunk würde auch nicht überall gleichmäßig am Platze sein; und das Genie dieser Stadt liegt noch nicht einmal so sehr darin, Schönes hinzustellen, als darin, es grade an seinen richtigen Platz zu stellen. Die Pariser Normallampe nähme sich seltsam aus im Gemäuer des alten Montmartre, im gotischen Quartier Latin oder zwischen den verfallenden Herrensitzen der Île Saint-Louis. So findet man sie dort auch nicht. Dort gibt es ganz einfache Laternen, viereckige Glaskästen auf Eisenstangen gesetzt. Aber wie sind sie hingesetzt! Wie hat man die Ecken, die Treppenpodeste und Bögen herausgefunden, wo auch eine solche Lampe ihr Licht leuchten zu lassen vermag! Welch tiefer Zauber liegt in so einer trüben kleinen Laterne, die an einer verdächtigen Ecke plötzlich ihren gebogenen Arm aus einem Hause steckt – Zeugin nächtlicher Messerstechereien, Beschützerin obdachloser Liebespaare! Welch ländlicher Friede umschwebt die alten Montmartrelampen, die einsam auf ihren Treppenpodesten wie kleine irdische Sterne über den düsteren Straßenschluchten schimmern! Ein großer Teil von dem unentrinnbar-unerklärlichen Zauber grade der verfallensten Teile des vieux Paris liegt einfach in seinen kleinen Laternen – vielmehr in dem Genie, mit dem diese so bescheidenen kleinen Laternen in die Landschaft hineingesetzt sind.

Wie sehr aber die Laternen das große, das königliche und kaiserliche Paris verzaubern helfen, das liegt offener zutage. An den großen Städten der Repräsentation, an der Place Vendôme, der Place de la Concorde, an der Oper und am Invalidendom hat man gerade an die Lampen einen so überschwenglichen Pomp, eine so königlich ausstreuende Phantasie, einen so hinreißenden Reichtum, eine so unbändige Lust an Prunk und Glanz gewendet und verschwendet, daß auch der Nüchternste nicht daran vorbeigehen kann. Diese Kandelaber, diese Lichtsäulen und Fackeltrauben sind schon keine gewöhnlichen Laternen mehr; es sind Paläste des Lichts, Werke einer besonderen Architektur aus Eisen, Glas, Stein und Flamme. Die dreiköpfigen Barocklaternen der Place Vendôme bilden den Übergang; sie mag man noch allenfalls als besonders kostbare Straßenlampen ansprechen. Die Kandelaber der Place de la Concorde kann man schon nicht mehr so nennen; diese mächtig ragenden Pfeilermasten, die mit ausgebreiteten Armen die großen Lampen rechts und links über das Meer des Riesenplatzes ausstrecken, sind schon Denkmäler eigener Art, Siegessäulen des Lichts. Ihren Höhepunkt aber erreicht diese Prunklust an der Place de l'Opéra, bis sie sich am Pont Alexandre III. überschlägt und ins Grotesk-Verspielte übersteigert. Man hat die Oper und ihren Pomp, so auch ihre Laternen – Geschmack der größten Bürgerzeit, des Second empire und der Kaiserin Eugénie – lange Zeit gescholten, sie überladen und schwülstig gefunden. Mir scheint, man ist heute dabei, dies Urteil zu revidieren. [...]

Paris weiß, was es an seinen Laternen hat. Paris ist alles in allem – dies ist vielleicht der einzige Ehrentitel, der ihm fehlt – keine saubere Stadt. Die Straßenreinigung ist anderswo besser, und wenn der Putz von den Häusern fällt – warum nicht? Desto malerischer wirken sie. Aber die Laternen, die haben es gut in Paris; die läßt die Stadt nicht verfallen. Sie werden mit einer Liebe gepflegt wie wohl nirgends sonst; noch in den ärmsten Quartiers blitzen und blinken sie wie Edelsteine. Und täglich kann man, häufiger als irgendwo, die Laternenputzer auf ihren schwanken Leiterchen hoch oben schweben sehen. Selbstvergessen hängen sie zwischen Himmel und Erde, den Kopf vornübergebeugt, und hingegeben waschen und wischen sie die kostbaren Glasköpfe der edlen Lampen blank – zärtlich und sorgfältig, als kämmten sie den Kopf einer schönen Frau.

III.

»Stoff genug für einen Gesandtschaftsbericht«
Aus Politik, Geschichte, Gesellschaft und Kultur

Reinhold Schneider

Auftrag von oben – Anspruch von unten
Jeanne d'Arc contra Voltaire

Wer die Geschichte der Jungfrau von Orleans nach ihren politischen Ergebnissen bewertet, wird rasch an dieser wunderbaren Erscheinung vorbeigehen können. [...] Die Jungfrau hat in einem Augenblick, da es Frankreich nicht an Kräften und dem französischen Volke so wenig wie jemals an Einsatz- und Opferbereitschaft gefehlt hat, den ermatteten Kampfesmut geschürt und den Kämpfern feste Ziele gewiesen: eben die Stadt, als deren Befreierin sie noch immer gefeiert wird, dann die Krönungsstadt Reims, endlich Paris, wo das Glück sie verließ, und das bedrängte Compiègne, vor dessen Mauern sie am 23. Mai 1430, als sie einen Ausfall gewagt, angesichts der hochgezogenen Zugbrücke gefangen wurde. Es mangelte Frankreich damals nicht an Kämpfern, wohl aber an fortreißendem Feuer und einem siegessichern Willen, und diese lebten in der Jungfrau. [...]

Wirkung und Kraft dieser Erscheinung beruhen nur zum geringsten Teil auf ihrer geschichtlich-politischen Rolle. Das Bauernmädchen von Domrémy hat eine Tragödie erlebt, wie sie nicht reiner gedacht werden kann und sich vielleicht niemals wieder abgespielt hat. [...]

Johanna [...] vertrat das alte Frankreich, das es im achtzehnten Jahrhundert zu stürzen galt; und alles, was groß und verehrungswürdig war am alten Frankreich, wurde von Voltaire, dem Revolutionär, unter dem Beifall einer völlig verirrten Zeit und sogar der Oberschicht, in den Staub gezerrt. Inzwischen [...] ist vieles, was jene Revolutionäre vorbereiteten und zum Siege führten, wieder brüchig geworden, hat sich, was sie den Menschen als Ersatz für die zerstörten Werte anboten, als unzulänglich erwiesen. Um die Mitte des neunzehnten Jahrhunderts erfolgte die Veröffentlichung der Prozeßakten und

Quellen durch Quicherat; damit wurde das Bild Johannas auf unangreifbare Weise wieder hergestellt. [...] Seit dieser Zeit, das heißt seit der offenbaren Krise der Aufklärung, nähert sich die Gestalt Johannas wieder den Menschen. [...] Die Aufklärer leiteten ihren Anspruch von unten, von der Erde, dem Leben auf ihr und den irdischen Zuständen ab; sie mußten daher eine geschichtliche Gestalt auf das leidenschaftlichste bekämpfen, die ihren Auftrag fraglos von oben empfangen hatte. Aber eben als Trägerin dieses Auftrags wird vielleicht die Jungfrau in Frankreich wieder verstanden.

Egon Friedell

Nicht nur ein Politiker
Richelieu oder Das goldene Zeitalter

Das goldene Zeitalter Frankreichs beginnt mit Richelieu. Dieser großartige und nichtswürdige, ideenreiche und geistesenge Staatslenker, der in sich nicht nur alle bewundernswerten und abscheulichen Eigenschaften eines eminenten Politikers, sondern auch alle strahlenden Vorzüge und häßlichen Untugenden seiner Rasse vereinigte, gilt als der eigentliche Begründer des bourbonischen Absolutismus, und in der Tat: an dem imposanten Bau, den der geniale unglückliche Heinrich der Vierte begonnen hatte und der mehr glückliche als geniale Ludwig der Vierzehnte nur zu vollenden brauchte, hat er das meiste geschaffen. [...] Der aristokratische Feudalismus lag im Sterben, der bürgerliche Liberalismus noch nicht einmal in den Geburtswehen: so blieb als einziger brauchbarer Träger der Macht die Krone. Dies war der Sinn der Zeit; und darum war Richelieu einer der ersten modernen Politiker im doppelten Sinne: zugleich einer der frühesten und größten. Wenn wir ihn »modern« nennen, so bedeutet dies freilich nichts weniger als ein Lob im Geiste unserer Geschichtsauffassung, wohl aber ein Lob im Geiste der profanen Historie: er verstand, was die Menschheit seines Jahrhunderts wollte, ehe sie selbst es recht wußte, und er besaß genug Klugheit und Tatkraft, um diese Einsicht in Wirklichkeit verwandeln zu können.

Dieser Fürst, liebenswürdig und brutal, nobel und rachsüchtig, wie es nur ein Kavalier seiner Zeit sein konnte, hatte außerdem erkannt, daß Politik die Kunst der unerlaubten Mittel und das System der Prinzipienlosigkeit ist. Er befolgte daher in seiner inneren und seiner äußeren Diplomatie ganz verschiedene Grundsätze. Es dürfte wohl selten ein merkwürdigerer Kardinal den roten Hut getragen haben. Daß der Dreißigjährige Krieg nicht mit einem Sieg des Kaisers endete, war hauptsächlich ihm zu verdanken; daß die katholische Vormacht Spanien zu einer Potenz zweiten und selbst dritten Ranges herabsank, war sein Werk. Er nahm zwar den Hugenotten ihre Festungen, gewährte ihnen aber volle Religionsfreiheit und Zulassung zu den öffentlichen Ämtern und unterdrückte die zentrifugalen Bestrebungen des papistischen Klerus mit derselben Strenge, nach seinem Leitsatz: die Kirche ist im Staat, nicht der Staat in der Kirche; überhaupt war er, obgleich der Vertreter der Macht und Majorität, von einer für die damaligen Verhältnisse fast unfaßbaren religiösen Toleranz, während die Geduldeten merkwürdigerweise sehr unduldsam auftraten. Ebenso »vorurteilslos« verhielt er sich bei der Einmischung in die inneren Verhältnisse der Nachbarstaaten. Verfechter der königlichen Allmacht war er nur als Franzose, hingegen unterstützte er die katalonischen und portugiesischen Insurgenten gegen die spanische Herrschaft, die deutschen Fürsten gegen Kaiser und Reich und die Schotten gegen die englische Krone. Auch darin zeigte er sich als durchaus moderner Politiker, daß er versuchte, an den Kolonisationsbestrebungen kräftigen Anteil zu nehmen. [...] Im ganzen haben die Franzosen als Kolonisatoren damals wenig Erfolge gehabt, denn auf diesem Gebiete versagte das zentralistische System Richelieus, das jede selbständige Regung unter falscher staatlicher Bevormundung verkümmern ließ und bei der Art höherer Seeräuberei, in der das ganze europäische Kolonisationswesen bestand, besonders unangebracht war. Richelieu [...] suchte die heimische Industrie, besonders die blühende Tuchmacherei, durch Zölle zu schützen, rief neue Branchen ins Leben, förderte den Ackerbau und erleichterte den Verkehr durch prachtvolle baumbepflanzte Chausseen, die für ganz Europa vorbildlich wurden.

Man würde jedoch Richelieu sehr unvollständig gerecht werden, wenn man ihn nur als Politiker würdigen wollte. Wie alle bedeutenden Staatslenker hat er nicht nur der Verwaltung und Diplomatie, sondern auch dem ganzen geistigen und gesellschaftlichen Leben seine Physiognomie aufgedrückt. Er verfolgte hier dieselben Prinzipien wie in seiner Politik: straffste Zusammenfassung, Übersicht und Ordnung. Er erbaute zur Verherrlichung seiner Macht das *Palais Cardinal*, das später als *Palais Royal* eine so interessante historische Rolle gespielt hat, begründete zur Leitung der öffentlichen Meinung die ›Gazette de France‹, an der er selbst mitarbeitete, und stiftete zur Reinigung und Vervollkommnung der französischen Sprache die *Académie française*, die von nun an souverän feststellte, wie man richtig zu schreiben und zu reden habe, wodurch das Französische erst seine volle Klarheit, Feinheit und Korrektheit, aber zugleich eine gewisse mechanische Regelmäßigkeit und unfreie Uniformität erhielt. [...] Unter Richelieu ist auch der erste große Salon entstanden: im Haus der schönen, geistreichen und liebenswürdigen Marquise de Rambouillet, wo sich die hohe Aristokratie mit der geistigen Crème ihre Rendezvous gab, und es begann sich jene sublime Verbindung von Adel und Literatur zu entwickeln, die für das französische Gesellschaftsleben der nächsten zwei Jahrhunderte typisch geblieben ist.

Wilhelm von Wolzogen

»Der Lärm war allgemein«
Sturm auf die Bastille

d. 12ᵗ [Juli 1789] Prinz Gallizin u. Fleuret holten mich heute morgen früh ab, um nach Charenton zu gehen. Ein sehr schöner Weg am Fluß, von wo aus man rechts hin keine weiten, aber sehr schöne, ländliche Gegenden hat. [...] Wir besahen ein Schloß daselbst, das dem Herzog von Bourbon gehört, mit einem Garten. [...]

In dem Hof war auch Tanz – hier waren meist Honoratiores aus der umliegenden Gegend –; der Tanz war nur durch mehr Coquetterie animierter. Wir tranken Caffee. [...] Jetzt gingen wir nach Haus. Als wir schon in der Barriere waren, erfuhren wir, daß in Paris ein großer Aufruhr ausgebrochen seie.

Ich begab mich demnach sogleich nach Hause. Unterwegens begegneten mir schon Bürger mit Gewehren u. Säbel und schlugen die Läden der Epiciers ein, um Fackeln daraus zu nehmen. Wirklich war auch der Lärm allgemein. Die Unruhen waren entstanden durch Anrückung des Regiments Royal allemand mit dem Prinzen Lambesc an der Spitze, um die Gardes françoise zum Gehorsam zu bringen; plötzlich rückte es an die Champs Elysées. Einige Garden, die da waren, retirierten sich in die Tuelerien. Der Prinz Lambesc bekam einen Wurf an [den] Kopf; er sahe den Täter, verfolgte ihn und gab ihm bei der Pont tournant einen Hieb in [den] Kopf und ritte sodann mit dem Regiment in die Tuelerie herum. Hier waren eine große Menge Spaziergänger, wie es sonntags bei schönem Wetter gewöhnlich ist. Die Damens kamen in die größte Furcht! Alles suchte sich zu flüchten und brachte dadurch einen unbeschreiblichen Alarm in die Stadt. Die Bürger, kurz, alles, was aufgelegt, Waffen zu tragen, griff dazu. Auf dem Rathaus wurden eine Menge Flinten ausgeteilt. Wo man nur Waffen wußte, die wurden weggenommen, die Läden der Fourbisseurs forciert und aller Vorrat herausgerissen, das Gardemeuble bestürmt, und die alten Flinten u. Säbel mußten hervor. Die Garde françoise verteilte sich unter diese unbezähmte Truppen. In allen Straßen hört man Waffengetümmel, die Sturmglocken wurden geläutet, die Leute, die nicht mitmachen wollten, forciert, die Waffen zu ergreifen und mitzuziehen. Es war wirklich gefährlich: nicht sowohl wegen dem Feind, gegen den man zoge, als wegen der Ungeschicklichkeit der Bewaffneten, die, ungeübt, Waffen zu tragen, sich selbst oft mit verwundeten. Bloße Säbels, Gewehre mit Bajonets, Pistolen, Helebarden, lange Stöcke mit Messer, Sensen etc. oben daran, wurden so nachlässig auf den Achseln getragen, so mit herumflanquiert, daß man nicht sicher, wenn man auf den Straßen ging, auch wenn man ihnen folgte, [nicht] verwundet zu werden. Ich habe selbst gesehen, daß einer, der einen alten Säbel auf der Schulter gerade liegen hatte, einen andern, der hinter ihm stunde, als er schnell zurücktrat, den Degen in [den] Hals hineinstieß, daß er plötzlich tot zur Erde niedersank. Dieser Lärm dauerte die ganze Nacht fort.

d. 13[t] Vor Paris und seine Innwohner ware dieser Morgen der gefährlichste, indem die große Anzahl von schlechtem Gesindel, die in der Stadt war und nichts zu verlieren hatte, in Waffen war, ohne Ordnung hin- und herzog und viel Unfug verführte. [...] Jetzt fing man auch an, Cocarden zu tragen; im Anfang grün; da man aber darauf kam, daß das des Graf Artois Livree, so veränderte man sie in blau u. rot u. weiß. Wer keine Cocarde trug, wurde arretiert.

[...]

d. 14[t] Die Nacht ward unruhig. Das mutwillige Schießen, das Lärmen, das Läuten der Sturmglocke, wenn es einem einfiel, der falsche Alarm für fremde Truppen: alles dieses vermehrte die Unordnungen. Man drohte, einige Hotels anzustecken, man ward erbittert gegen den Prinz Lambesc, gegen einige andere Großen. Der Kaiserl. Gesandte bekam Wache vor das Haus; niemand kame herein oder heraus, ohne visitiert zu werden, jeder Wagen, jeder Karren, jeder Kourier wurde angehalten, ausgesucht, seine Briefschaften erbrochen; dieses geschahe auch auf der Post. Jetzt suchte man sich in allen Fällen sicher zu stellen: suchte Canonen hervor, fiel in die Invaliden ein u. nahmen da das Geschütz weg, kamen endlich auch auf den Gedanken, sich der Bastille zu bemächtigen und die Kanonen herauszuführen.

Dieses war ein Unternehmen, das nur in dem Gehirn eines Franzosen entstehen konnte. Bisher hatte man immer geglaubt, daß dieses eines der festesten, unzugänglichsten Forts seie und nur durch unaufhörliches Bombardement könnte eingenommen werden; der Karakter, den es hatte, war schon hinreichend, diese Ideen zu bekräftigen. Allein gewohnt, nirgends Widerstand zu finden, auch in der Hoffnung, daß die darinnen lägen, ihre Partie ergreifen würden, rückte ohne alle Ordnung, ohne allen Plan ein Trupp bewaffneter Bürger heran. [...] Man arbeitete unterdessen, um die Zugbrücken herunterzubringen, legte Feuer an unter die Bäume, die sie aufhielten, und so kame man endlich hinein. Als sie einmal darinnen waren, hatten sie weiter keinen Widerstand zu fürchten, denn es lagen nur ungefähr 50 Mann Invaliden darinnen und etl. 30 Schweitzer von Salis Samate. Jetzt fielen sie auf den Gouverneur ein. Einer von der Garde françoise packte ihn zuerst. Er wurde sogleich von dem Volk mit einem Orden behangen. Sie führten ihn nebst noch einem Vorgesetzten der Bastille, dem Inspecteur über Pulver und Salpeter, einigen Invaliden, die Feuer gegeben hatten, dem Guichetier in Triumph auf den Place de Greve. Hier kamen sie schon zum Teil halbtot an. Man hängte sie da vollends oder schluge ihnen die Köpfe herunter; der nächste beste, der einen Säbel [hatte], verrichtete dieses auf dem Pflaster ohne alle Umstände. Zugleich hatten sie einen Brief von dem Prevot des Marchands entdeckt, den er nach Versailles schicken wollte, um den König zu benachrichtigen: daß der Aufruhr in Paris allgemein seie, die Bürger auch schon zum Teil bewaffnet wären, er wolle indessen die übrigen von ihm geforderten Waffen so lange zurückbehalten und die Bürger so lange aufhalten, bis der König Truppen geschickt habe oder sonst Anstalten geschafft wären, die Unruhen zu dämpfen. – Dieser M^{sr} de Flaissel wurde also geholt nebst seinem Sohn, aufs Rathaus geführt, er mußte selber seinen Brief vorlesen. Als er geendigt, schoß ihm ein junger Mensch mit einer Pistole an den Hals. Er lebte noch u. wehrte sich mit Verzweifelung. Es war eine wahre Hetze, die man mit ihm hielte: Man riße ihn die Treppen herunter – sein Sohn folgte ihm –, warfe ihn aufs Stroh – er stieße noch mit der Hand das Stroh hinweg –, ein anderer hiebe ihm den Kopf herunter. Dieser und des Gouverneurs Kopf wurden auf Stangen gesteckt und so mit Trommel und der Bürgerwacht in einem Teil der Stadt herumgetragen. Ich begegnete diesem Zug in der Straße, wo Heinrich der IV. ermordet wurde. Noch niemals habe ich eine solche schreckliche Empfindung gehabt, die durch das Freudengeschrei, durch das Applaudieren, durch die Unzügellosigkeit noch verstärkt wurden. Mit Entsetzen sahe ich den Kopf auf der Stange, mit noch größerem Entsetzen um ihn, neben ihm, über ihm ein allgemeines Händeklatschen. Damens hatten alle Fenster besetzt, sie lagen halb heraus, um den schrecklichen Auftritt durch ihre schrecklich frohlockende Teilnahme noch fürchterlicher [zu machen]. »Ah, quelle grimace qu'il fait, le vilain«, riefe ein gut gekleidetes Frauenzimmer neben mir und lachte dabei hoch auf. Es war empörend für die Menschheit, und noch nie sind mir fröhliche Gesichter so schrecklich vorgekommen als diesesmals. Das Volk, das sonst so sanft, so gut, so fein ist, zeigte sich hier als das grausamste, unmenschlichste, uncivilisierste Volk; [...] hier hohnlacht man über einen Unglücklichen, der die Befehle seines Herrn ausrichtete u. ein Opfer seines Gehorsams wurde. Von diesem Augenblick an sehe ich heller in den Charakter der Franzosen. Ich sehe den Pariser: ohne Charakter [als] nur dem, den der Moment gibt, den gesellschaftliche Verbindungen erzwingen, – nur dem, der nötig ist, um eine Außenseite zu haben. Ich sehe, wie nötig es ist, daß er immer unter einem eisernen Szepter geführt wird; er kann nicht frei sein, denn er ist grausam und ungerecht, ohne Festigkeit, ohne Grundsätze, gewohnt, geleitet u. gegängelt zu werden. Zügellosigkeit hält er für Freiheit, für Patriotismus. Er ruft: »Vive la nation, le Tiers etat!«; und dieses ist alles, was er für's Vatterland tut; und wer nicht mitruft, dem schlägt er auf den Kopf. Und diese Nation will sich frei machen u. fühlt sich frei in dem Augenblick, wo sie die größte Tyrannei ausübt, wo nur eine Meinung die herrschende sein darf und jede andere schrecklich gerächt wird! Nein, gewiß in dem Augenblick ist er nicht fähig der Freiheit, die der Engländer, der Schweitzer, der Amerikaner genießt. Bis die Ideen aus seinem Kopfe sind, daß in Befolgung der Gesetze Sclaverei ist, – daß er einen Charakter, feste Grundsätze hat, vergehen vielleicht Jahrhunderte. [...]

d. 6t [Oktober 1789] Heute morgens kame die Nachricht, daß der König nach Paris kommen werde. Bei dem gestrigen Anzug hatten die Garde du Corps die Weiber an der Grille im Schloß zurückhalten wollen, weil sie sich verlauten ließen, sie wollten die Königin haben. Es kam zu einem kleinen Scharmützel, und es blieben zwei dabei.

Deren ihre Köpfe brachte man entstellt und gräßlich auf Stangen in den Palais royal. Der eine war noch ganz, nur mit Blut im Gesicht, ganz rot, das Haar flatterte noch und im Haar noch ein Band, der andere war ganz zerschlagen und zerschossen. Der König hatte das Corps cassieren, sich nebst der Königin auf dem Balcon zeigen und versprechen müssen, heute nach Paris zu kommen. Dieses geschahe dann. Man wartete schon um 4 auf ihn; er kam aber erst gegen 7 Uhr. Die Bürgerwacht stande in Reihen von Versailles bis ins Hotel de Ville, hinter diesen Reihen eine unzählige Menge Volkes. Wenn man von dem Schauspiel profitieren wollte, mußte man zu Fuße mitten unter dem Haufen drinnen stehen. Ganz

Paris war heraus, um den Einzug zu sehen; der auch wirklich merkwürdig genug ware. Schon nach 4 Uhr kamen Wägen durch die Reihen hindurch, die mit Mehl u. Frucht beladen waren, zur Seiten mit Garden begleitet, und oben darauf hatten sich Soldat u. Bürger u. Hure u. Poissarde, alles untereinander gelagert. Dann kamen von Zeit einzelne Trupps Weiber – schmutzig bis über die Ohren – mit gestohlenen Bändern als Cocarden, Trupp Bürger u. Handwerksleute mit sonderbaren Waffen, Truppen von der Milice nationale mit ihren Flinten. Einige hatten große Stücke Brot an ihre Bajonetten gesteckt, noch andere Hasen zugleich am Lauf hängen u. schossen demohngeachtet ihr Gewehr los, daß der Propf im Brot stecken ließ. Viele hatten Zweige, ja ganze Bäume herausgerissen u. zogen so damit einher. [. . .] Einige gemeine Weiber, neben denen ich stande, amusierten mich durch ihre Raisonnements. Sie nannten den König nur den »Boulanger«, sie die »Boulangere«, weil sie Mehl mitbrachten. »Versailles est à louer à présent«, sagte eine; und solche Bons-mots brachten sie 1000 in denen ihnen eigenen lärmhaften Ausdrücken vor. Der Zug kam endlich an, ob man es gleich keinen Zug nennen konnte, wegen der wenigen Ordnung, die dabei herrschte. Es kame Milice bourgeoise, unter ihnen verteilt gingen die Garde du Corps, den Degen in der Hand mit Hüten von der M. bourg. Sie kamen zwar nicht als Gefangene, aber in der Physiognomie lag alle die Zerstörung, die Wut, die Demütigung, die sie seit gestern erlitten hatten; sie salutierten zwar zum Teil mit ihren Degen und schrien: »Vive la nation«, allein man sahe ihnen an, wie schwer es fiel. Es kamen jetzt Dragoner zu Pferde, die Prevoté, die Cent huisses und endl. der Wagen des Königs, umgeben von Grenadiers von der Garde nationale. Vorhero, unmittelbar vor dem König, waren schon, so wie des Königs Coche, zwei mit 8 [Pferden] bespannte Wägen gefahren, in denen wahrscheinl. der Monsieur fuhre. Es war schon zu Nacht, man konnte nichts mehr unterscheiden. Da, wo ich stunde, hörte ich auch nicht einmal rufen: »Vive le Roi«; nichts weiter als »Vive la Nation, et la liberté.« – Das ware der feierl. Einzug des ersten Monarchen der Welt: unter Huren, müßigen Handwerkern, Jaunern u. Brigands, umgeben von ungehorsamen, treulosen Soldaten, im Gefolge feiger, unentschlossener Hofleute, rechts u. links u. überall Untertanen, die ihn nötigen, dahin zu gehen, wo er nicht hin will, die ihn gleichsam gefangennehmen, die in Versailles in sein Schloß eindringen, seine Wachen niederstoßen, seinen Schlaf stören, seine Diener zur Treulosigkeit verleiten, sie in Furcht jagen, in des Königs Zimmer selbsten schießen u. lärmen u. Wachen setzen. Was muß das nicht für eine Lage für einen Herrn sein, der alles das Schreckliche, alle das Niedrige, Beugende fühlen könnte, das in dieser Behandlung liegt; doch Louis XVI. scheint es nicht zu fühlen; tiefer greift es bei der Königin: ihr Stolz, ihre Empfindlichkeit, ihr feineres Gefühl leidet sichtbar unendl. viel. Der König mußte noch auf das Rathaus u. von da in die Tuelerie, wo er erbärml. logieren soll.

EGON FRIEDELL

Fragwürdige Siege oder Was die Revolution nicht brachte

Wenn von der Französischen Revolution gesprochen wird, so kann man zumeist hören, ihre große historische Bedeutung habe darin bestanden, daß sie die Befreiung Frankreichs und die Befreiung Europas bewirkte, indem sie die Gesellschaft von der Herrschaft des Absolutismus, der Kirche und der privilegierten Stände erlöste; von der Proklamation der »Menschenrechte« datiere die Ära der geistigen Unabhängigkeit, der bürgerlichen Selbstgesetzgebung, des ungebundenen wirtschaftlichen Wettbewerbs. So richtig es nun zweifellos ist, daß gewisse Emanzipationsbewegungen von der Pariser Revolution ausgelöst wurden, so ist doch die Ansicht, daß der

Konstitutionalismus, der Liberalismus, der Sozialismus und alle ähnlichen politischen Strömungen des neunzehnten Jahrhunderts aus dieser einen Quelle entsprungen seien, in dieser schroffen Form vorgebracht, falsch und irreführend. Die Revolution hat den entscheidenden Sieg des Bürgertums bewirkt; aber nur am Anfang: später bewirkte sie den entscheidenden Sieg des Pöbels. Die Revolution hat den Absolutismus gestürzt; aber nicht für lange: er kehrte am 2. Juni 1793 wieder als Diktatur des Konvents und der Kommune, er wurde am 1. April 1794 sogar zur Diktatur eines Einzelnen, nämlich Robespierres, nicht formell, aber de facto, und er wurde es formell und de facto am 18. Brumaire durch den Staatsstreich Napoleons. Und ebensowenig hat die Revolution die alten Formen des Geburtskönigtums, der Adelsherrschaft, des Priesterregiments endgültig zerbrochen: diese totgesagten Mächte erlebten ihre Auferstehung zum Teil schon unter dem ersten Kaiserreich und fast restlos unter der Restauration Ludwigs des Achtzehnten und Karls des Zehnten. Die Gleichheit hat die Französische Revolution *nicht* gebracht; sie hat nur zu einer anderen, noch viel verwerflicheren Form der Ungleichheit geführt: der kapitalistischen. Die Freiheit hat die Französische Revolution *nicht* gebracht; sie übte dieselbe engherzige, grausame und selbstsüchtige Geisteszensur wie das ancien régime, nur diesmal im Namen der Freiheit und mit viel drakonischeren Mitteln. Sie fragte jedermann: bist du für die Freiheit?, und wenn er nicht eine ganz unzweideutige Auskunft gab, so antwortete sie nicht mehr mit lettres de cachet, sondern mit der Guillotine. Niemals vorher, weder unter türkischen Sultanen und arabischen Kalifen noch unter russischen Großfürsten und spanischen Inquisitoren, hat es eine solche Unfreiheit gegeben wie unter der »Verfassung der Freiheitsfreunde«, denn niemals vorher stand die Todesstrafe auf eine Reihe ganz passiver Eigenschaften wie Bildung, Reinlichkeit, Toleranz, Schweigsamkeit, ja auf die bloße Existenz. Von ihren drei Leitvokabeln: *fraternité, liberté* und *égalité* war die erste eine leere Opernphrase, mit der sich in der politischen Praxis nicht das geringste anfangen läßt; und die beiden anderen sind unvereinbare Gegensätze. Denn die Gleichheit vernichtet die Freiheit und die Freiheit vernichtet die Gleichheit. Wenn alle Menschen als identisch angesehen und infolgedessen denselben Rechten, Pflichten und Lebensformen unterworfen werden, so sind sie nicht mehr frei; und wenn alle sich ungehemmt nach ihren verschiedenen Individualitäten entfalten dürfen, so sind sie nicht mehr gleich.

Gleichwohl bleibt der Französischen Revolution das große Verdienst, die Verbindung zwischen Staatsgewalt und Untertan, Regierung und Regierten sozusagen labiler gemacht zu haben. Die Vereinigung der beiden Partner, äußerlich noch dieselbe, ist durch sie viel lockerer geworden, viel leichter geneigt zu zerfallen; es genügte seitdem oft ein geringer Anstoß, um eine allgemeine Dissoziation hervorzurufen: die europäischen Staaten sind gleichsam ungesättigte Verbindungen geworden, von der Art gewisser Kohlenwasserstoffreihen, die eine »freie Radikalhand« besitzen. Diese freie Radikalhand bildet seitdem eine latente Bedrohung des Staatsgefüges, jederzeit bereit, neue Affinitäten einzugehen und dadurch den Charakter der bestehenden Bindung zu verändern oder zu zerstören.

»Die französische Nation«, sagt Goethe, »ist eine Nation der Extreme; in nichts kennt sie Maß. Es ist die einzige Nation in der Welt, in deren Geschichte wir das Gemetzel der Sankt Bartholomäusnacht und das Fest der Vernunft finden; die Willkür Ludwigs des Vierzehnten und die Zügellosigkeit der Sansculotten.« Die beiden Extreme, zwischen denen die Seele Frankreichs hin und her geschleudert wird, heißen Pedanterie und Narrheit, und beide wurzeln in einundderselben Grundeigenschaft. Wollte man nämlich das französische Wesen auf einen kurzen – und wohl auch verkürzten – Ausdruck bringen, so könnte man sagen: es besteht in einem auffallenden Mangel an Sinn für Realität.

Helene von Nostitz

Politik, Weltausstellung und Wehmut
In den Salons um 1900

In Paris fuhren wir jeden Morgen mit dem Phaeton ins Bois und trafen dort unsere Reitpferde. Es war nicht leicht, die feurigen Vollblüter, oftmals im Schritt, durch die belebten Reitwege zu lenken, wo zwischen dem Grün die blauroten französischen Offiziere einhersprengten und auf dem Fahrwege der Allée des Acacias die vielen eleganten Tonneaux und Automobile rasselten, oder der in hellblauer Seide ausgeschlagene Wagen der berühmtesten Kurtisane von Paris mit weißen Pferden trabte. Manchmal trafen wir den General Gallifet, mit dem sich mein Großvater gern unterhielt; oder ein Diplomat begleitete uns. Die Rennen in Auteuil, zu denen wir oft hinausfuhren, wirkten wie ein buntes Kostümfest, denn die Phantasie der Pariserin entfaltete sich dort in der amüsantesten und groteskesten Weise. Das Hauptereignis, die herrlichen sprengenden Pferde, wurde davon fast übertönt. [...]

In Paris reihte sich während der Weltausstellung weiter Fest an Fest. Um den riesenhaften Eiffelturm gruppierten sich die Häuser aller Nationen, und jene illusorische Einheit der ganzen Welt mit ihren farbigen, extremsten Bildern wirkte besonders in der Nacht phantastisch. Da leuchteten die bunten Fontänen vor rauschenden Orchestern. Die dumpfe Trommel exotischer Völker drang aus engen, halbdunklen Gassen, wo Kamele und Elefanten schattenhaft vorbeizogen. Neger, Türken, Beduinen, Araber, Inder, Chinesen, Japaner schlenderten zwischen den Gruppen erstaunter Europäer. Die Französin hatte auch hier den richtigen »accent« für ihre Silhouette gefunden, und irgendein »chapeau à la Chinoise«, ein »manteau bédouin« fügte sich der Stimmung ein. Die kleinen Nachtlokale öffneten sich, wo »la danse du ventre« ihre Orgien feierte. Auf der Seine zogen leuchtend viele bunte Schiffe. Mein Großvater liebte es, am Abend mit uns und einigen Sekretären ab und zu in dem oder jenem Pavillon zu soupieren. Da waren wir plötzlich in die chinesische Welt versetzt, und jene große fremde Stille umgab uns mit den leisen Dienern, deren gelbe Masken ohne Teilnahme auf uns blickten, während sie die merkwürdigen Gerichte ihres Landes in schönen Schalen reichten. Oder wir saßen hoch oben auf dem Eiffelturm, zwischen Himmel und Erde schwebend, während die schmetternden Töne vieler Orchester zu uns herauf tönten und die Feuerwerke Tausende von Sternen in den blauen Nachthimmel sprühten. Im Garten des deutschen Pavillons, der an der Seine lag, schlugen die Wellen der kleinen Dampfer fast an unseren Tisch. Auf Wunsch Münsters hatte man innen, der französischen Kunst zu Ehren, die Lancrets und Paters Friedrichs des Großen aufgehängt. Mein Großvater saß meist teilnahmslos in seine Gedanken versunken, nur ab und zu leicht amüsiert über das wirre Treiben. Mir aber erscheint in der Erinnerung diese bunte Veranstaltung wie ein unheimlich schillerndes, wildes Fest, das wie ein Aufschrei vor der Zerstörung und dem Blutbad der Kriegs- und Revolutionsjahre noch einmal aufflammte.

Auch die Minister überflügelten sich gegenseitig mit Veranstaltungen; Ballette, Theateraufführungen, Feuerwerke spielten sich oft an einem Abend ab, und ich mußte lächeln, als mir ein französischer Jüngling einmal bei solch einem Fest sagte: »On est bien désappointé, il n'y a que la comédie et un concert ce soir.« Sarah Bernhardt las in roter Perücke hastig einige Verse vor, und der unsterbliche Caruso sang ein Lied. [...] Meist saßen wir nach einer Stunde schon wieder in unserem Wagen und überquerten die herrliche Place de la Concorde und den Pont des Invalides, von dem aus man die Silhouette der Notre-Dame im Mondlicht schimmern sah. Dann tönte das »ouvrez!« vor dem Portal der Botschaft in die Nacht hinaus. Die großen Flügel öffneten sich, und der schöne Hof lag vor uns, auf der Treppe vor den hohen Säulen standen die empfangenden Diener. Donnernd stampften die ungeduldigen Füchse in ihren Stall.

Wir dinierten auch beim Präsidenten und traten feierlich zur Tafel mit Marschmusik ein. Als junges Mädchen war ich tief placiert und unter die Neger und Feuerländer geraten. Wir verständigten uns allmählich etwas. Sie waren überall akkreditiert, wenn sie nur einen Gesandten hatten. Der damalige Präsident war ein freundlicher Mann, der viel an seinen Fellhandel und wenig an Politik dachte. Nach dem Diner saß ich lange mit dem alten Grafen Wolkenstein, dem österreichischen Botschafter, zusammen. Die berühmte Gräfin Mimi Wolkenstein, seine Frau, [...] war eine der ersten Verehrerinnen Wagners und hatte seinen Triumph in Paris, trotz einer scheinbaren Niederlage, durchgesetzt. In ihrem roten Salon, wo nur ausgesuchte Lenbachs an den Wänden hingen, verbrachten wir schöne Abende; denn die Gräfin verstand es, das Gespräch zu einem Kunstwerk zu gestalten. Ein Abbé, ein ungarischer Maler, ein polnischer Musiker und eine französische Gräfin, die etwas »bas-bleu« schien, saßen in den tiefen roten Stühlen umher. Manchmal las die Gastgeberin Goethe vor. [...] Man konnte sagen, daß der Wolkensteinsche Salon wohl der Hüter dieser Atmosphäre war, die ganz zu verschwinden droht; gehört doch, ein kunstvolles Gespräch zu führen nicht mehr zu den Ambitionen, da man das Schöpferische nur noch selten ihm zuerkennt. [...]

Wunderschön in der Form bleibt mir ein Frühstück bei der Herzogin von Sagan in Erinnerung. Das Palais liegt nah am Dôme des Invalides, und sein Garten erstreckt sich bis auf den weiten Platz. Ein Prinz Urusoff, der viele Duelle und viele Leidenschaften durchlebt hatte, und ein alter Freund der Herzogin, der Freund der ruhigen Stunden am Kamin, waren außer uns die einzigen Gäste. Die Atmosphäre alter Memoiren durchwehte die Räume, aus denen die hohen Glastüren in den rosenerfüllten Garten zeigten. Wir gingen nach dem Essen in ihm auf und ab und sprachen so graziös, so stilisiert, wie es hierher paßte. Der alte Marquis, der Freund des Hauses, unterhielt sich meist über Ballette, und dann pflückte er eine Rose und schenkte sie mir. Mein Großvater ging neben der Herzogin, etwas zerstreut, wie so oft. Das war das alte, eigentlich schon gestorbene Frankreich, das da schattenhaft sprach und uns umgab.

HANNAH ARENDT

Die Salons des Faubourg Saint-Germain oder Glanz und Niedergang des Judentums in Frankreich

So offenkundig es ist, daß gesellschaftliche Verhältnisse das Gesicht der emanzipierten Judenheit entscheidend mitbestimmt haben, so schwer ist es, die Gesellschaftsgeschichte der letzten 150 Jahre zu rekonstruieren. Wenn Assimilation die Aufnahme von Juden in die nichtjüdische Gesellschaft bedeuten soll, so hat es eine Assimilation für die Massen selbst des emanzipierten Judentums nur sehr sporadisch gegeben. Eine der kurzen Blütezeiten einer gemischten Geselligkeit bot das Berlin des ausgehenden achtzehnten und des anhebenden neunzehnten Jahrhunderts. Eine zweite solche Periode gesellschaftlichen Glanzes fiel in das Paris um die Wende zum zwanzigsten Jahrhundert. In beiden Fällen entsprach dem gesellschaftlichen Paradies eine Zeit politischen Elends, in Preußen die Zeit vor der Emanzipation, in Frankreich die Jahrzehnte des heftigsten Antisemitismus und offenen politischen Kampfes gegen die jüdische Gleichberechtigung. In beiden Fällen ferner geht die Assimilationsbereitschaft vom Adel aus, nur mit dem wichtigen Unterschied, daß die preußischen Adligen in die jüdischen Salons kamen, während die französischen Juden sich in die adligen Salons begeben mußten. Wie es um die Wende zum neunzehnten Jahrhundert für ein jüdisches Mädchen zweifellos leichter war als für ein beliebiges deutsches Bürgermädchen, einen Adligen zur Heirat zu bewegen, so hatte es im Frankreich der Dritten Republik ein Jude, ob getauft oder nicht getauft, zweifellos leichter, Zugang zum Faubourg Saint-Germain zu finden, als irgendein beliebiger Bürgersohn. [...]

Seit den Berliner jüdischen Salons zu Beginn des Jahrhunderts waren Juden nur als einzelne, wirklich ausnahmsweise, in die Gesellschaft ihrer Länder gelangt, die Salons des Faubourg Saint-Germain öffneten ihre Tore »ausnahmsweise« allen denjenigen, welche sich rühmen konnten, zu den oberen Zehntausend des französischen Judentums zu gehören. [...]

Je mehr sich die antisemitische Propaganda fühlbar machte, je größere Schichten der Völker sie – nicht nur in Frankreich, sondern auch in Österreich und in Deutschland – ergriff, desto beliebter wurde es in gewissen Kreisen aller dieser Länder, mit Juden zu verkehren. Bis dann schließlich in der Weimarer Republik, dreißig Jahre später, Zustände herrschten, die den französischen aufs Haar glichen – nur mit dem Unterschied, daß kein großer Schriftsteller uns von ihnen berichtet. Wie die von Disraeli bemerkte Fähigkeit der Gesellschaft, Verbrechen in Laster zu verwandeln, die beginnende Kriminalität der Gesellschaft anzeigte, so deutete gerade die zweideutige Aufnahme, die Juden in der Gesellschaft fanden, auf den wachsenden Antisemitismus der öffentlichen Meinung hin. [...]

Die Juden aber haben unter dem Deckmantel der Religion ihre nationale Qualität zur Privatsache gemacht – mit dem Erfolg, daß das Leben eines assimilierten Juden in seinen intimsten Details, in all seinen gefühlsmäßig bestimmten Inhalten, in all seinen wesentlichen Entscheidungen zum Schauplatz eines politischen und öffentlichen Konfliktes wurde. Die Zerrissenheit der betreffenden Seele ließ denn auch nichts zu wünschen übrig. Nichts anderes als dies leere Zerrissensein ist die »angeborene Prädisponiertheit«, von der Proust spricht, dies eigentümliche Verfallensein an das Jüdischsein, das die natürliche Treue und die selbstverständliche Solidarität mit dem

Volke ersetzt hatte und das assimilierte Juden kennzeichnet. Dies Verfallensein, in Wahrheit ein gesellschaftliches Verfallsphänomen, wiederholte sich in der Tat mit einer Zwangsläufigkeit, als sei es eine Konsequenz der Fatalität der Geburt, und glich darum, in den Augen des Dichters, der fatalen Verfallenheit an Laster, Unnatur und Rauschgift.

In den Salons des Faubourg Saint-Germain endet die Geschichte der Ausnahmejuden, soweit sie wert ist, festgehalten zu werden. Alles, was nachfolgt, ist nur noch Nachspiel, jedenfalls was die Geschichte der inneren Zustände im assimilierten Judentum anbetrifft. Daß an der außerordentlichen Rolle der Juden in der Gesellschaft des *fin-de-siècle* der Antisemitismus der Dreyfus-Affäre schuld war und daß das Ende der Affäre, das heißt die nicht mehr umgehbare Entdeckung der Unschuld des Hauptmanns Dreyfus, das Ende dieses gesellschaftlichen Glanzes zur Folge hatte, hat schon Proust gewußt.

Alfred Döblin

1940 – »Die letzte Viertelstunde der Entscheidung« Bomben auf Paris

Ich blieb noch in Paris. Wir erfuhren aus den Zeitungen, der Deutsche richte jetzt seine Wut auf uns. Stiller und stiller wurde es in Paris. Im Norden des Landes, an der Somme und Aisne bereitete sich die Entscheidungsschlacht vor. Eine Prozession unter freiem Himmel fand vor der Kathedrale Notre-Dame statt. Tausende nahmen daran teil. Priester und Gläubige beteten unter freiem Himmel und flehten die heilige Genoveva an, die schon einmal die Stadt gerettet hatte.

Täglich ging ich auf die Straße, kaufte die Zeitung und ging mit ihr in den nahen Tuileriengarten, um zu lesen. Da gab es auch etwas Merkwürdiges zu sehen. Eine Baggermaschine arbeitete, sie schaufelte, jetzt, noch jetzt, Unterstände zur Flugabwehr aus. Mehrmals erlebten wir Fliegeralarm; ich mußte öfter laufen, um zu den Häusern zu kommen, denn diese Unterstände wurden nie fertig. Sie waren auch nicht fertig, als wir Paris verließen.

Es kam der Tag des Bombardements von Paris. Die Sirenen heulten wie gewöhnlich, es war mittags, die Polizeiautos sausten durch die Straßen, wir saßen zu fünfzig in dem Keller unseres Hauses, das Abwehrschießen war stark, entfernte sich aber bald, ein paar wuchtige Einschläge erfolgten. Dann, nach einer dreiviertel Stunde, war der Alarm zu Ende. Paris sah aus, als wäre nichts geschehen. Man flanierte, die Autos flitzten wie immer. Im Westen, in der Richtung auf den Eiffelturm, sah man eine weiße Rauchwolke aufsteigen. Es hieß, große Werke, auch das Luftfahrtministerium seien getroffen. Schlimmeres sah ich ein paar Tage später, als ich nach St. Germain, unserm letzten Wohnsitz, hinausfuhr. Auf dem Wege dahin gab es Fabriken, die für das Heer arbeiteten. Da sah man abgehobene Dächer und Häuser ohne Fenster. Ein langes neues Fabrikgebäude war sehr genau getroffen: Aus dem weißen Kasten war wie mit dem Messer das Mittelstück herausgeschnitten. Und in dem Haus, das wir selber in St. Germain bewohnt hatten, empfing mich die alte bucklige Haushälterin und zeigte mir lachend eine Handvoll Granatsplitter, die in unsere Straße geflogen waren.

Die Zahl der Geschäfte, die wegen Abreise der Besitzer schlossen, wurde größer. Immer mehr Matratzenautos fuhren durch die Stadt. Die Bahnhöfe wurden nicht leer. Auf den Straßen vor den Lebensmittelgeschäften begann das »Schlange stehen«, das nun glücklich auch zu uns gekommen war. Man suchte Fett, Kaffee und Zucker, besonders Zucker. Die Zeitungen brachten einen alarmierenden Heeresbefehl des Generals Weygand. Er ermahnte die kämpfenden Truppen im Norden von Paris; die letzte Viertelstunde vor der Entscheidung sei gekommen.

Und diese Entscheidung kam, so rasch wie alles in diesen furchtbaren Tagen. Eigentlich hatte man auf keine Entscheidung mehr zu warten, sie war schon gefallen.

Lion Feuchtwanger

»Wir standen und warteten ...« Endstation »Les Milles«

Es waren noch drei andere Deutsche aus Sanary herbeordert worden. Wir warteten in einem Raum im Erdgeschoß des Bürgermeisteramts, der gewöhnlich als provisorischer Gewahrsam diente für Verbrecher, bis die Polizei käme, sie abzuholen. Auch der Veterinärarzt benutzte den Raum, wenn er allwöchentlich kam, die kranken Kleintiere zu behandeln. Jetzt also warteten wir hier. Wir waren unser viere, die morgen nach Les Milles abzugehen hatten: jener Maler R., mein Nachbar, dann sein Sohn, der gerade siebzehn geworden war und also auch daran glauben mußte, dann ich, schließlich noch der Schriftsteller K., ein Deutscher, der in Spanien auf Seiten der Republik gefochten hatte.

Wir standen und warteten. Wir hatten es uns alle anders vorgestellt, als wir nach Frankreich gekommen waren. Liberté, Egalité, Fraternité stand riesig über dem Portal des Bürgermeisteramts, man hatte uns gefeiert, als wir, vor Jahren, gekommen waren, die Zeitungen hatten herzliche, respektvolle Begrüßungsartikel geschrieben, die Behörden hatten erklärt, es sei eine Ehre für Frankreich, uns gastlich aufzunehmen, der Präsident der Republik hatte mich empfangen. Jetzt also sperrte man uns ein. Wir nahmen es hin mit einer Art bittern Gleichmuts, diese Jahre hatten uns die Unbeständigkeit menschlichen Verhaltens sehr anschaulich vor Augen geführt, wir ergingen uns nicht in Klagen, wir besprachen Sachliches, wie man am besten nach Les Milles gelange, wieviel Geld man mitnehmen solle, und ähnliches.

Dann endlich kam der Gendarm. Er hatte unterwegs einen Vagabunden aufgegriffen. Der Vagabund war betrunken, der Gendarm selber war betrunken, er war an diesem Tage befördert worden, das hatte er, wie er uns erzählte, feiern müssen. Der Vagabund und der Gendarm schlugen sich auf die Schulter, und der Gendarm schlug uns auf die Schulter und erklärte, er habe gar nichts gegen uns. Der Raum roch stark nach Schnaps.

Die Formulare waren umständlich wie alle Amtspapiere in Frankreich; es mußte darauf vermerkt sein der Name des Vaters und der Mutter und viele ähnliche Details, ohne das ließen einen die Franzosen nicht passieren. [...]

Am nächsten Tag dann fuhren wir ins Lager, in einem Taxi.

Ich erinnere mich genau des unsentimentalen Abschieds von meiner Frau. Wir waren alle beschäftigt, in der schäbigen, alten Droschke das Gepäck zu verstauen; meine Frau erklärte, sie müsse noch Papier holen, um irgend etwas besser einzuwickeln, und lief ins Haus zurück; mit solcher Geschäftigkeit waren die letzten Minuten ausgefüllt.

Unterwegs wurden wir von Gendarmen angehalten und mußten unsere Passierscheine vorweisen. Der Sekretär und der betrunkene Gendarm hatten auf diesen Formularen die Frage nach dem »Zweck der Reise« beantwortet: »Ausführung eines Regierungsauftrags«. Die kontrollierenden Gendarmen schauten uns an, schauten sich an, merkten, was das für ein Regierungsauftrag war, sagten bedauernd: »Aha«, grüßten mit verlegenem Mitleid und wünschten uns viel Glück.

Wir kamen nach der Stadt Aix, nach dem Orte Les Milles, wir durchfuhren ihn, wir fuhren die niedrige Mauer der Ziegelei entlang, die uns aufnehmen sollte, hielten auf der staubigen Landstraße vor dem großen Tor. Unmittelbar hinter dem Gitter war ein kleines Wachgebäude. Einige Uniformierte standen und hockten herum. Ich lohnte den Chauffeur ab und trug ihm Grüße an meine Frau auf.

Die Uhr auf dem Hauptgebäude der Ziegelei zeigte fünf Uhr zwei. Ich notierte innerlich, daß also die erste Minute nach fünf Uhr am 21. Mai die letzte Minute gewesen war, die ich in Frankreich in Freiheit verbracht hatte. [...]

Dort gab es zunächst einige Schreiberei. Dann wurde das Gepäck untersucht, nicht sehr ernst. Der Leutnant, der das Büro befehligte, ein Industrieller aus Lyon, ein eleganter Herr mit angegrauten Haaren, gewöhnlich etwas müden Gesichtes, begrüßte mich höflich, bat mich ins Büro, befragte mich um meine Meinung über die politische und militärische Lage, bedauerte, daß die Umstände die Regierung zwängen, uns von neuem einzusperren, hoffte, daß es auch diesmal nicht lange dauern werde.

Dann, wieder am Anmeldeschalter, wurde ich gefragt, wieviel Geld ich bei mir hätte. Ich zögerte ein wenig. Der Sergeant sagte: »Geben Sie ruhig den richtigen Betrag an. Wir funktionieren hier lediglich als Bank, Sie können jederzeit wiederhaben, was Sie wollen. Es wird in einem solchen Lager viel gestohlen. Sie deponieren Ihr Geld besser bei uns, statt es immer mit sich herumzuschleppen.« So machte ich es dann auch. Das war falsch, wie sich später erwies; denn man bekam von seinem Gelde nur jeweils kleine Summen zurück, in großen Zeitabständen und nur nach Eingaben und vielerlei Bemühungen.

Dann, dies alles erledigt, bekam ich eine Nummer zugewiesen, ich war No. 187. Das blieb ich von da an.

Cathérine Wegner-Peiser

Und am Ende war alles vergebens …
Erinnerungen an Vichy 1940

In den ersten Augusttagen des Jahres 1939 lebten mein jüdischer Mann, Bruno Peiser, und ich in Paris. In den ersten zwei Nächten nach der Kriegserklärung quälte uns die Angst. Am dritten Tag fuhr mein Mann nach Moulin, um seine freiwillige Meldung zum Kriegsdienst, die er im Herbst 1938 in Paris auf der Ecole Militaire getätigt hatte, zu erneuern. Er wurde nicht eingezogen. Aber die Hoffnung, mit meinem Mann weiterleben zu können, war trügerisch.

Eines Tages wurden alle männlichen Emigranten aufgefordert, sich an vorgeschriebenen Orten zu melden. Für uns war das unverständlich, denn wir hatten alles für unsere Wahlheimat getan. In Deutschland als Juden gebrandmarkt und verfolgt, hofften wir, in unserem Gastland, wo wir seit 1933 lebten, Ruhe und Frieden zu finden. Dafür hatte ich meine Karriere als Konzertsängerin in Deutschland aufgeben müssen und mein Mann seinen Beruf als angesehener Architekt. Von heute auf morgen waren wir nun wieder die »Boches«. Die Männer wurden in Lager verschleppt. Während der Wintermonate von Oktober bis Dezember 1939 war mein Mann in Bourg-Lastic im Département Puy de Dome in der Auvergne auf tausend Meter Höhe untergebracht. Bald griff der Aufenthalt unter primitivsten Verhältnissen seine Gesundheit stark an.

Ich hatte damals in Vichy ein kleines Geschäft eröffnet und versuchte, mit Briefmarken zu handeln. Ich hatte mich dazu entschieden, weil ich in der Nähe meines Mannes bleiben wollte und irgendwie einen Lebensunterhalt brauchte, um auch meinen Mann unterstützen zu können. Das Leben ging ja weiter, mein Mann brauchte Geld, Miete, Steuern, das Leben musste bezahlt werden. Mein Mann hatte sein Vermögen in ein Unternehmen in Paris eingebracht, das sich aber als betrügerisch erwies. Jetzt ergab sich die Notwendigkeit zum Handeln, und als typischer Sommerkurort bot sich Vichy für ein Saisongeschäft gut an. Die Zeit des Wartens zog sich hin. Auf einen Winter in Vichy war ich ganz und gar nicht vorbereitet, und der war in jenem Jahr besonders streng. Mein Geschäft hatte keine Heizung, und um mich aufzuwärmen, lief ich drei Mal am Tag in ein kleines Café.

Von Zeit zu Zeit kam ein Kunde in meinen kleinen Laden, der in Vichy lebte. Er war im Ruhestand und war früher »Préfecte«. Er kannte meine Situation und die meines Mannes, bot seine Hilfe an und gab mir Mut zum Durchhalten.

Vor allem funktionierte der Briefkontakt zu meinem Mann. Jeden Morgen bekam ich einen Brief von dem Menschen, für den ich lebte und dem ich helfen wollte. An den Tagen, an denen ich ein Lebensmittelpaket oder ein Taschengeld an ihn absenden konnte, war ich glücklich. Ich musste dann die Miete oder eine andere Zahlung für einige Zeit zurückstellen. Auf keinen Fall wollte ich meinem Mann zeigen, dass ich Sorgen hatte.

Alle vierzehn Tage fuhren die meisten Frauen in das Lager, um ihre Angehörigen zu besuchen. Man konnte das Lager nur mit einem Auto erreichen, die Fahrt kostete rund 100 Francs pro Person, wenn sich fünf, sechs Frauen zusammentaten. Ich hatte dafür nicht die Mittel, und ich wollte nicht mit leeren Händen zu meinem Mann kommen. Außerdem hätte ich eine zeitlang das Geschäft schließen müssen und keine Einnahmen gehabt. So sehr ich auch sparte, ich konnte es nicht einrichten.

Es war kurz vor den Weihnachtstagen 1939, als ich wieder von meinem hilfsbereiten Kunden hörte. Er fahre noch vor dem Fest nach Paris, erzählte er, er habe im Innenministerium zu tun und glaube, dass mein Mann für den Fall seiner Garantie in den allernächsten Tagen wieder frei sein könnte. Diese wunderbare Weihnachtsbotschaft musste ich meinem Mann unbedingt persönlich überbringen. Ich erkundigte mich, wann wieder ein Wagen nach Bourg-Lastic hinauffahren würde, richtete ein sehr bescheidenes Weihnachtspaket her und fuhr am 23. Dezember in das Lager.

Das ersehnte Wiedersehen war gekommen. Zwei Stunden – mehr wurde einem nicht zugestanden. Wir wussten nicht, was wir uns zuerst sagen sollten. Jeder hatte versucht, dem anderen etwas Liebes zu tun. Wir schieden mit der Hoffnung, bald wieder vereint zu sein. Getrennt voneinander verbrachte jeder einen einsamen Heiligen Abend. Am ersten Feiertag war ich bei einer Bekannten zu Tisch. Gegen drei Uhr läutete dort die Haustürglocke: Die Nachricht, die überbracht wurde, war für mich überwältigend – mein Mann sei frei, hieß es, sei in Vichy und erwarte mich.

Weihnachts- und Neujahrstage des Glücks waren uns geschenkt. Es gab wieder ein Miteinander. Wir fanden ein Zimmer mit Zentralheizung, wo wir uns mittags und abends aufwärmten.

Natürlich hatte das Lagerleben Bruno gesundheitlich sehr zugesetzt. Die Kälte im Laden tat ein Übriges. So ging es ganze drei Monate. Dann kam der Tag, an dem es hieß: Die Ausländer müssen sich stellen. Bruno war seit einigen Tagen geschäftlich in Paris. Er konnte nicht zurückkommen und ich blieb ohne Nachricht. Auch ich musste mich stellen. Nach viertägiger Reise kam ich im Lager Gurs an, wo auch Hannah Arendt gefangen gehalten war. Die letzte Karte von Bruno hatte ich noch erhalten und erfahren, dass er jetzt »Préstataire volontaire« geworden war. Keiner von uns wusste aber, wo der andere sich befand. Es kursierten im Lager die wildesten Gerüchte, tagelang gab es keine zuverlässige Nachricht. Das erste Lebenszeichen von Bruno nach langer Zeit besagte, dass sich seine Kolonne auf dem Rückzug, vielleicht sogar auf der Flucht befand. Die Karte war aber ein Beweis dafür, dass mein Mann seinen Dienst tat, und somit hatte ich ein Recht auf Befreiung aus dem Lager. Am 19. Juni 1940 erhielt ich den Entlassungsschein. Es gingen aber zu diesem Zeitpunkt keine Züge. Ich musste also bis zum 7. Juli in Gurs warten, um schließlich am 11. Juli wieder in Vichy einzutreffen. Hier fand ich eine Adresse meines Mannes vor. Aufatmen, Erleichterung – und schon stellten sich erneut Schwierigkeiten ein. Nach Vichy war mittlerweile die später so genannte Vichy-Regierung gekommen. Kein Zimmer war zu finden. In der ersten Nacht nach meiner Ankunft schlief ich im Badezimmer eines Hotels, dann gestatteten mir bekannte Emigranten, in ihrem Zimmer, in dem sie bereits zu Dritt nächtigten, auf einer Matratze auf der Erde zu schlafen. Ich war sehr dankbar dafür, denn ich spürte, wie gerne man mir helfen wollte, und dass man gerne mehr gegeben hätte, wenn es möglich gewesen wäre.

Als ich mein Geschäft betreten wollte, musste ich feststellen, dass das gesamte Haus requiriert worden war. Meine Bücher, die Kataloge, alles lag verstreut auf der Straße. Ich hatte keine Zeit, über die Verluste zu trauern oder mich zu ärgern. Ich hatte seit sechs Wochen keine Einnahmen mehr und musste neu anfangen, Geld zu verdienen.

Der Menschenfreundlichkeit meiner Vermieterin hatte ich es zu verdanken, dass sie mir im Nebengebäude meines ehemaligen Geschäfts einen Laden überließ. Hier gab es aber keinen Raum, wo ich schlafen konnte. Ein befreundeter russischer Emigrant bewerkstelligte es, dass bald eine Bretterwand gezimmert war, die Laden und Schlafbereich trennte, und ein altes Bettgestell überließ mir ein Hotelier. Zuvor hatte ich auf dem kalten Steinboden genächtigt. Meinem Mann konnte ich nun bessere Nachrichten übermitteln.

Und dann kam der 20. Juli 1940 heran: Man begann, die Emigranten zu »demobilisieren«. Bruno und ich hofften trotz dieser eigenartigen Wendung der Ereignisse, bald wieder zusammen zu sein. Zwischenzeitlich erfuhr ich nun, dass mein Mann sich im Hospital befand. Wiederum war an Besuch kaum zu denken: Ich musste Geld verdienen, und außerdem war es zu diesem Zeitpunkt sehr schwierig, eine Reisegenehmigung zu bekommen.

Eines Abends – es war der 13. August, es war heiß und

draußen stockdunkel – hörte ich ein Pfeifen. Es war »unser« Pfiff ... – täuschte ich mich? Ein zweites Mal, diesmal näher – ich renne auf die Straße und kann mein Glück kaum fassen. Aber Bruno ist viel schmaler geworden, er sieht elend aus. Und ich hatte nichts zu essen im Haus. Die Lebensmittel waren bereits rationiert, und ich konnte mir keine Vorräte halten. Trotzdem: Wir saßen noch lange auf und machten Zukunftspläne und ahnten nicht, dass andere über unsere Zukunft bestimmen würden.

Am Tag nach Brunos Rückkehr aus Paris gingen wir auf ein Polizeirevier, um ihn in Vichy anzumelden und uns zu versichern, dass wir hier bleiben könnten. Zu jener Zeit galt nämlich die Bestimmung, dass alle Ausländer Vichy zu verlassen hätten. Man holte unsere Akte: Ein weißer Papierumschlag, auf dem nichts zu lesen stand als unser Name. Nach Prüfung der Akten und der Militärpapiere Brunos erklärte man uns zuvorkommend: »Vous avez fait votre devoir envers la France, vous êtes consideré comme Français. Vous pouvez rester.« Als ich das gleiche Aktenstück vier Monate später bei unserer Verhaftung wieder vor Augen bekam, stand darauf, mit Blaustift geschrieben und dick in Rot unterstrichen: »Israélite, juif allemand«.

Weihnachten 1940 stand vor der Tür. Wir freuten uns wie die Kinder, das Fest gemeinsam verbringen zu können. Wo ich nur konnte, hatte ich Francs gespart, um wie in besseren Zeiten Gaben auf den Weihnachtstisch legen zu können. Am 23. Dezember, nachmittags gegen drei Uhr, stand ich in meinem Geschäft, um ein Päckchen für ein Kind herzurichten, das ich beschenken wollte. Da öffnet sich die Ladentür, zwei Unbekannte treten ein und fordern meinen Mann und mich auf, sofort mit ihnen auf das Polizeirevier zu kommen und für jeden eine Decke mitzunehmen. Auf unsere Fragen gab es keinerlei Antwort. »Beeilen Sie sich«, hieß es lediglich, »in fünf Minuten haben Sie auf dem Revier zu sein!« Bruno befiel eine Ahnung, er bat, über Freunde einen Anwalt benachrichtigen zu dürfen – vergebens!

Auf dem Polizeibüro wurden wir getrennt, alles, was wir bei uns hatten, wurde uns abgenommen. Wir wurden vollständig durchsucht, gemessen, befragt, vor allem nach möglichen Vorstrafen. Nach einer Stunde traf ich Bruno in einem Aufenthaltsraum wieder. Wir wussten beide nicht, wie es weitergehen würde. Gegen 22 Uhr erschien ein Zivilbeamter, der zuvor den Inhalt meiner Handtasche mit meinen gesamten Ersparnissen überprüft hatte. Er rief erregt: »Verfluchter Jude!« und stürzte plötzlich mit offenem Messer auf Bruno los. Ich konnte mich dazwischen werfen, um Bruno zu schützen. Keiner der umstehenden Polizeibeamten rührte einen Finger. Nach diesem Zwischenfall führte man meinen Mann unverzüglich ab.

Es war morgens gegen vier Uhr und mittlerweile Heiligabend: Zwei Beamte holten nun mich ab. Einen von ihnen kannte ich. Er hatte mir jeweils die »sauf conduits« ausgestellt. Er fühlte sich sichtlich unwohl in seiner Mission. Er zeigte Mitleid mit meiner Situation, wollte mir aber dennoch nicht verraten, wohin man Bruno verbracht hatte. Was er über die Lippen brachte, war dies: »Ach, für Sie wird es nicht so schlimm. Sie wird man bald wieder frei lassen. Ihr Mann ist aber doch Jude. Da wird er für die Dauer des Krieges nicht freikommen.«

Am Heiligabend, gegen 21 Uhr, kam ich im Camp de Concentration Rieucros im Département Ariège an: Knietiefer Schnee in den Pyrenées, ich selbst ohne warme Kleidung, denn in Vichy war am Tag zuvor fast frühlingshaftes Wetter gewesen, und ich trug nur leichte Sachen am Leib. So endete der Heiligabend, auf den Bruno und ich uns so gefreut hatten. Wir waren wieder getrennt, ohne Wissen um das Schicksal des anderen. Ich wusste damals nicht, dass ich mich in dem einzigen Konzentrationslager Frankreichs für Frauen befand, auch nicht, dass es berüchtigt war.

Denke ich an die Leiden, die inzwischen mein Mann, den man in das berüchtigte Internierungslager Le Vernet d'Ariège verbrachte, zu ertragen hatte, ging es mir im Camp Rieucros nahezu paradiesisch gut. Die Zustände in diesem Lager, in dem vor allem Intellektuelle und Widerstandskämpfer gefangen gehalten wurden, hat Arthur Koestler, selbst dort interniert, später beschrieben. Für viele war Le Vernet der Ausgangspunkt für den Weg in die Gaskammern von Auschwitz. In Rieucros gab man mir bei der Aufnahme fünf Decken und führte mich in eine Baracke, in der wüster Lärm die Ohren betäubte: Die Lagerinsassen feierten auf ihre Weise Weihnachten. Es waren sechzig Frauen. In der Mitte der Baracke befand sich ein zweistöckiges Gestell für die Schlafgelegenheiten, von einem Gang rings umgeben. Jeder hatte so viel Platz, wie er für einen schmalen Strohsack ausreichte. Es war in dieser Nacht zum ersten Weihnachtsfeiertag so kalt, dass am Morgen das Wasser in der Baracke eingefroren war.

Wie ich erst sehr viel später erfuhr, unternahm mein Mann einen Fluchtversuch aus Le Vernet. Es gelang ihm, sich zu befreien. Auf seinem Fluchtweg wurde er erschossen, sein Leichnam in ein Massengrab geworfen.

Wilhelm Hausenstein

»Der Boden war zerfurcht, ja zerstört ...«
Deutsche Ansätze zur Verständigung nach 1945

Dies eben war meine Aufgabe, nun überhaupt erst einmal, und zwar in Frankreich selbst, zu beweisen, daß aus dem Deutschland des Hitlerismus ein anderes Deutschland übriggeblieben war, das keinen Augenblick aufgehört hatte, ein anderes Deutschland zu sein. [...] Jede demonstrative Gebärde war peinlich zu vermeiden. Es kam für's Erste einzig darauf an, durch eine diskrete personale Gegenwart des ersten Generalkonsuls überzeugend zu machen, daß es möglich sein werde, mit dem neuen Deutschland, dem der Bundesrepublik, nach und nach echte Kontakte aufzunehmen. [...]

Dies also war der erste, noch schmale Steg zum Quai d'Orsay. Es kam darauf an, ihn langsam, unaufdringlich, ja unmerklich in eine gangbarere Brücke zu verwandeln. [...]

Bei meinen Spaziergängen durch Paris, die ich nicht so sehr aus alter Liebhaberei unternahm als vielmehr aus dem durch meine Situation gebotenen Bedürfnis, die Stimmungen der Pariser, insbesondere gegenüber Deutschland, mit den Antennen zu erspüren, fielen mir an Mauern jene Plaquetten auf, welche die Namen von Angehörigen der Résistance im Gedächtnis der Vorübergehenden befestigen wollten. Das wiederkehrende »fusillé par les Allemands« traf mich immer und überall so scharf, als trüge ich eine persönliche Verantwortung. Als erster offizieller Vertreter Deutschlands moralisch auf jede Weise exponiert, empfand ich die zufällige Konfrontation mit solchen steinernen Wandschildern und mit den Blumen, die daran geheftet waren, so intensiv, daß ich mir das Blut der Schamröte ins Gesicht steigen fühlte. Welche Situation für einen Deutschen, der unter dem infamen Regime der zwölf Jahre von 1933 bis 1945 unmittelbar und mittelbar zwar auch einiges durchgemacht hatte (so das Verbot beruflicher Betätigung als Schriftsteller, als Publizist) – und welche Aufgabe, mit dieser Situation auf gute Art fertig zu werden. Ungezählte Familien in Paris gedachten eines Toten, eines Mißhandelten, eines Deportierten. Es mußte in weiten Kreisen mindestens mit einer abgrundtiefen Abneigung gegen alles Deutsche gerechnet werden – nicht selten mit Haß, nicht selten mit einem kaum überwindbaren Ressentiment, und alle diese Gemütsverfassungen mußten, wie der Mensch nun einmal ist, begreiflich erscheinen. Auf der Terrasse eines Cafés an den Champs-Elysées erlebte ich, daß ein Franzose, als er in seiner Nähe zwei Deutsche in ihrer Muttersprache miteinander reden hörte (und sie taten es auf wohlerzogene, leise Art), den Kellner demonstrativ anwies, das servierte Getränk auf einen anderen, entfernteren Tisch hinüberzutragen.

Es ist nicht übertrieben, zu behaupten, daß die Situation des deutschen Vertreters in Paris unter allen vergleichbaren

Situationen die weitaus schwierigste war. [...] Von allem Emotionellen abgesehen: der Boden war, objektiv zu sprechen, zerfurcht, ja zerstört. Das Land war von den Jahren des Krieges, der Okkupation her noch halb gelähmt. Die von dem Hitlerismus herrührenden moralischen Trümmer waren unverkennbar – und meine erste, meine wesentlichste Aufgabe war es, sie ohne Geräusch, ja unmerklich, aber mit echter Effektivität wegzuräumen. [...] Es ist Tatsache, daß ich mich mit instinktiver Reaktion immer wieder fragte, ob es einem Deutschen um 1950 in Frankreich erlaubt sei, zu lachen. Jedenfalls ist mir, obwohl man mir den Deutschen kaum ohne weiteres anmerken mochte, das Lachen in mancher gesellschaftlichen, in mancher öffentlichen Situation von selbst erstorben.

IV.

»Davon konnte man träumen, davon träumte man gerne«
Von Kunst, Architektur und Musik

Ernst Bloch

Zwischen Transzendenz und Nüchternheit Reflektionen vor dem Straßburger Münster

Der Blick ist wieder kühl geworden. Wie lange erst, daß junge Menschen nicht wild, auch bunt genug erschienen? Keine zehn Jahre, und schon wieder holt das Pflaster die Träume zurück.

Sonderbar, in dieser Lage durch eine alte Stadt zu gehen. Durch Straßburg, seine krummen Gassen und Häuser, in die man sich vor kurzem noch so leicht einfühlte. An den französischen Bauten vorüber, der Aubette, dem Palais Rohan, deren bequemes und elegantes Diesseits man 1928 so gut versteht. Dann zur höchsten Spitze des Münsters empor, wieder ganz auf den Spuren des Sturms und Drangs, der eben erst verklungenen Expression. Bezeichnend sogar die Jahrzahlen früherer Besucher, auf der Plattform, im Inneren des Turms eingeritzt. Sonst so belanglos, sind sie hier lehrreich, wie sie ansteigen vom Anfang des achtzehnten Jahrhunderts ab, gerade in dessen Mitte kulminieren, gleich Marken eines eingetretenen Hochwassers. Damals wie in der Romantik wie in den Träumen des Blauen Reiters drang Sturm und Drang wieder so hoch empor, zur entdeckten Gotik vor. Damals wie noch 1918 hätte man das Münster eindeutig bestiegen, mit eindeutig antiklassischem Jubel. Des Maßes und seiner Dinge war man satt, suchte Flug darüber und kochenden Traumbau, so ursprünglich wie überirdisch.

Selbst der Weg zum Ursprünglichen war ähnlich, nur die Worte sind verschieden. Sturm und Drang ist stets eine Art quer durch die Geschichte bewegter Primitive; dies eben tauchte zuletzt expressionistisch auf. Mit Gegensatz zu schöner Bildung, wie beim jungen Goethe, dem Turmsteiger und Hymniker an Meister Erwin: »Die Kunst ist lange bildend, ehe sie schön ist, und doch so wahre, große Kunst, ja oft wahrer und schöner als die schöne selbst.« Haß gegen den lateinischen Geschmack erklärt auch das Mißverständnis, als ob Gotik vor allem eine *deutsche* Art und Kunst sei: »Es ist im kleinen Geschmack, sagt der Italiener und geht vorbei. Kindereien! lallt der Franzose und schnellt triumphierend auf seine Dose à la grecque.« Als längst Professoren das Münster bestiegen, blieb immer noch dieser Glaube an die »deutsche« Gotik bestehen; angesichts der Überzahl französischer Dome eine Groteske, innerhalb des Sturms und Drangs aber eine Notwendigkeit. Und wie deutlich bildete sich im damaligen, im »expressionistischen« Goethe das Organ für Gotik, für den ungeheuren Zierat jenseits vom Maß oder als neues Maß selbst, mit dem zu fassen und zu messen ist. Goethe war damals in allen Sinnen wieder ganz geworden, ohne Arbeitsteilung und nur der Totalität zugänglich. [...]

Heute jedoch hat ein tätig nüchterner, auch männlicher Sinn wieder auf Alltag gesetzt. Entweder amerikanisch oder russisch, je nach dem Zweck, sich auf der Erde einzurichten. Ein neues Stadtier erscheint, das nicht einen Strich über seiner Arbeit und Zerstreuung stehen will, damit es ja nur heiter, fast sehnsuchtslos bleiben kann. Ebenso rationalisiert Rußland, wenn auch zu ganz anderem Ende, wendet die Aufsicht von Scholle, Asphalt, Maschine nicht ab. Die Stadt des neunzehnten Jahrhunderts sah bloß grau aus wie ein Stück Zeitungspapier, in einige Entfernung gehalten; das ist heute noch die Farbe von Paris, Grau mit Lampions, beziehungslos glimmten einige Feste darin. Unsere Welt wird weiß und kubisch, mitsamt ihren Festen, die keine Maskerade, wenn auch eine Zerstreuung sind; sie sind nicht einmal mehr von expressionistischen Gewittern durchbrochen. Die Kunst ist wieder immanent, auch klassizistisch geworden, wenigstens in Westeuropa, wo Ruhe, Maß und Ordnung der Reaktion gefallen. Da führt nicht mehr viel Drang zum Münster oder zum großen pathetischen Stil; die Ekstase der Revolution ist amerikanisch unterbrochen oder russisch auf die »konkrete« Lage reduziert, vorerst. Zwar suchen auch Ingenieure die Gotik auf, und Le Corbusiers »Kommende Baukunst« bewundert daran gerne ein Kalkül eigener Art, vor allem das Geheimnis ihrer Kurven. Aber damit ist doch nur der gleichsam bürgerliche Geist der Gotik getroffen, den die Ekstase so bedeutend übersehen hat; jene Ökonomie, die freilich oft Größe in multiplizierter Kleinheit sucht, jene allerdings »französische« Symmetrie, die ein einmal gegebenes Thema (wie Fiale und Spitzbogen) unaufhörlich, links und rechts herunter, fast geizig dividiert. Nur im Abzug auf dieses ihr nicht-ekstatische Moment treffen Ingenieure Dome an, destillieren aus dem Rausch bestenfalls geschmeidig klaren, gebogen zweckmäßigen Verstand heraus. Das Barock in der Gotik wird verneint, wie es der lateinische Geist schon lange verneint hat; das französische »Barock« führt in der Tat nur die rationalistischen Elemente der Gotik weiter, und der Versailler Garten wurde eben die Grundform der modernen Straßenzüge. Der Urlaut und Überschwang, den die Phantasten in der Gotik sahen und der gewiß ihre deutsche, ihre barocke Seite ausmacht (dergestalt, daß die Gotik eher heimliches Barock ist als umgekehrt), hat im neuen Klassizismus keinen Ort.

So steht man wieder bei der Kühle, und der Zierat zieht ab. Das ist der immer gleiche Wechsel zwischen überquellender, hochschießender Transzendenz und Nüchternheit; er ist so alt als seltsam und in diesem bloßen Nacheinander vielleicht unfruchtbar.

Reinhold Schneider

Eine jenseitige Welt
Die Kathedrale von Chartres

Langsam steigen hinter dem Feldrande die ungleichen Türme der Kathedrale empor; und nun bekommt das weite, flache Land eine Mitte; immer erhabener erscheinen die Türme, der wehrhafte Südturm, dessen hoher Helm sich in einem einzigen mächtigen Zuge der zusammenstrebenden Linien schließt, und der Nordturm, dessen Spitze über einem Kranze gotischen Schmuckwerks schwebt. Und es ist, als eilten alle Straßen des Landes dem gewaltigen Umriß des von Türmen überragten, von Streben und Kapellen umdrängten Kirchenschiffes zu, als wollten auch die Straßen der Geschichte in den Dämmerraum münden, der den Eintretenden plötzlich mit tiefer Dunkelheit umfängt. Denn nun schweigen alle Stimmen; die Bilder, das Licht verlöschen auf eine furchtbare, unvermittelte Weise; es ist dunkel. Tiefe und Höhe des Raumes sind nicht erkennbar, es ist weder Tag noch Nacht, eine Dämmernis, die keinen Namen hat, erfüllt den unergründlichen Raum, und erst wenn das Auge empfänglich geworden ist für die andere Lichtwelt, wenn die Seele bereit geworden ist für die Nähe des Uralt-Heiligen, die sie vielleicht nur selten in solcher Unmittelbarkeit erfahren hat, beginnt sich das Leuchten zu entschleiern, das den Raum von innen erhellt wie ein brennender Docht ein halb verdecktes Gefäß. Das Licht einer fremden Sphäre, ein Licht, wie es nie unter freiem Himmel geleuchtet, ist in dem Glase der Fenster gefangen und verströmt sich in das Innere des Raumes. [...] Und nun wird alles, was bisher verhüllt war, sichtbar; die Strahlen, die sich von allen Seiten begegnen, verweben sich ineinander und umspinnen die Bogen und Gewölbe, die durchbrochenen, durchlichteten Wände und die ins Grenzenlose emporstrebenden Pfeiler; sie sind so sinnvoll füreinander bestimmt wie die verschiedenfarbigen Fäden eines alten Gewebes. [...]

Als die Menschen die Kathedrale nicht mehr verstanden, lösten sie an einigen Stellen die bunten Scheiben aus den Rahmen und setzten farbloses Glas ein, um das Tageslicht einzulassen; vielleicht wollten sie die umwandelnde Macht der Kathedrale nicht mehr erdulden und auch am heiligen Orte sehen, wie sie draußen gewohnt waren zu sehen, und fühlen, wie sie draußen fühlten. Aber die Kathedrale war nicht aus Stein erbaut; sie war vielmehr aus Licht erbaut, dem der Stein diente: so ist es, als sei an solchen Stellen der Raum offen, das Gewölbe zertrümmert. Denn die Kathedrale schloß eine jenseitige Welt ein, die an der irdischen sterben muß, wie eine fremde Blüte stirbt in der Luft eines Wintertages; und allein die stille, versöhnende Gewalt der sich über den Einbruchsstellen verbindenden Strahlen stellt den Raum wieder her. Der Gleichklang des Steins und der Lasten war nur der Resonanzboden für den tiefen, reichen Gleichklang des Lichts. [...]

Hierher kamen die Könige, um zu beten, der selbstherrliche Philippe Auguste und Ludwig der Heilige, und auch Ludwig XI. rang um die Erleichterung seines bedrängten Herzens vor dem uralten Gnadenbilde der Unterkirche; vor Chartres wurden im Hundertjährigen Kriege die heranrükkenden Engländer, als die französischen Gesandten sich vor ihnen demütigten, von einem Donnersturme geschreckt, so daß ihr König Eduard III. sich Unserer Frau von Chartres anbefahl und zum Frieden bewegen ließ. [...]

Aber die Kathedrale ist noch immer das Ziel der sichtbaren und der unsichtbaren Straßen, die das Land durchziehen; sie ist das große Gleichnis, das alle Stätten der Geschichte, die noch vom Leben erfüllten und die schon verlassenen, überragt.

Heinrich Heine

»Wer ist die schmutzige Frau mit der roten Mütze?« Dialog vor einem Gemälde Eugène Delacroix'

Der Salon ist jetzt geschlossen, nachdem die Gemälde desselben seit Anfang Mai ausgestellt worden. Man hat sie im allgemeinen nur mit flüchtigen Augen betrachtet; die Gemüter waren anderwärts beschäftigt und mit ängstlicher Politik erfüllt. Was mich betrifft, der ich in dieser Zeit zum ersten Male die Hauptstadt besuchte und von unzählig neuen Eindrücken befangen war, ich habe noch viel weniger als andere mit der erforderlichen Geistesruhe die Säle des Louvres durchwandeln können. Da standen sie nebeneinander, an die dreitausend, die hübschen Bilder, die armen Kinder der Kunst, denen die geschäftige Menge nur das Almosen eines gleichgültigen Blicks zuwarf. [...]

Ich wende mich zu *Delacroix*, der ein Bild geliefert, vor welchem ich immer einen großen Volkshaufen stehen sah, und das ich also zu denjenigen Gemälden zähle, denen die meiste Aufmerksamkeit zu Teil worden. Die Heiligkeit des Sujets erlaubt keine strenge Kritik des Kolorits, welche vielleicht mißlich ausfallen könnte. Aber trotz etwaniger Kunstmängel, atmet in dem Bilde ein großer Gedanke, der uns wunderbar entgegenweht. Eine Volksgruppe während den Juliustagen ist dargestellt, und in der Mitte, beinahe wie eine allegorische Figur, ragt hervor ein jugendliches Weib, mit einer roten phrygischen Mütze auf dem Haupte, eine Flinte in der einen Hand und in der andern eine dreifarbige Fahne. Sie schreitet dahin über Leichen, zum Kampfe auffordernd, entblößt bis zur Hüfte, ein schöner, ungestümer Leib, das Gesicht ein kühnes Profil, frecher Schmerz in den Zügen, eine seltsame Mischung von Phryne, Poissarde und Freiheitsgöttin. Daß sie eigentlich letztere bedeuten solle, ist nicht ganz bestimmt ausgedrückt, diese Figur scheint vielmehr die wilde Volkskraft, die eine fatale Bürde abwirft, darzustellen. Ich kann nicht umhin, zu gestehen, diese Figur erinnert mich an jene peripatetischen Philosophinnen, an jene Schnelläuferinnen der Liebe oder Schnelliebende, die des Abends auf den Boulevards umherschwärmen; ich gestehe, daß der kleine Schornsteinkupido, der, mit einer Pistole in jeder Hand, neben dieser Gassenvenus steht, vielleicht nicht allein von Ruß beschmutzt ist; daß der Pantheonskandidat, der tot auf dem Boden liegt, vielleicht den Abend vorher mit Kontremarken des Theaters gehandelt; daß der Held, der mit seinem Schießgewehr hinstürmt, in seinem Gesichte die Galeere und in seinem häßlichen Rock gewiß noch den Duft des Assisenhofes trägt; – aber das ist es eben, ein großer Gedanke hat diese gemeinen Leute, diese Crapüle, geadelt und geheiligt und die entschlafene Würde in ihrer Seele wieder aufgeweckt.

Heilige Julitage von Paris! ihr werdet ewig Zeugnis geben von dem Uradel der Menschen, der nie ganz zerstört werden kann. Wer euch erlebt hat, der jammert nicht mehr auf den alten Gräbern, sondern freudig glaubt er jetzt an die Auferstehung der Völker. Heilige Julitage! wie schön war die Sonne und wie groß war das Volk von Paris! Die Götter im Himmel, die dem großen Kampfe zusahen, jauchzten vor Bewunderung, und sie wären gerne aufgestanden von ihren goldenen Stühlen und wären gerne zur Erde herabgestiegen, um Bürger zu werden von Paris! Aber neidisch, ängstlich, wie sie sind, fürchteten sie am Ende, daß die Menschen zu hoch und zu herrlich emporblühen möchten, und durch ihre willigen Priester suchten sie »das Glänzende zu schwärzen und das Erhabene in den Staub zu ziehn«, und sie stifteten die belgische Rebellion, das de Pottersche Viehstück. Es ist dafür gesorgt, daß die Freiheitsbäume nicht in den Himmel hineinwachsen.

Auf keinem von allen Gemälden des Salons ist so sehr die Farbe eingeschlagen, wie auf Delacroix' Julirevolution. Indessen, eben diese Abwesenheit von Firnis und Schimmer, dabei der Pulverdampf und Staub, der die Figuren wie graues Spinnweb bedeckt, das sonnengetrocknete Kolorit, das gleichsam nach einem Wassertropfen lechzt, alles dieses gibt dem Bilde eine Wahrheit, eine Wesenheit, eine Ursprünglichkeit, und man ahnt darin die wirkliche Physiognomie der Julitage.

Unter den Beschauern waren so manche, die damals entweder mitgestritten oder doch wenigstens zugesehen hatten, und diese konnten das Bild nicht genug rühmen. »Mâtin«, rief ein Epicier, »diese Gamins haben sich wie Riesen geschlagen!« Eine junge Dame meinte, auf dem Bilde fehle der polytechnische Schüler, wie man ihn sehe auf allen andern Darstellungen der Julirevolution, deren sehr viele, über vierzig Gemälde, ausgestellt waren.

»Papa!« rief eine kleine Karlistin, »wer ist die schmutzige Frau mit der roten Mütze?« – »Nun freilich«, spöttelte der noble Papa mit einem süßlich zerquetschten Lächeln, »nun freilich, liebes Kind, mit der Reinheit der Lilien hat sie nichts zu schaffen. Es ist die Freiheitsgöttin.« – »Papa, sie hat auch nicht einmal ein Hemd an.« – »Eine wahre Freiheitsgöttin, liebes Kind, hat gewöhnlich kein Hemd, und ist daher sehr erbittert auf alle Leute, die weiße Wäsche tragen.«

Bei diesen Worten zupfte der Mann seine Manschetten etwas tiefer über die langen müßigen Hände, und sagte zu seinem Nachbar: »Eminenz! wenn es den Republikanern heut an der Pforte St.-Denis gelingt, daß eine alte Frau von den Nationalgarden totgeschossen wird, dann tragen sie die heilige Leiche auf den Boulevards herum, und das Volk wird rasend, und wir haben dann eine neue Revolution.« – »Tant mieux!« flüsterte die Eminenz, ein hagerer, zugeknöpfter Mensch, der sich in weltliche Tracht vermummt, wie jetzt von allen Priestern in Paris geschieht, aus Furcht vor öffentlicher Verhöhnung, vielleicht auch des bösen Gewissens halber; »tant mieux, Marquis! wenn nur recht viele Greuel geschehen, damit das Maß wieder voll wird! Die Revolution verschluckt dann wieder ihre eignen Anstifter, besonders jene eitlen Bankiers, die sich gottlob jetzt schon ruiniert haben.« – »Ja, Eminenz, sie wollten uns à tout prix vernichten, weil wir sie nicht in unsere Salons aufgenommen; das ist das Geheimnis der Julirevolution, und da wurde Geld verteilt an die Vorstädter, und die Arbeiter wurden von den Fabrikherrn entlassen, und Weinwirte wurden bezahlt, die umsonst Wein schenkten und noch Pulver hineinmischten, um den Pöbel zu erhitzen, et du reste, c'était le soleil!«

Der Marquis hat vielleicht Recht: es war die Sonne. Zumal im Monat Juli hat die Sonne immer am gewaltigsten mit ihren Strahlen die Herzen der Pariser entflammt, wenn die Freiheit bedroht war, und sonnentrunken erhob sich dann das Volk von Paris gegen die morschen Bastillen und Ordonnanzen der Knechtschaft. Sonne und Stadt verstehen sich wunderbar, und sie lieben sich. Ehe die Sonne des Abends ins Meer hinabsteigt, verweilt ihr Blick noch lange mit Wohlgefallen auf der schönen Stadt Paris, und mit ihren letzten Strahlen küßt sie die dreifarbigen Fahnen auf den Türmen der schönen Stadt Paris.

RUDOLF KASSNER

Nach der Methode da Vincis
Paul Cézanne

In der Closerie des Lilas war es auch, daß der Name Cézannes zum ersten Male an mein Ohr klang. Und ich sehe noch heute den Zeichner Séguin, der, nach seinen Reden zu schließen, Cézanne nahegestanden sein muß in dessen Pariser Zeit, wie er uns, mit einem gebrauchten Streichhölzchen auf der Marmorplatte des Tisches in verschütteten Bierresten herumfahrend und das Flüssige zu Linien auseinanderziehend, allerlei Geometrisches, Bezugsysteme, Kreise zeichnete, womit er bedeuten wollte, daß Cézanne mittels der Mathematik, will sagen der Analyse, dem Netz- und Gitterwerk derselben, über die Erscheinung geworfen oder um sie herumgestellt, zu einem Stil, zur großen Form zu gelangen das Bestreben habe, um auf solche Weise das Objekt von allem Zufälligen des Stofflichen zu befreien. Es wäre dies auch die Methode Leonardo da Vincis gewesen, dem Cézanne somit auf seine Weise nacheifre.

Sooft ich später Bilder Cézannes, der damals noch nicht den großen Ruhm innehatte, zu welchem er in den folgenden Jahren gelangen sollte, zu Gesicht bekam, ist mir dieser nächtlich-übernächtige Versuch einer Stilerklärung seitens des Zeichners eingefallen. [...]

Nehmen wir eine seiner wundervollen *natures mortes*, etwa Eier in einer Serviette. Über das Stoffliche, das Erlebnis der Sinne sind nicht viel Worte zu verlieren. Es liegen da viele Eier neben- und übereinander, sie sind zu zählen, wenn man will, und von einem schmutzigen Weiß, das sich von dem lichten Weiß der Serviette abhebt. Die Analyse, die Ordnung und Größe besteht darin, daß diese vielen, zählbaren, ganz gewöhnlichen Eier so wundervoll gegeneinander ausbalanciert sind, so sehr im Gleichgewicht zueinander stehen in der Serviette wie die Gestirne am nächtlichen Himmel, daß also die Welt, das Weltganze auf ein so Einfaches der Form reduziert erscheint, so daß kein Unterschied mehr besteht zwischen Ei und Gestirn. In einer vollkommen auf die Form reduzierten Welt. Ei und Gestirn stehen von der Form her der Zahl näher als etwa der Mensch, sind »inhaltslos«. Weshalb Cézanne das Problem, sein Problem innerhalb einer *nature morte* vollkommen gelöst hat und lösen konnte. Hatte er es auch ebenso dort gelöst, wo der Mensch auftritt? Wie Leonardo da Vinci, welchen Séguin zitiert, es gelöst hat.

George Grosz

Justemilieu
Französische Kunst um 1920

Frankreich galt von jeher als das Mekka der deutschen Künstler. Dort holte man sich den wahren Schliff als Maler. Die großen Talente, die dort lebten und arbeiteten, zogen viele fremde Kunstschüler an, ganze Dynastien von Malern holten sich ihre künstlerische Bildung dort. Meister, wie Thomas Couture bildeten direkt Berühmtheiten aus und wurden als Lehrer in der ganzen Welt gerühmt und gefeiert. Erfolgreiche Schulen entstanden und große Begabungen die aus ihnen hervorgingen, verliehen ihnen Ansehen und Namen. So gelangte Paris allmählig in den Ruf des Kunstzentrums der Welt. Und wer den wahren Geist der Malerei, die letzten Feinheiten der »peinture« sich aneignen wollte, ging dorthin. In Paris entstanden die letzten großen Bewegungen: die der Impressionisten mit ihrem Stab blendender Talente, die Schule von Fontainebleau, später der Kubismus und der Futurismus usw., die überall in der Welt enormen Einfluß auf die jüngeren und manchen älteren Künstler ausübten. Kein Wunder daß man Paris und seine ganze Atmosphäre, die offenbar doch den Künsten so günstig war, in den Himmel hob.

Heute nach den langen Jahren der Absperrung, der Zeitungslügen und der Inflation – gibt es wieder eine ganze Anzahl von Künstlern und literarischen Kommisvoyageurs, die nach Paris pilgern in dem alten romantischen Vorurteil ins Mutterland des wahren Geistes zu kommen und die mit allerlei Einführungs- und Empfehlungsschreiben die dortigen Ateliers und Meister heimsuchen; emsig wie Bienen überall den Rüssel hineinsteckend, um dann ihre Eindrücke in Form von mehr oder minder langen Feuilletons abzulagern. Manche, meist die, die schon früher in Paris gelebt und gearbeitet haben, schreiben gleich ganze Bücher. [...]

In Wahrheit richtet sich die französische Kulturproduktion wie bei uns nach den Bedürfnissen der bürgerlichen Interessen. Dessen sind sich die Pariser Künstler bis auf verschwindende Ausnahmen (Gruppe Clarté) ebensowenig bewußt, wie ihre deutschen Kollegen. Sie führen ein Atelierdasein, verstrickt in allerlei formale Probleme, aber wesentlichen Einfluß auf die Ereignisse vermögen und versuchen sie garnicht mehr auszuüben.

Bis um die Jahrhundertwende heran war ja tatsächlich in Frankreich der Zeichner wie der Dichter eine aktive Kraft sozialer Entwicklung. [...]

Heute aber herrscht in Paris dieselbe Stagnation, das gleiche justemilieu wie bei uns. [...]

Das uns liebe und vertraute Frankreich des revolutionären Pathos und der unversöhnlichen sozialen Satire gehört der Vergangenheit an. Man vergleiche das Witzblatt ›La Charette‹ mit der alten ›Assiette au beurre‹. Der gleiche Niedergang wie etwa beim ›Simplizissimus‹.

Es nutzt nichts, sich Träumen hinzugeben – Frankreich ist heute intellektuell und geistig träge, fast abgestorben und diejenigen, die immer von »Tradition« reden, werden feststellen, wenn sie die einzelnen Säulen der Tradition untersuchen, daß hier eine ähnliche Morschheit und Zerrissenheit vorzufinden ist, wie überall sonst in Europa. [...]

Ein großer Quatsch mit der Neuklassik, – heute, wo der gesellschaftliche Boden und die sogenannten ökonomischen Bedingungen tief zerrissen sind, ungemein verschachtelt und verfahren. Heute haben die Bemühungen selbst blendender Talente, einen klassischen Stil zu schaffen, nur untergeordneten Experimentalwert – ändern aber nichts an der allgemeinen schöpferischen Stagnation. Mal ein bißchen andere Walze! Die alten klassischen Maler hatten wenigstens als wichtige Voraussetzung Inhalte. Große Geschehnisse, heroische Motive aus der Menschengeschichte; sie modernisierten Bürgerhelden auf antik, die heutigen Neuklassiker haben nur noch die ›Drei Äpfel‹ von Cézanne – von denen doch weiß Gott schon eine frühere Generation lange genug gelebt hat.

Heinz Berggruen

»Legen Sie sich auf den Rücken und rühren Sie sich nicht!« Erste Begegnung mit Pablo Picasso

Im Café de Flore bei der Kirche St. Germain des Prés lernte ich im Winter 1950 jenen Mann kennen, der mich zu Picasso führen und damit meinen Weg als Kunsthändler nachhaltig beeinflussen sollte: den Dichter Tristan Tzara. Tzara, der als Mitbegründer des Dada in die Literaturgeschichte des 20. Jahrhunderts eingegangen ist, war noch immer eine Berühmtheit, aber sein Stern war bereits im Verblassen. [...]

So nahm Tzara mich eines Tages mit in das Atelier von Picasso in der rue des Grands-Augustins 7, dicht bei der Seine. In einem herrlichen Haus aus dem 17. Jahrhundert stiegen wir zu Fuß – einen Fahrstuhl gab es nicht – auf einer engen Wendeltreppe in die fünfte Etage. Ernst Jünger erzählt in seinem Pariser Tagebuch von 1942, daß an Picassos Tür mit einer Reißzwecke ein kleines Blatt Papier geheftet war, auf dem mit Blaustift *Ici* stand. 1950 hing das gleiche Zettelchen mit der gleichen Aufschrift noch immer da. Wir klopften. Picassos Sekretär Sabartés öffnete, mürrisch und wortkarg, und Tzara stellte mich ihm vor. Die beiden hatten eine gewisse Ähnlichkeit: Sie waren klein, ihre Gesichtszüge wirkten ausgesprochen streng und scharf, und sie erinnerten an die Inquisitorenporträts von El Greco. Sabartés führte uns in einen großen, düsteren Vorraum. Dort saßen, in langer Reihe mit dem Rücken zur Wand, geduldig und schweigsam Menschen aus aller Welt, vor allem Spanier, die dem Meister einmal persönlich begegnen wollten; viele kamen wohl auch, um ihm Bitten und Wünsche vorzutragen. Das ganze erinnerte an ein Hofzeremoniell aus der Zeit Philipps II., nur daß die Figuren aus Versehen Kleidung des 20. Jahrhunderts trugen. Die Atmosphäre wirkte auf mich fast gespenstisch.

Tzara hatte keine Mühe, rasch vorgelassen zu werden. Für mich war das ein aufregender Moment. Konkret ging es darum, Picassos Einverständnis für die geplante Ausstellung zu erlangen, aber das Entscheidende für mich war die Begegnung mit einem der Großen dieses Jahrhunderts. Würde er mich akzeptieren? Ich hatte gehört, daß Picasso sehr schroff und ungehalten sein konnte.

Schon rein physisch war Picasso bestechend: Sein wunderbares, gut geschnittenes Gesicht, seine herrlichen, großen, magnetischen Augen, sein prächtiger, gedrungener Körper – das alles war wie aus einem Guß, so als hätte er an sich selber ein Meisterwerk vollbracht. Gleich bei unserer ersten Begegnung geriet ich in seinen Bann, obwohl er nur einige wenige Sätze an mich richtete. Tzara erklärte ihm, daß ich vor kurzem eine kleine Galerie eröffnet hätte und gern sein neues Buch ausstellen würde. Picasso war einverstanden. Er käme bei Gelegenheit einmal in der Galerie vorbei, sagte er und fügte hinzu: »In Ordnung, ok. – Sie sehen, ich spreche auch Englisch.« [. . .]

Und immer saß Picasso der Schalk im Nacken. Bevor er sich in Cannes in der Villa La Californie niederließ, lebte Picasso mit Françoise Gilot und ihren kleinen Kindern Claude und Paloma in Golfe Juan, unterhalb von Vallauris, dem bekannten Töpferdorf, etwa zehn Kilometer östlich von Cannes. Im Sommer gingen alle regelmäßig an den Strand – berühmt sind die reizvollen Aufnahmen, die der große Fotograf Robert Capa damals von dem jugendlichen Siebzigjährigen gemacht hatte, der seiner Familie den Sonnenschirm trägt.

Am Strand traf Picasso öfters Monsieur Ascher, einen dicken Antiquitätenhändler aus der rue de Seine in Paris, den er von früher gut kannte. Er schätzte Ascher wegen seiner Kenntnisse auf dem Gebiet der primitiven Kunst, und die beiden führten lange angeregte Unterhaltungen, über die mir Monsieur Ascher stolz berichtete. »Stellen Sie sich vor«, sagte er eines Tages zu mir, »ich habe Picasso gefragt, ob er mein Porträt malen würde, und er hat es mir zugesagt. Was für eine Chance!«

Am nächsten Morgen kam Picasso wieder an den Strand. Es war einer der heißesten Tage in diesem Sommer. »Legen Sie sich hin«, sagte Picasso mit gespielter Strenge zu Monsieur Ascher, »legen Sie sich auf den Rücken und rühren Sie sich nicht.« Picasso holte ein paar Fettstifte aus der Tasche und malte behende auf den üppigen Bauch des Herrn Ascher. »Schön stillhalten«, sagte Picasso, »ich muß mich konzentrieren.« Herr Ascher hielt still und schwitzte sehr. Die Brustwarzen wurden Augen und der Bauchnabel ein Schmollmund.

Und dann lief Monsieur Ascher als wandelndes, schweißtriefendes Selbstporträt herum und war verzweifelt. »Schauen Sie sich meinen Leib an«, sagte er bekümmert, »ein echter Picasso. Aber was mache ich damit? Ich kann weder ins Wasser gehen noch eine Dusche nehmen. Ich habe Angst, mich im Schlaf umzudrehen und mein Porträt im Laken zu verwischen. Was mache ich bloß? Ich betrachte mich dauernd im Spiegel – ein Opfer der Hitze und ein Opfer von Picasso. Ich leide sehr.«

Da Herr Ascher einen ausgeprägten kommerziellen Sinn hatte, meinte er am Ende seufzend: »Vielleicht sollte ich das Porträt auf meinem Bauch einer großen Illustrierten anbieten. Es könnte eine Sensation geben. Titel: ›Der wandelnde Picasso‹ oder etwas ähnliches.«

Als ich Picasso von Herrn Aschers Kummer erzählte, war

er sehr amüsiert. Er hatte in solchen Augenblicken etwas Diabolisches. »Der arme Monsieur Ascher«, sagte Picasso, »da habe ich ihm sein Porträt gemalt, und jetzt muß er damit leben.«

ERNST ROBERT CURTIUS

»Die Weltgeschichte der Kunst durchwandern« Ein Spaziergang im Louvre

Allein wegen der Museen müßte man Monate lang in Paris bleiben. Die Schätze, die hier zusammengetragen sind, sind unübersehbar. Man kann die Weltgeschichte der Kunst durchwandern wie an keinem andern Ort der Welt. Und auch wenn man die Münchener Pinakothek, die Londoner Nationalgalerie, die Uffizien und den Prado zusammenlegte, würde man eines nicht haben, was eben nur in Paris zu sehen ist: die großartig geschlossene und fruchtbare Entwicklung der französischen Schule – von der Pietà von Avignon bis zu Cézanne kann man sie im Louvre überblicken. Es wird einem freilich nicht leicht gemacht. Nirgends sind so schöne Bilder so ungünstig aufgehängt wie im Louvre. [...] Aber freilich, dieses Museum würde eine kleine Stadt für sich werden, wollte man jedem Kunstwerk so viel Licht und Raum gönnen, wie ihm gebührt. [...] Man hat sich in den letzten Jahrzehnten gewöhnt, vornehmlich die Linie zu beachten, die durch Courbet, durch Manet und die Impressionisten bezeichnet wird, zu der auch Renoir gehört, wie selbständig er auch außerhalb der Schulen steht. Aber die andere Linie, die von Ingres über Chassériau zu Puvis de Chavannes und Maurice Denis führt, hat eine nicht geringere Schönheit, und vielleicht ist ihr Geheimnis größer, wie das Vignys, Baudelaires, Valérys größer ist als das Flauberts und der Goncourt. [...]

Renoirs Gott war Rubens. Wie Rubens liebt er das Fleisch, die leuchtende schimmernde Materie, das Schwirren der Sonnenstrahlen und die samtene farbensatte Hautlichkeit von Blattwerk und Früchten. Auch bei Manet ist die Seele abwesend, wenn man nicht sagen will, daß sie sich ganz in Augensinnlichkeit verdichtet hat – was aber auf dasselbe hinauskommt. Man muß nur einmal den Menschen auf Manets Bildern in die Augen sehen – und man wird sofort jenen eigentümlichen leeren Blick bemerken, den auch Renoirs Porträts haben. Nicht als ob damit irgend etwas gegen diese Meister gesagt sein sollte – aber es gibt auch die andere Malerei, die durch Farben und Formen das Rätsel der Seele durchscheinen läßt: Leonardo, Giorgone ... [...]

In der Plastik gibt es kein Stilleben, gibt es auch keine Landschaft. Sie ist wesensmäßig centriert um die menschliche Gestalt, und das gibt ihr einen eigenen Platz und Sinn, ein eigenes Gesetz unter den Künsten. Sie kann nicht anders als das Wesen des Menschen ausdrücken, das Problem der Seele gestalten. Auch sie versucht sich zu Zeiten von dieser Aufgabe zu entfernen – aber sie kann es höchstens dadurch, daß sie in naturalistischer Porträtistik aufgeht, oder in der Tierskulptur – wofür im 19. Jahrhundert Barye das große Beispiel ist. Aber jeder Bildhauer ersten Ranges führt sie zu ihrem Zentrum zurück. Darauf beruht die einzigartige Wirkung Rodins. Das Rodin-Museum im Palais Biron gehört für mich zu den stärksten Pariser Erlebnissen. Rodin war prädestiniert, einen Balzac zu schaffen – denn er selbst ist der Schöpfer einer menschlichen Komödie, in der überall das Mysterium gegenwärtig ist: angstvoll sich zum Bewußtsein emporringend im ›Age d'airain‹, blühend entfaltet in ›Le baiser‹, inbrünstig befragt in ›L'Eternelle Idole‹ – auf den packendsten Ausdruck gebracht vielleicht in jener Kolossalstudie zweier verschlungener Hände, die ›Le Secret‹ benannt ist.

Der französische Geschmack hält sich gern in jener mittleren Sphäre des Schönen, für die das Wort »joli« bezeichnend ist. Aber Vézelay und Chartres, Baudelaire, Rodin haben die Wucht der großen michelangelesken Schönheit. Auch sie hat in Frankreich ihre Tradition. Sie ist umhegt von der Disziplin des französischen Geschmacks, wie das zuckende Pathos Rodinscher Marmorleiber in dem klassisch proportionierten, wunderbar harmonischen Bau des Hotel Biron geborgen ist. Die Rückseite des Museums öffnet sich mit einer schönen Treppe auf einen Rasenplatz, wo man Frauen und Kinder aus dem Pariser Volk im Schatten der Bronce-Gruppen gelagert sieht. Der Blick wird durch Gärten abgeschlossen. Am goldblassen transparenten Himmel dieses Herbsttages zeichnet sich der Umriß der Invaliden-Kuppel ab. Eine festlich-klare ruhige Heiterkeit erfüllt die Atmosphäre und teilt sich dem Besucher mit. Kunst und Leben begegnen sich in einem Gleichgewicht, das nachklingt mit einer Verheißung von Glück.

Wolf von Niebelschütz

»Man glaubt Champagner zu atmen« Die Île de France und die »Schule von Barbizon«

Die Lüfte Frankreichs, ob mit Sonne, mit Regen, mit Frost einhergehend, sind süßer und zärtlicher als die unseren. Das wundervolle Land, sanft hinwogend in flachen Hügeln und Mulden, ist allerorten zwiefach gesegnet mit Meeresnähe: atlantische Wolkenzüge verschwistern sich mediterraner Klarheit; hellgraue Gesteine aus Sand, Kreide und Kalk trinken unstillbar das Wasser des Himmels und zerdunsten es wieder; Bäche, Flüsse und Ströme sonder Zahl spenden der Flur bukolischen Reichtum, dem Auge den Schimmer atmosphärischer Farbenspiele.

Nirgends ist der Äther so durchsilbert wie in der Île de

France, nirgends so geistig bei aller Sinnenhaftigkeit, nirgends so elastisch liquide; man glaubt Champagner zu atmen. Der Charme, der die Franzosen als Nation imprägniert, nimmt seine Herkunft aus dem Element, das sie umfächelt. Ihre weltoffene Lebensart bei großem inneren Fundus, ihre leichtsinnige, aber maßvolle Einstellung zur Umwelt, ihre Lust am liebenswürdigen Irgendwie: das alles wohnt hier, an den schönen Ufern der Oise, der Marne, der Seine, des Ourcq, in den ewig bewegten, ewig flüsternden Pappelflußwäldern, die das Gemüt mit Poesie füllen.

Einzig die Île de France konnte Corot und Signac hervorbringen, nur hier ließ die Schule von Barbizon sich erfinden, der Impressionismus nur hier, auch die Pointillisten. Das Licht ist schwellend und feucht noch in der heißesten Hitze. Die Konturen, im Spektrum gerastert, bleiben grau und fest. Die Natur hält ihre Palette bereit, sie geizt nicht mit starken und mannhaften Farben, alle Effekte stehen ihr zu Gebot; aber wie im Nationaltemperament unseres Nachbarn das Herz und der Geschmack sich gegenseitig kontrollieren, in seinem Kunstsinn Tonigkeitswonne und Linienkult einander immer wieder zur Ordnung rufen, so ist auch im Freien tagtäglich ablesbar, warum in jedem Franzosen ein Ingres und ein Seurat lebt und warum Ingres einzeln, Seurat einzeln unrecht hat: das Licht der Île de France, weit entfernt die Linien aufzulösen, umzieht sie mit einer Lasur von zerstäubtem Glanz, mit dem Geistigsten und Substanzlosesten, was es an Schleier gibt, mit einer glücklichen Mäßigung, die das Substantielle unversehens in ein Sublimes verwandelt.

Vielleicht ist es der Traum dieser Luft, vielleicht das Genie dieses Volkes, vielleicht beides und eines dem anderen sich verdankend, daß in Paris und der Île de France das unvereinbar Scheinende möglich wird: die Erhöhung des Irgendwie zum Gültigen. Alles ist individuell bis zum Exzeß, alles zugleich höchst französisch gemeinsam.

Wo gibt es in der Welt noch einmal dies reizend Uniforme

der Vorortstraßen, das, wenn man hinschaut, nicht uniform ist, jede für sich eine verspielte Variation über das Thema »N'importe – es kommt nicht darauf an«?

Wolfgang Amadeus Mozart

»In Paris ist ein unbeschreiblicher Dreck ...« Musikalische Enttäuschungen

Sie schreiben mir, daß ich brav Visiten machen werde, um Bekanntschaften zu machen und die alten wieder zu erneuern. Das ist aber nicht möglich. Zu Fuß ist es überall zu weit oder zu koticht, dann in Paris ist ein unbeschreiblicher Dreck. Im Wagen zu fahren hat man die Ehre gleich des Tags vier bis fünf Livres zu verfahren und umsonst; denn die Leute machen halt Komplimenten und dann ists aus, bestellen mich auf den und den Tag, da spiel ich, dann heißts: »*O, c'est un prodige, c'est inconcevable, c'est étonnant!*« und hiemit Adieu. Ich hab hier so anfangs Geld genug verfahren und oft umsonst, daß ich die Leute nicht angetroffen habe. Wer nicht hier ist, der glaubt nicht, wie fatal daß es ist. Überhaupt hat sich Paris viel geändert: die Franzosen haben lang nicht mehr so viel Politesse als vor fünfzehn Jahren, sie grenzen itzt stark an die Grobheit, und hoffärtig sind sie abscheulich ..

Wenn hier ein Ort wäre, wo die Leute Ohren hätten, Herz zum Empfinden und nur ein wenig was von der Musik verstünden und *Gusto* hätten, so würde ich von Herzen zu allen diesen Sachen lachen, aber so bin ich unter lauter Viecher und Bestien (was die Musik anbelangt). Wie kann es aber anderst sein? Sie sind ja in allen ihren Handlungen, Leidenschaften und Passionen auch nicht anders. Es gibt ja kein Ort in der Welt wie Paris. Sie dürfen nicht glauben, daß ich ausschweife, wenn ich von der hiesigen Musik so rede. Wenden Sie sich, an wen Sie wollen, nur an keinen geborenen Franzosen, so wird man Ihnen (wenns jemand ist, an den man sich wenden kann) das nämliche sagen. Nun bin ich hier, ich muß aushalten und das Ihnen zulieb. Ich dank Gott dem Allmächtigen, wenn ich mit gesundem Gusto davonkomme.

JOHANN FRIEDRICH REICHARDT

Der Selbstherrscher und sein auserwählter Komponist oder Napoleon hört Oper

Paris, den 1. Februar 1803

Bonaparte, der, zum großen Ärger aller Pariser Komponisten, Paisiello kommen ließ, um ihnen in einer von ihm auf französische Poesie komponierten Oper ein Muster vorzustellen, wollte sich nun auch durch Anhörung des ersten Akts selbst versichern, ob Paisiello seine Erwartung und Absicht erfülle. Er ließ daher letzt eines Abends ziemlich spät eine kleine Probe von den Hauptsängern und einigen Saiteninstrumenten anbefehlen. Da es gerade kein Operntag, aber ein sehr angenehmer Tag war, so befanden sich die meisten Aufgeforderten nicht in der Stadt, und es kostete nicht wenig Mühe, sie durch Eilboten zusammenzubringen. Um elf Uhr war indes, was zu der Probe gefordert war, draußen, und Paisiello mußte in der Kammer, vor einer sehr kleinen Kammermusik, seine für das große Theater und für ein sehr großes Orchester gedachte und geschriebene Oper probieren lassen.

Nachdem Bonaparte den Sängerinnen das Kompliment gemacht: er hoffe, sie würden in dieser Oper nicht nach ihrer Gewohnheit schreien, setzte er sich der Musik gegenüber, die Arme auf die Lehne des Sessels ausgebreitet, den Kopf auf den Armen ruhend und blieb den ganzen Akt hindurch in dieser Stellung sitzen. Mancher mochte wohl geglaubt haben, er schliefe dabei. Als der Akt aber vorbei war, trat er zu Paisiello hin und machte ihm laut eine Menge Anmerkungen über verfehlte französische Prosodie, über gewaltsam getrennte oder unschicklich wiederholte Worte und über alle Zwischenspiele, die den Gesang unterbrachen und den Schauspieler im Feuer seiner Aktion aufhielten. Paisiello war natürlich dadurch sehr betroffen und wußte sich nicht befriedigend zu verteidigen. Er mußte ja selbst glauben, wie jeder, der sein Talent für den gefälligen italienischen Gesang und für angenehme rein musikalische Wirkungen kennt, daß nur gerade dieses Talents wegen, das Bonaparte vielleicht bei vielen französischen Komponisten nicht zu finden glaubte, er den beliebten italienischen Melodiker berufen hätte, um jenen zu beweisen, daß man auch über französische Worte sehr lieblichen italienischen Gesang schreiben könne [...]. Paisiello konnte ebensowenig glauben, wie jeder andere, dem es bekannt ist, wie die französischen Komponisten seit Rameau und mit ihnen besonders Gluck, das eigentliche deklamatorische und echt tragische Operngenre ausgebildet und vollendet haben, daß Bonaparte in dieser Art etwas Großes oder gar Musterhaftes von dem rein italienischen Melodiker, der sich um Deklamation und tragische Wahrheit wenig kümmert, erwarten würde. Des Konsuls Urteil bewies aber das Gegeneil. Man ersah daraus, daß er die sich einander fast entgegengesetzte Natur der echten tragischen französischen Oper und der eigentlichen gesungenen italienischen Oper nie gekannt und sentiert, oder doch durch Nationalvorurteil, und durch Unglauben an französische Kunst, den hohen Wert Gluckischer Opern und der Arbeiten seiner glücklichen Nachfolger unter den Franzosen überall verkannt hatte, zu Erreichung seines auf falschen Voraussetzungen gegründeten Zwecks in seinem Auserwählten also einen totalen Mißgriff tat. Am merkwürdigsten ist mir bei dieser ganzen Szene, wie auch bis in das kleinste hinab sich der herrische, entscheidende Charakter des Selbstherrschers ausspricht.

Franz Liszt

»Heine lauschte ...«
Abendmusik bei Chopin

Es galt eine fast menschenfeindliche Abneigung zu überwinden, bevor man Chopin dahin vermochte, sein Haus und sein Klavier wenigstens seinen näheren Freunden zu öffnen, die ihn dringend darum angingen. Mehr als einer der Beteiligten erinnert sich ohne Zweifel noch der ersten, trotz seines Sträubens bei ihm improvisierten Abendgesellschaft, als er noch in der *Chaussée-d'Antin* wohnte. Sein Zimmer, darin man ihn plötzlich überfiel, war nur von einigen Kerzen erleuchtet, die an einem Pleyel'schen Flügel brannten, welche Instrumente er wegen ihres silbernen, ein wenig verschleierten Klanges und leichten Anschlags besonders liebte. Ihm entlockte er Töne, die einer jener Harmonikas anzugehören schienen, welche die alten Meister durch Vermählung von Krystall und Wasser so sinnreich konstruierten und deren poetisches Monopol das romantische Deutschland bewahrt.

Die dunkel gelassenen Ecken schienen den Raum bis ins Grenzenlose auszudehnen; es war, als ob er in der Finsternis zerflösse. Das um den Flügel konzentrierte Licht fiel auf das Parkett. Gleich einer sich ergießenden Welle glitt es darüber hin und vereinigte sich mit dem unruhigen Leuchten des Kaminfeuers, das zuweilen in rotgelben Flammen aufflackerte und sich zur Gestalt neugieriger Gnomen zu verdichten schien, die die Laute ihrer Sprache herbeilockten. Ein einziges Portrait, das eines Pianisten, eines ihm sympathischen und ihn bewundernden Freundes, der diesmal gegenwärtig war, nur schien eingeladen, der beständige Zuhörer der auf- und abflutenden Töne zu sein, die singend und träumend, seufzend und grollend auf den Tasten des Instruments erstarben, neben dem es seinen Platz hatte. Durch ein geistreiches Spiel des Zufalls strahlte der Spiegel, um es vor unseren Augen zu verdoppeln, nur das schöne Oval und die blonden Seidenlocken der Gräfin *d'Agoult* wider, die so viele Maler kopierten und die auch der Kupferstich für die Verehrer ihrer eleganten Feder vervielfältigte.

In dem Lichtkreise rings um den Flügel unterschied man mehrere Köpfe von außergewöhnlicher Bedeutung. *Heine*, der trübsinnigste der Humoristen, lauschte mit dem Anteil eines Landsmannes Chopins Erzählungen über das geheimnisvolle Land, in dem auch seine ätherische Phantasie gern verweilte und dessen liebliche Gefilde sie durchstreift hatte. Chopin und er verstanden sich schon mit halb ausgesprochenen Worten und Tönen.

An jenem Abend, von dem wir sprechen, saß an Heine's Seite *Meyerbeer*, für den alle Ausdrücke der Bewunderung längst erschöpft sind. Er, der Urheber harmonischer Cyklopenbauten, konnte stundenlang mit Wohlgefallen dem leichten Spiel der Arabesken folgen, die Chopin's Gedanken wie mit einer durchsichtigen Blonde umhüllten.

Etwas entfernter saß *Adolf Nourrit*, der edle, enthusiastische und doch so strenge Künstler. [...]

Auch *Hiller* war zugegen. Seine Begabung war der der damaligen Neuerer, insbesondere Mendelssohn verwandt. Wir kamen häufig bei ihm zusammen. [...]

Eugène Delacroix, der Rubens der damaligen romantischen Schule, stand verwundert und in sich gekehrt vor den Erscheinungen, welche die Luft ringsum erfüllten und deren leise Berührung man zu spüren vermeinte. Fragte er sich, welche Palette, welche Pinsel und Leinwand er wählen müsse, um ihnen das Leben seiner Kunst zu leihen? Ob er dazu wohl einer von *Arachne* gewebten Leinwand, eines aus den Augenwimpern einer Fee gefertigten Pinsels, einer mit dem Farbenduft des Regenbogens bedeckten Palette bedürfe? Lächelte er über sich selbst bei solchen Gedanken, oder gefiel es ihm, sich ganz dem Eindruck, der sie hervorrief, hinzugeben, da auch er, gleich anderen großen Talenten sich gerade durch die mit ihm kontrastierenden Erscheinungen angezogen fühlte?

Mit finster schweigendem Ernst und marmorner Bewegungslosigkeit hörte der bejahrte *Niemcewicz*, der unter uns allen dem Grab am nächsten zu stehen schien, seinen eigenen »historischen Gesängen« zu, die Chopin für ihn, den zurückgebliebenen Zeugen einer vergangenen Zeit, mit dramatischem Leben beseelte. [...]

Von den andern getrennt, düster und stumm, hob sich *Mickiewicz'* unbewegliche Silhouette ab. Dem Dante des Nordens dünkte stets »bitter das Salz der Fremde und ihre Stufen schwer zu erklimmen«. Umsonst mochte ihn Chopin an ›Grazyna‹ und ›Wallenrod‹ mahnen, seine Gegenwart allein bezeugte, daß er sie verstand. Mehr, so meinte er mit Recht, dürfe Niemand von ihm verlangen.

Mit aufgestütztem Arm in einen Sessel zurückgelehnt, sah man Frau *George Sand*, in regster Aufmerksamkeit gefesselt. Auf alles, was sie hörte, verbreitete sich der Widerschein ihres feurigen Genius, dem die nur wenigen Auserwählten verliehene Fähigkeit gegeben war, in allen Gestaltungen der Kunst und Natur das Schöne herauszuerkennen.

RICHARD WAGNER

»Die dramatische Musik ist weit über der deutschen ...« Über Hector Berlioz und Henri Vieuxtemps

AN FERDINAND HEINE, *Paris, 27. März 1841*

Mein verehrtester Heine,
Berlioz steht unter den Franzosen so ganz *allein* da, daß er, alles notwendigen Stützpunktes entbehrend, gezwungen ist, in einer phantastischen Irre umherzutappen, die ihm eine *schöne* Entwickelung seiner enormen Kräfte äußerst erschwert, ja vielleicht unmöglich machen wird. Er ist und bleibt eine ab-

gerissene Erscheinung, aber er ist Franzos in vollem Sinne des Worts. Wir Deutschen sind glücklich; denn wir haben unsren Mozart und Beethoven im Blute und wissen, wie wir unsre Pulse schlagen lassen sollen. Berlioz hat aber keinen Vorgänger, und er ist zu einem ewigen Fieber verdammt. Nichtsdestoweniger aber tun wir in Deutschland Berlioz ein himmelschreiendes Unrecht, wenn wir ohne den geringsten Grund ihn uns als einen Scharlatan vorstellen. Im Gegenteil steht seine äußere Erscheinung in einem seltenen Einklange mit seinem inneren Genius. Was er gibt, gibt er aus seinem innersten Innern, er verzehrt sich und ist der einzige französische Komponist, der nach seinem Succès nicht fett wird. Er ist eine hochpoetische Natur, und dies ist um so wunderbarer, da er im übrigen so ganz Franzos ist und sich nur in den äußersten Extremen aussprechen kann. Es ist nicht lange her, daß ich meine Ansicht über Berlioz begründete – eigentlich erst, seit ich vor ungefähr 3 Monaten seine Symphonie Fantastique hörte. Zugleich aber habe ich dabei auch gefunden, daß eine große Rechtfertigung für die exzentrischen Mittel, sich äußerlich auszusprechen, in den verführerischen Kräften des Orchesters liegt, für das er komponiert; unwillkürlich hat er sich verleitet gefühlt, die instrumentale Musik in die Virtuosität hinüberzuführen. – Auf einem andren Wege tut dies Vieuxtemps auch, nur fing dieser von dem andren Extreme an. Er reduziert die Virtuosität, und wenn ich Vieuxtemps' späteres Wirken beurteilen soll, wie ich es voraussehe, so wird dies ein reduktives sein und sein Triumph darin bestehen, daß er auf die Urverhältnisse der keuschen Schönheit *zurückführt*. Vordringen und erweitern wird jedoch Vieuxtemps nicht; seine Leistungen werden stets nur negativen Wert erhalten. Zum Schaffen fehlt ihm die *Leidenschaft*; obgleich 20 Jahre alt, ist er doch schon Mann; er hatte keine Jugend; ihm ist das Reich der Ahnung unbekannt, er sieht überall Tag und kann deshalb die Wonne der Wärme nicht fühlen. [...] Berlioz steht, wie ich sagte, völlig allein; – das Übelste aber ist hier die rasende Oberflächlichkeit, der sich alles überliefert, was dem Publikum gefallen will; jeder opfert ihr seinen innern Wert auf und wird platt mit Überzeugung. Und dennoch – ich gestehe es – ist die dramatische Musik der Franzosen weit über der deutschen. [...] Ist es möglich, daß die Ansichten der deutschen Komponisten über Gesang und Melodie sich dahin verirrt haben, daß sie glauben, dem melodiösen Bedürfnis Vorschub zu leisten, wenn sie die ordinärsten Konversations-Phrasen, als: »wie geht's dir?«, »wo kommst du her?« zu gewissen thematischen Ausspinnungen verwenden, die *da* einen scheinbaren Fluß unterhalten sollen, wo kurze, markige Striche von der Natur verlangt werden? – Natürlich sind dann auch immer die melodiösen Ergüsse darnach; das, was wir sehr gut »Nölerei« nennen, entsteht daraus, und aus dem Gesang wird *Singerei*. Dramatische Wahrheit ist aber das, was am fernsten bleibt, und wenn sich die Franzosen auch noch so weit in ihren tausend koketten Nuancen verlieren, so verstehen sie es doch immer, am rechten Ort mit einem kurzen Strich abzufertigen, was keiner weiteren Ausdehnung fähig ist.

Karl Kraus

Verzauberung der Gegenwart
Über Jacques Offenbach

Dem Genie Offenbachs gelingt selbst die Verzauberung der dem Verständnis erreichbaren, mit den Sinnen greifbaren aktuellsten Gegenwart seiner Lebzeit. Darum ist ›Pariser Leben‹ sein stärkster Geniebeweis. Es spielt in dem Jahr, in dem es auf der Bühne erschien. Wenn ich nun als Vortragender die närrische Erotik und Königsposse einer unkontrollierbaren Vorzeit wie im ›Blaubart‹, wenn ich den Hohn einer militaristischen Wahnwelt in der ›Großherzogin‹ vertreten kann, was ginge mich, der zwischen Shakespeare, der Pandora und den eigenen Schrullen einer Sprachlehre die unzugänglichsten Geistesgüter verwaltet, ein noch so brillant musiziertes Pariser Lebemannsabenteuer an? Alles mögliche schon den Nachbildner gegebener oder gewesener Welten, wenn es bloß die gültige Gestalt eines Stücks Freudenwelt, eines Beispiels verflossener Anmut wäre. Aber es ist, mit jener Kraft der Entstofflichung, die den Nachfahren der Operette gemangelt hat, die merkwürdigste Zauberposse, die dem Zauberer je gelungen ist. Denn wie noch ungleich wundersamer war es, statt Götter und Helden, statt Kartenkönige und Märchenprinzen in Menschen, eben diese in Marionetten zu verwandeln. Hier, wo die Operette mit der Oper schon sich selbst travestiert, tritt die Narrheit des gegenwärtigsten Lebens in so verkürzte Erscheinung, daß ein Expressionist Genie haben müßte, um zu solcher Albernheit imstande zu sein, wie sie sich da auf der Ankunftseite eines Pariser Bahnhofs, in der Vorhalle zum Paradies, abspielt, wo die Fremden kaum aus dem Coupé gestiegen sind, um sich in den »Strudel Strudel« zu stürzen, schwedische Ehegatten gleich ihre Sonderwünsche äußern, ein Brasilianer mit allem verfügbaren Schmuck und Bargeld die schon wartenden Grisetten bewirft und das Leben beinahe so unwahrscheinlich ist, wie es ist. Diese Raum- und Zeitverkürzung, diese Folgerichtigkeit im Irrationalen, diese Verwandlung des Lebensfaktums ins blaue Wunder konnte nur in einem musikalischen Rausch gelingen, der wohl der hinreißendste ist, der jemals auf einer Szene entfesselt wurde. Wie nüchtern in solchem Vergleiche die in allen Motiven des Rausches getreue Nachbildung einer ›Fledermaus‹, wo eben der Zauber ungetan ist, weil die an und für sich künstlerisch hochwertige Musik eines Undramatikers, selbstgenügsam und unverbunden, neben einem Text einherlebt, dessen unverwandelte Materie der Verstandeskontrolle ausgesetzt bleibt. ›Pariser Leben‹: eine Orgie lebendigster Narrheit aus einer ganz gegenständlichen Handlung heraus (darum sträflich jener Versuch einer Sprechbühne, sie mit musikalischer Verkümmerung, mit Ausmerzung des Chors, in ein Vaudeville, ein Liederlustspiel zurückzuverwandeln); die ›Fledermaus‹: reales Lustspiel mit Gesang, der eigentliche Ausgangspunkt der Richtung, die über den ›Opernball‹ zur ›Lustigen Witwe‹, zum Greuel der Salonoperette geführt hat. Alle Essenzen, die das eigenste, unnachahmliche Wesen Offenbachs bilden und Werke wie ›Blaubart‹, ›Die Großherzogin von Gerolstein‹, ›Die Prinzessin von Trapezunt‹ zwischen ›Helena‹, ›Orpheus‹, ›Hoffmanns Erzählungen‹ und den vielen verschollenen Kostbarkeiten (wie ›Schönröschen‹ und ›Die Zaubergeige‹) zum amor et deliciae eines besseren Theatergeschlechts gemacht haben – in ›Pariser Leben‹ sind sie wahrlich zu einem Eßbukett von betäubender Wirkung vereinigt. Und die unnachahmliche Doppelzüngigkeit dieser Musik, alles zugleich mit dem positiven und dem negativen Vorzeichen zu sagen, das Idyll an die Parodie, den Spott an die Lyrik zu verraten; die Fülle zu allem erbötiger, Schmerz und Lust verbindender Tonfiguren – hier erscheint diese Gabe am reichsten und reinsten entfaltet. Es ist der Gipfel eines Genres, worin sich das Unnatürliche so von selbst versteht wie daß im Versdrama Leben und Sterben im Hochschritt des Sprachgedankens geschehen. Enthielte dieses Werk nichts als den musikalischen Champagnertaumel des Domestikenfestes (den man sich wohl kaum durch eine, in der Fledermaus-Soiree mögliche »Konzerteinlage« unterbrochen denken könnte), so wäre es noch immer ein Schatz der heiteren Bühne. Aber es enthält unter all den Perlen die Briefarie der Metella, jenes unbeschreiblich süße Gedicht, das den entfernten Schreiber – den armen Baron Frascata, der im Norden von den Pariser Seligkeiten träumt und an deren Spenderin den Überbringer empfiehlt – in seinem rührenden Nichtvorhandensein zu der einprägsamsten Gestalt des Stückes macht. Dies, als einen der stärksten Augenblicke, die das Bühnendasein überhaupt kennt, und alles rund herum, was das aus den Abenteuern der Herren Gardefeu und Gondremark gediehen ist, die als solche unsereinen sonst blutwenig angingen, reklamiere ich als »Theater der Dichtung« im besten, edelsten Sinne.

KURT TUCHOLSKY

»Aber ER!«
Maurice Chevalier

Der männliche Mistinguett heißt Maurice Chevalier und wohnt abends von zehn bis zwölf Uhr im Palace (Faubourg Montmartre; Telefon: Bergère 44 37). Das ist ein ausgezeichneter Knabe.

Die Revue, darin er tanzt, singt, grinst und spricht, und die den überraschenden Titel *›Vive la femme!‹* trägt, ist die übliche Ansammlung von buntem Kitsch, annehmbaren Moden, amüsanten Tricks, nackten Frauen, die sich sogar die Brüste schminken, kreisrund, lackrot – kurz: das hat die Welt durchaus gesehen. Aber ER!

Aussehen sieht er aus wie ein uneheliches Kind von Beckersachs, Lamberts-Paulsen, Westermeier, auch Giampietro soll einmal in diese Sache mit Lola verwickelt gewesen sein. Aber geerbt hat er von der Majorität seiner Väter zum Glück gar nichts. Er siegt mit der Frechheit. Er ist der Mann, der haut, der Mann, der auch einmal Geld nimmt, wenn er genug gegeben hat – er ist der Überlegene, der da siegt. In seiner leicht vorgeschobenen dünnen Unterlippe ist die freche Gutmütigkeit von Jannings, und leicht ist er, so leicht! Er schwitzt nicht. Endlich einmal ein Komiker, der nicht schwitzt.

Er macht so, was man so macht: einen lustigen Boxkampf, zu dem ihm unendlich viel eingefallen ist; er singt kleine freche Liedchen; er macht Späßerchen mit allerhand Sachen aus einem Koffer; er hüpft ›Humpa-Humpa-Humpa‹ ein gespieltes Couplet, bei dem die Refrains nur pantomimisch getanzt werden – leicht, wie leicht! Und dann singt er mit einer kleinen Dame ein Duett.

Wie allemal gleiten sie ganz unvermerkt ins Couplet hinein, spielen sich hinein, tanzen hinein, keine feierliche musikalische Einleitung kündigt den ›Schlager‹ an. Die Partnerin, das Fräulein Vallée, kommt angetänzelt und fragt ihn: »Dites donc, Monsieur Chevalier...« – »Quoi donc?« antwortet er freundlich, »quoi donc?« Sie möchte etwas wissen. In jeder Strophe möchte sie etwas wissen. Warum die jungen Bräute nicht bei den jungen Bräutigams liegen dürfen? Er sagt es ihr. Warum haben die neuesten Moden eine künstliche Ausbuchtung an der Südseite der Dame? Er sagt es ihr. Und immer, wenn er ihr eine recht unverschämte Antwort gegeben hat, bestätigt sies knirschend. Also so: »Ah, Monsieur Chevalier – ah, Monsieur Chevalier!« Er, schon etwas gereizt, aber immer noch gutmütig: »Na, was denn – na, was denn?« – »Warum tragen die weiblichen Statuen auf den Plätzen keine Feigenblätter?« – »Weil«, antwortet er, immer im Takt, »mein gutes Kind, weil man diese Feigenblätter eins, zwei, eins, zwei, nirgends aufhängen könnte!« Und nun sie, beese, geschlagen, zornig: »C'est bien vrai, Monsieur Chevalier!« Und er, grinsend, tanzend, strahlend und mit vorgeschobener Unterlippe: »C'est bien vrai, Mam'zelle Vallée – c'est bien vrai, Mam'zelle Vallée!« Und so zehn Mal.

Also – wie der Kenner gleich erkennt – der gute alte Mister Gallagher and Mister Shean, jenes berühmte amerikanische Couplet mit dem Welterfolg. Also eine Kopie. Aber wie kopiert, mit welchem Federgewicht, mit welcher Komik in den Details, was er alles macht, wenn er antwortet, immer im Takt, immer im Takt: manchmal bleibt ihm vor Verlegenheit, vor Angst, vor Ratlosigkeit, die Stimme im langen Halse stecken: »Mam'zelle Vallée... Mam'zelle Vallée...« Und sie immer böser, immer fauchender, immer schnaubender: »C'est bien vrai – Mossjöh Schschschevalier!« mit dem Ton auf der ersten Silbe. Das Duett liegt ganz am Schluß, das Haus ist ein Lachen und eine Freude. Diese himmlische Couplet-Idee hat ein berliner Schauspieler vor einem halben Jahr seinen Theaterdirektoren vorgeschlagen, und es zeugt für die armselige Phantasielosigkeit und die grundsätzliche Opposition dieser Operettenfabrikanten, daß sie es als ›unmöglich‹ ablehnten.

Nun werden sie herumreisen, und dann werden sie es sehen, und erst dann werden sie es – und wie! – kopieren.

Chevalier – aber vielleicht kennen Sie ihn? Er war kriegsgefangen in Deutschland, er wurde dann ausgetauscht, die Mistinguett soll daran nicht ganz unschuldig sein (son bisken Theaterklatsch ist doch zu was Schönes). Und nun bekommt er achtzigtausend Francs im Monat (»Das ist – achtzig, zweiundzwanzig, vierundeinhalb, macht ... Donnerwetter! Das ist ja mehr als Prominentengage!« Ja), entzückt ganz Boulevard-Paris, das Palace ist knüppeldickevoll, und wenn man ihn fragte, wie er das macht: »Dit's moi, Monsieur Chevalier ...?« so wird er Ihnen schon, immer im Takt, eins, zwei, eins, zwei, ein Ding von einer Antwort hinlegen.

V.

»Wirklich herrlich, voller wunderbarer Dinge«
Die Welt der Literatur und der Literaten

Sándor Márai

Weihrauch und Blut
François Villon

Beobachte ihn unbemerkt und in dem Augenblick, da er nach Paris zurückschleicht; vorsichtig, unter dem tief in die Stirn gezogenen Hut unschuldig blinzelnd, hervorlugend, passiert er das Stadttor, denn die Häscher des Procureur du Roy sind hinter ihm her, denn Colin, der Schurke, hat in der Folterkammer gestanden, denn er hat bereits das Testament geschrieben, denn Margot, die Dicke, Marta, Jehan Cotart und all die Pariser Mädchen und Männer haben ihn verlassen. Dreißig ist er bereits gewesen; er altert. Es quält ihn das Gliederreißen durch Krankheit und Erinnerung, durch die Flucht und das Ungeziefer diverser Leidenschaften. Seine Gedichte hat er geschrieben, mit leichter Hand: Er ist der erste Dichter der Weltliteratur, der dies ganz ist, mit Haut und Haar, auch unter dem Galgen, weiß alles, was Mallarmé später am Schreibtisch wußte, und dennoch ist er nur so ganz nebenbei ein Dichter, selbst wenn er nur Spottverse schmiedete, wie Strauchdiebe zwischen zwei Raubzügen oder zwei Gängen zum Galgen. Auf der Straße kennen ihn die Mädchen von Paris wieder. Sie verpfeifen ihn nicht. »Armer Villon!« Seine Zähne sind faul, das Gebiß voller Lücken, zerlumpt sein Gewand. An der Kirche vorüber, bekreuzigt er sich, am Bordell vorbei, kehrt er ein, an der Kneipe: da bleibt er hängen. Das Mittelalter dampft rings um ihn, mit Glaube und Leidenschaft, Duft und Gestank, mit Weihrauch und rinnendem Blut, mit Hurerei und Demut. Ja, er ist bereits dreißig. Erinnert sich, daß er gern einmal jemand gern gehabt hätte. Aber es haben immer nur die Dienstmägde geholfen. Er bekreuzigt sich, dann kreuzt er mit Würfelspielern die Klinge. Dann verlangt er Tinte und Feder und beginnt mit zittrigen Händen auf den Kneipentisch zu schreiben: »J'sens mon cœur qui s'affoiblit ...«, schreibt er. Und: »Premier, je donne ma povre ame ...« Langsam wird es dunkel um ihn. Nur seine Stimme ist zu hören, sein heiseres Fluchen und Lamentieren. »Item, mon corps j'ordonne et laisse, A nostre gran mere la terre« – wimmert er. Unsere Augen füllen sich mit Tränen. Unser wilder Bruder ist er, der mit Blut geschrieben hat.

VIRGINIA WOOLF

Ein Turm, ein Garten, sein Zimmer Château St. Michel de Montaigne bei Bordeaux

Tagebuch, 25. April 1931

Läuteten an der Schloßtür. Niemand kam. Frauen versorgten Kühe in uralten Ställen. An einem Ende ein Turm. Ein Garten mit blühenden Bäumen. Das übliche renovierte spitz zulaufende & schwarz gedeckte Château: über der Tür Que S'caisje – Eine Frau kam. Führte uns eine enge Steintreppe hinauf, ausgetreten; öffnete eine dicke nagelbeschlagene Tür. Das hier ist sein Schlafzimmer; das ist sein Ankleidezimmer. Hier ist er gestorben. Hier ging er hinunter – er war sehr klein – zur Kapelle. Oben wieder ist dann seine Bibliothek. Die Bücher & Möbel sind in Bordeaux. Hier ist sein Stuhl & Tisch. Er schrieb diese Inschriften auf den Balken. Ganz bestimmt, das war sein Zimmer; ein Stück von einem alten Holzstuhl könnte seiner gewesen sein. Ein kreisrunder Turm, sehr dick; 3 kleine Fenster blicken an der Mauer entlang auf einen anderen Turm. Alles was von dem Feuer übrigblieb, d. das alte Château 1880 niederbrannte – oder etwa zu der Zeit. Wir spazierten über die Terrasse. Sahen die Weingärten darunter, die angelegten roten Berge & Terrassen: ein oder zwei brütende braune Bauernhöfe – ganz wie sein Blick – der wißbegierige alte Mann muß stehengeblieben sein, um das zu betrachten, was wir sahen. So reizend jetzt; wie damals. Amerikaner &c. An jedem Tag des Jahres sagte die Frau. Ein Hund kam mit uns, holte eine Kastanie & legte sie zum Werfen auf die Brüstung.

OTTO FLAKE

Voltaire – ein Fehlurteil

Im Vestibül der Comédie-Française, dieser Hüterin französischer Kulturtradition, sitzt fast lebensgroß, in ein antikisch-zeitloses, bis auf die Füße herabfallendes Gewand gehüllt, den schmalen Kopf beobachtend seitlich vorgebeugt, François-Marie Arouet, der sich selbst *Voltaire* nannte und unter diesem Namen in die Geschichte eingegangen ist. Diese Statue, das Werk Jean Antoine Houdons, eines der besten Physiognomen unter den Bildhauern, wirkt wie die Verkörperung des Génie Français schlechthin. In ihr scheint jenes Empfinden Dauer gewonnen zu haben, aus dem heraus die französische Nationalversammlung 1791 den Leichnam Voltaires, der nach seinem Tode aus Furcht vor unwürdiger Verscharrung bei Nacht und Nebel hatte aus Paris geflüchtet werden müssen, in triumphalem Zuge ins »Pantheon«, das neu geschaffene französische Nationalheiligtum, heimholen ließ.

Mag während der ersten Restauration dann auch sein Sarkophag unter geheimnisvollen Umständen profaniert worden sein, so daß seine Gebeine seitdem verschollen sind, so bezeichnet doch der Name Voltaire für unsere westlichen Nachbarn heute noch nicht nur einen großen Autor, sondern einen Gegenstand des Nationalstolzes.

In der Tat ist Voltaire derjenige, dessen Wirken – ungeachtet seiner persönlichen Fehden mit seinem Heimatland – im 18. Jahrhundert wohl am meisten zum Triumph des französischen Geistes in der ganzen zivilisierten Welt beigetragen hat. Aber darin bekundet sich doch zugleich mehr als eine spezifisch nationale Eigenschaft, geschweige denn etwa nationalistische Enge.

Es bekundet sich darin, daß Voltaire in gewissem Sinne auch die Inkarnation des Zeitgeistes war: der Bannerträger jenes »Siècle de la Lumière«, worin sich der menschliche Verstand erstmals mündig und frei von höheren Bevormundungen empfand. Die helle, wache, gespannte Geistigkeit dieser Epoche, ihr Selbstbewußtsein und ihr aggressiver Spott gegen alle Arten von Dunkelmännerei hat wohl in niemandem einen faszinierenderen Ausdruck gefunden als in Voltaire. [...]

Die abendländische Tradition ist wesentlich durch das Christentum mitgeprägt. Wenn also Voltaire Sinn für die echten Werte der Tradition gehabt haben soll, so kann seine Einstellung zum Christentum offenbar nicht rein negativ gewesen sein. [...] Der Zögling der Jesuiten, der seinen Lehrern zeitlebens ein respektvolles Andenken bewahrte, hat nicht nur persönlich den Sakramenten seine Huldigung nie versagt, sondern auch bis ins Alter freundschaftliche Beziehungen zu einzelnen ehrwürdigen Vertretern der Kirche unterhalten. Was er leidenschaftlich anzugreifen und anzuprangern nicht müde wurde, war die in der Atmosphäre von Barock und Rokoko korrumpierte Kirche, und dieser Kampf war nur die Kehrseite eines nicht minder intensiven gegen geistige und moralische Verderbtheit im weltlichen Bereich.

Es kennzeichnet die Einstellung Voltaires, daß Ruhm und Reichtum ihm nie zur Erhöhung des eigenen Wohlbehagens dienten, sondern zur Sicherung jener Unabhängigkeit, aus der heraus er furchtlos für Verleumdete und Verfolgte sich einsetzte. [...] Hier appelliert Voltaire wörtlich »nicht mehr an Menschen, sondern an Dich, Du Gott aller Wesen, aller Welten und aller Zeiten, wenn schwache Geschöpfe, verloren in der Unendlichkeit und unsichtbar für den Rest des Weltalls, es wagen dürfen, Dich um etwas zu bitten. An Dich appelliere ich, der Du uns alles gegeben hast, was wir haben; an Dich, dessen Ratschlüsse so unwandelbar sind, wie sie ewig sind. Geruhe, mitleidig auf die Irrtümer herabzusehen, die mit unserer Natur verbunden sind, damit diese Irrtümer uns nicht zum Unheil werden. Du hast uns nicht Herzen gegeben, damit wir hassen, oder Hände, damit wir einander erschlagen. Gib, daß wir einander die Last dieses mühseligen und vergänglichen Lebens tragen helfen; daß die geringfügigen Unterschiede zwischen all unseren unzureichenden Sprachen, zwischen all unseren törichten Gewohnheiten, zwischen all unseren unvollkommenen Gesetzen, zwischen all unseren sinnlosen Meinungen, zwischen allen Zuständen des Lebens, die uns so ungleich erscheinen, die aber vor Dir so gleich sind – gib, daß alle schwachen Schatten von Unterschieden zwischen den Atomen, die wir ›Menschen‹ nennen, nicht länger mehr die Signale zu Haß und Verfolgung sind ... Laß alle Menschen daran denken, daß sie Brüder sind ... Hilf uns, daß wir den vergänglichen Augenblick unseres Daseins dazu gebrauchen, um in tausend verschiedenen Zungen Deine Güte zu preisen, die uns diesen Augenblick geschenkt hat.«

Hier spricht offensichtlich kein Atheist, sondern ein Mensch, dessen die Grenzen von Raum und Zeit überschreitende Frömmigkeit seltsam modern anmutet. [...] Das gilt vornehmlich für den Geschichtsforscher und Geschichtsdarsteller Voltaire, der erstmals in großem Stil die bis dahin herrschende Betrachtung der »Haupt- und Staatsaktionen« zu Gunsten großer kulturhistorischer Zusammenhänge überwand und mit seinem ›Essai sur les Mœurs‹ zum Bahnbrecher einer neuen Geschichtsauffassung wurde, der fortan alle Kulturhistorie verpflichtet bleibt. In solchen Leistungen offenbart sich die Zukunftsträchtigkeit eines Aufklärers, der nie der Seichtheit eines platten Fortschrittsoptimismus verfiel, vielmehr die Kehrseiten der vermeintlich »besten aller Welten« in seinem berühmten ›Candide‹ mit ätzender Schärfe karikierte, und der trotzdem den Glauben an den Sieg der göttlichen Vernunft des Menschen nicht aufgab. Und der, was vor allem wichtig ist, sich durch alle Erkenntnis des Bösen auf Erden nicht den Mut und die Energie rauben ließ, an seinem Teil für das Gute zu wirken – ob im kleinen Bereich seines Gutes Ferney oder weltweit als Anwalt der Erniedrigten und Beleidigten.

Carlo Goldoni

»Lassen Sie sich nicht stören, meine Frau hat zu tun«
Besuch bei Jean Jacques Rousseau

Es war etwa um jene Zeit, daß Herr Rousseau aus Genf wieder nach Paris kam; alle beeilten sich, ihn aufzusuchen, aber er war nicht für alle sichtbar. Ich kannte ihn nur dem Namen nach, doch hatte ich große Lust, mich einmal mit ihm zu unterhalten, und gern hätte ich mein Stück einem Manne gezeigt, der in der französischen Sprache und Literatur so wohlbewandert war.

Man mußte sich vorher bei ihm anmelden, wenn man eines guten Empfanges sicher sein wollte. Ich entschließe mich also, ihm zu schreiben, und drücke ihm den Wunsch aus, seine Bekanntschaft zu machen. Er antwortet mir sehr höflich, daß er das Haus nicht verlasse und nirgends hingehe, doch wenn ich die Mühe nicht scheuen würde, in der Rue Plâtière, Hotel Plâtière, vier Treppen hoch zu steigen, so würde ich ihm das größte Vergnügen machen; ich nehme seine Einladung an, und ein paar Tage später gehe ich hin. [...]

Ich gehe also im bezeichneten Hause in den vierten Stock hinauf und klopfe an. Es wird geöffnet; ich sehe eine weder junge noch hübsche noch einnehmende Frau vor mir.

Ich frage, ob Herr Rousseau zu Hause sei.

»Er ist da, und er ist nicht da«, sagt die Frau, die ich höchstens für seine Wirtschafterin hielt, und fragt mich nach meinem Namen.

Ich nenne ihn.

»Sie werden erwartet, mein Herr«, sagt sie, »ich werde Sie meinem Manne melden.«

Gleich darauf trete ich ein; ich sehe den Verfasser des ›Emile‹ Noten abschreiben; das wußte ich im voraus, und ich bebte im stillen. Freimütig und freundschaftlich ist der Empfang: er erhebt sich und hält mir ein Heft hin.

»Sagen Sie mir, ob jemand so gut wie ich Noten abschreibt: ich wette, keine Partitur kommt so schön und regelmäßig aus der Presse wie aus meinen Händen. Wärmen wir uns doch«, fuhr er fort, und wir machten nur einen Schritt, um uns dem Kamin zu nähern.

Es brannte kein Feuer. Er verlangt Holz; Frau Rousseau bringt ihm welches. Ich stehe auf und biete der Dame meinen Stuhl an.

»Lassen Sie sich nicht stören«, sagt da der Gatte, »meine Frau hat zu tun.«

Mir blutete das Herz. Zu sehen, wie der Schriftsteller den Abschreiber und seine Frau die Dienstmagd machte, war mir ein trostloser Anblick, und ich konnte weder mein Erstaunen noch meine Verlegenheit verbergen; ich sagte aber nichts. Der Mann ist kein Dummkopf; er merkt, daß ich irgendwie bewegt bin, und fragt mich danach; ich muß ihm die Ursache meines Schweigens und meiner Bestürzung eingestehen.

»Was«, sagt er, »Sie beklagen mich, weil ich Noten abschreibe? Sie meinen, ich täte besser daran, Bücher zu schreiben für Leute, die nicht zu lesen verstehen, und bösen Journalisten Artikel zu verfassen? Sie irren sich. Ich liebe die Musik leidenschaftlich, ich schreibe ausgezeichnete Originalarbeiten ab; davon lebe ich, das macht mir Spaß, und das genügt mir. Aber Sie«, fuhr er fort, »was machen Sie denn? Sie sind nach Paris gekommen, um für die italienischen Schauspieler zu arbeiten; das sind ja lauter Faulpelze, die wollen von Ihren Stücken gar nichts wissen; gehen Sie wieder, fahren Sie nach Hause, ich weiß, Sie werden ersehnt, erwartet ...«

»Mein Herr«, unterbrach ich ihn, »Sie haben recht, ich

hätte Paris verlassen sollen, nachdem sich die italienischen Schauspieler so wenig um mich bekümmert haben. Aber andere Gesichtspunkte haben mich hier festgehalten. Ich habe soeben ein Stück auf französisch geschrieben ...«

»Ein Stück auf französisch geschrieben«, wiederholt er erstaunt, »was wollen Sie denn damit anfangen?«

»Es dem Theater anbieten.«

»Welchem Theater?«

»Der Comédie Française.«

»Sie haben mir vorgeworfen, ich vergeudete meine Zeit – aber Sie sind es, der seine Zeit fruchtlos vergeudet.«

»Mein Stück ist angenommen.«

»Ist es möglich? Nun, mich wundert das nicht; Schauspieler haben keinen gesunden Menschenverstand; sie nehmen an und lehnen ab, und um so schlimmer für Sie, wenn es gespielt wird.«

»Wie können Sie ein Stück beurteilen, das Sie nicht kennen?«

»Ich kenne den Geschmack der Italiener und den Geschmack der Franzosen – zwischen beiden klafft ein weiter Abgrund; und mit Verlaub – man fängt in Ihrem Alter nicht an, in einer fremden Sprache zu schreiben und zu dichten.«

»Ihre Gedanken sind richtig, mein Herr, aber Schwierigkeiten lassen sich überwinden. Ich habe mein Werk von gescheiten Leuten, von Kennern beurteilen lassen, und sie schienen damit zufrieden.«

»Man schmeichelt Ihnen, man täuscht Sie, man hält Sie zum Narren. Zeigen Sie mir Ihr Stück, ich bin offen und ehrlich und sage Ihnen die Wahrheit.«

So weit wollte ich ihn haben – nicht um seinen Rat zu erbitten, sondern um zu sehen, ob er auch nach der Lektüre meines Stückes auf seiner geringen Meinung von mir beharren würde. Das Manuskript befand sich bei dem Abschreiber der Comédie Française.

Johann Wolfgang von Goethe

»Qu'en dit Monsieur Göt?« Mit Napoleon im Gespräch

Unterredung mit Napoleon 1808, 2. Oktober

Ich wurde um elf Uhr vormittags zu dem Kaiser bestellt.

Ein dicker Kammerherr, Pole, kündigte mir an zu verweilen.

Die Menge entfernte sich.

Präsentation an Savary und Talleyrand.

Ich werde in das Kabinett des Kaisers gerufen. [...]

Trete ein.

Der Kaiser sitzt an einem großen runden Tische frühstückend; zu seiner Rechten steht etwas entfernt vom Tische Talleyrand, zu seiner Linken ziemlich nah Daru, mit dem er sich über die Kontributionsangelegenheiten unterhält.

Der Kaiser winkt mir heranzukommen.

Ich bleibe in schicklicher Entfernung vor ihm stehen.

Nachdem er mich aufmerksam angeblickt, sagte er: Vous êtes un homme. Ich verbeuge mich.

Er fragt: Wie alt seid Ihr?

Sechzig Jahr.

Ihr habt euch gut erhalten –

Ihr habt Trauerspiele geschrieben.

Ich antworte das Notwendigste.

Hier nahm Daru das Wort [...]

Er fügte sodann hinzu, daß ich auch aus dem Französischen übersetzt habe, und zwar Voltaires ›Mahomet‹.

Der Kaiser versetzte: Es ist kein gutes Stück, und legte sehr umständlich auseinander wie unschicklich es sei, daß der Weltüberwinder von sich selbst eine so ungünstige Schilderung mache.

Er wandte sodann das Gespräch auf den ›Werther‹, den er durch und durch mochte studiert haben. Nach verschiedenen ganz richtigen Bemerkungen bezeichnete er eine gewisse Stelle und sagte: Warum habt Ihr das getan? es ist nicht naturgemäß, welches er weitläufig und vollkommen richtig auseinander setzte.

Ich hörte ihm mit heiterem Gesichte zu und antwortete mit einem vergnügten Lächeln: daß ich zwar nicht wisse ob mir irgend jemand denselben Vorwurf gemacht habe; aber ich finde ihn ganz richtig und gestehe, daß an dieser Stelle etwas Unwahres nachzuweisen sei. Allein, setzte ich hinzu, es wäre dem Dichter vielleicht zu verzeihen, wenn er sich eines nicht leicht zu entdeckenden Kunstgriffs bediene um gewisse Wirkungen hervorzubringen, die er auf einem einfachen natürlichen Wege nicht hätte erreichen können.

Der Kaiser schien damit zufrieden, kehrte zum Drama zurück und machte sehr bedeutende Bemerkungen, wie einer der die tragische Bühne mit der größten Aufmerksamkeit gleich einem Kriminalrichter betrachtet und dabei das Abweichen des französischen Theaters von Natur und Wahrheit sehr tief empfunden hatte.

So kam er auch auf die Schicksalsstücke mit Mißbilligung. Sie hätten einer dunklern Zeit angehört. Was, sagte er, will man jetzt mit dem Schicksal? die Politik ist das Schicksal.

Er wandte sich sodann wieder zu Daru und sprach mit ihm über die großen Kontributionsangelegenheiten; ich trat etwas zurück und kam gerade an den Erker zu stehen, in welchem ich vor mehr als dreißig Jahren zwischen mancher frohen auch manche trübe Stunde verlebt. [...]

Der Kaiser stand auf, ging auf mich los und schnitt mich durch eine Art Manöver von den übrigen Gliedern der Reihe ab in der ich stand.

Indem er jenen den Rücken zukehrte und mit gemäßigter Stimme zu mir sprach, fragte er: ob ich verheiratet sei, Kinder habe? und was sonst Persönliches zu interessieren pflegt. Ebenso auch über meine Verhältnisse zu dem fürstlichen Hause, nach Herzogin Amalia, dem Fürsten, der Fürstin und sonst; ich antwortete ihm auf eine natürliche Weise. Er schien zufrieden und übersetzte sich's in seine Sprache, nur auf eine etwas entschiedenere Art als ich mich hatte ausdrücken können.

Dabei muß ich überhaupt bemerken, daß ich im ganzen Gespräch die Mannigfaltigkeit seiner Beifallsäußerung zu bewundern hatte; denn selten hörte er unbeweglich zu, entweder er nickte nachdenklich mit dem Kopfe oder sagte oui oder c'est bien oder dergleichen; auch darf ich nicht vergessen zu bemerken, daß, wenn er ausgesprochen hatte, er gewöhnlich hinzufügte: Qu'en dit Monsieur Göt?

Und so nahm ich Gelegenheit bei dem Kammerherrn durch eine Gebärde anzufragen ob ich mich beurlauben könne? die er bejahend erwiderte, und ich dann ohne weiteres meinen Abschied nahm.

SIGMUND FREUD

Napoleon und die »Josefsphantasie«

AN THOMAS MANN

Wien IX, Berggasse 19, 29. November 1936

Verehrter Freund

Die wohltuenden persönlichen Eindrücke von Ihrem letzten Besuch in Wien tauchen immer wieder in meiner Erinnerung auf. Unlängst legte ich Ihren neuen Band der Josefsgeschichte aus der Hand, mit dem wehmütigen Gedanken, daß dieses schöne Erlebnis jetzt vorüber ist, und daß ich die Fortsetzung wahrscheinlich doch nicht werde lesen können.

Durch das Zusammenwirken dieser Geschichte mit Ihren im Vortrag geäußerten Gedanken von der »gelebten Vita« und dem mythologischen Vorbild hat sich bei mir eine Konstruktion entwickelt, die ich zum Anlaß nehme, mich mit Ihnen zu unterhalten, als ob Sie hier im Arbeitszimmer mir gegenüber säßen, ohne daß ich aber eine höfliche Antwort oder gar eine eingehende Würdigung von Ihnen erreichen wollte. Ich nehme den Versuch selbst nicht sehr ernst, aber er hat einen gewissen Reiz für mich, etwa wie das Peitschenknallen für den ehemaligen Fahrknecht.

Nämlich, gibt es einen historischen Menschen, für den das Leben Josefs mythisches Vorbild war, so daß die Josefsphantasie als der geheime dämonische Motor hinter seinem komplexen Lebensbild erraten werden darf?

Ich meine, Napoleon I. ist diese Person.

a) Er war Korse, ein zweiter Sohn in einer Schar von Geschwistern. Der älteste der Brüder vor ihm hieß – Josef, und dieser Umstand wurde, wie sich nun einmal Zufälliges und Notwendiges im Menschenleben verketten, schicksalhaft für ihn. In der korsischen Familie wird das Vorrecht des Ältesten von einer ganz besonders heiligen Scheu behütet. (Ich glaube, Alphonse Daudet hat dies einmal in einem Roman geschildert, im ›Nabab‹? Oder irre ich mich? Anderswo, oder war es Balzac?) Durch diese korsische Sitte wird eine normale menschliche Relation in die Höhe getrieben. Der ältere Bruder ist der natürliche Rivale, ihm bringt der kleinere eine elementare, unergründlich tiefe Feindseligkeit entgegen, für die spätere Jahre die Bezeichnung Todeswunsch, Mordabsicht passend finden mögen. Josef zu beseitigen, sich an seine Stelle zu setzen, selbst Josef zu werden, muß die stärkste Gefühlsregung des kleinen Kindes Napoleon gewesen sein. Es ist merkwürdig und man versteht [nicht ganz], aber es ist sicher beobachtet: gerade so exzessive, infantile Regungen neigen dazu, ins Gegenteil umzuschlagen. Aus dem gehaßten Rivalen wird ein geliebter. So auch bei Napoleon. Wir erschließen, daß er Josef zuerst glühend gehaßt hat, aber wir hören von später, daß er ihn am meisten von allen Menschen geliebt und ihm, dem Wertlosen und Unzuverlässigen kaum je etwas übelnehmen konnte. Der Urhaß war also überkompensiert worden, aber die damals entfesselte Aggression wartete nur darauf, auf andere Objekte verschoben zu werden. Hunderttausende gleichgültiger Individuen werden dafür büßen, daß der kleine Wüterich seinen ersten Feind verschont hat.

b) In einer anderen Schichte ist der junge Napoleon zärtlich an die Mutter gebunden und bemüht, den früh verstorbenen Vater in der Fürsorge um die Geschwister zu ersetzen. Kaum, daß er General geworden, wird ihm nahe gelegt, eine junge Witwe zu heiraten, die älter als er Rang und Einfluß besitzt. Es ist manches gegen sie zu sagen, aber wahrscheinlich wird es entscheidend für ihn, daß sie Josefine heißt. Kraft dieses Namens kann er auf sie ein Stück der zärtlichen Bindung übertragen, die er für den älteren Bruder fühlt. Sie liebt ihn nicht, behandelt ihn schlecht, betrügt ihn, aber er, der Despot, sonst zynisch kühl gegen Frauen, hängt ihr leidenschaftlich an, verzeiht ihr alles; er kann nicht böse auf sie werden.

c) Die Verliebtheit in Josefine Beauharnais war zwangsläufig wegen des Namens, aber sie war natürlich keine Josefs-Identifizierung. Diese tritt aber am stärksten hervor in der berühmten Expedition nach Ägypten. Wohin ander soll man gehen als nach Ägypten, wenn man Josef ist, der vor den Brüdern groß erscheinen will? Wenn man die politischen Begründungen für dieses Unternehmen des jungen Generals genauer prüft, wird man wahrscheinlich finden, daß sie nur gewaltsame Rationalisierungen einer phantastischen Idee waren. Mit diesem Zug Napoleons nimmt übrigens die Wiederentdeckung Ägyptens ihren Anfang.

d) Die Absicht, die Napoleon nach Ägypten getrieben hatte, wird in seinen späteren Jahren in Europa verwirklicht. Er versorgt die Brüder, indem er sie zu Fürsten und Königen erhöht. Der Nichtsnutz Jérome ist vielleicht sein Benjamin. Und dann wird er seinem Mythos untreu, er läßt sich von realistischen Erwägungen bestimmen, die geliebte Josefine zu verstoßen. Damit beginnt der Abstieg. Der große Zerstörer arbeitet nun an seiner Selbstdestruktion. Der waghalsige, schlecht vorbereitete Zug gegen Rußland bringt ihm den Untergang. Es ist wie eine Selbstbestrafung für die Untreue gegen Josefine, für den Rückschritt von der Liebe zur ursprünglichen Feindschaft gegen Josef. Und doch hat auch hier, gegen Napoleons Absicht, das Schicksal ein anderes Stück der Josefsgeschichte wiederholt. Der Josefstraum, daß Sonne, Mond und Sterne sich vor ihm verneigen, hatte dazu geführt, daß man ihn in die Grube warf.

Meine Tochter mahnt mich daran, daß ich Ihnen diese Deutung des dämonischen Mannes bereits mitgeteilt, nachdem Sie hier Ihren Aufsatz vorgelesen. Sie hat natürlich recht. Ich hatte es vergessen, und der Stoff war nach der Lektüre Ihres Buches wieder belebt worden. Und nun schwanke ich, ob ich diese Zeilen bei mir behalten, oder Ihnen doch mit vielen Entschuldigungen schicken soll.

Herzlich

Ihr Freud

Benno Reifenberg

Selbstgespräche mit Frauen
Über Henry Beyle, gen. Stendhal

Als einer der Löwen im Jardin des Plantes am Verenden war, wurden Declacroix und Stendhal, wie sie es gewünscht hatten, rechtzeitig herbeigerufen. Die beiden Männer sind oft bei den Raubtieren gewesen, Cuvier ließ sie an den ausgestopften und den lebenden Objekten studieren, Delacroix hat dort viel gezeichnet. Der Übergang der Wildkatze in die Todesstarre war eine zu seltene Erfahrungsgelegenheit, daß man sie nicht hätte wahrnehmen müssen. [...] Heute wirkt es als ein machtvolles Gleichnis, daß der Genius der modernen französischen Malerei und der leidenschaftliche Geist der modernen französischen Literatur gemeinsam vor den Gittern gestanden haben, hinter denen wilde Natur erlosch. [...]

Stendhal hat die Gesellschaft seiner Zeit so aufmerksam beobachtet wie die Raubtiere im Jardin des Plantes. Er erkannte, was an Heuchelei darin regierte, blieb aber besessen darauf, die Spielregeln auch der Heuchelei zu beherrschen. Nichts fesselte ihn mehr, als wenn er erleben konnte, wie ein starkes, natürliches Gefühl die Regeln über den Haufen warf. [...]

Er haßte die Höflinge, die »in sich hineinschauen und nichts finden, weshalb sie auf Neuigkeiten aus sind«, und er haßte die Bürger, die für Geld ihre Gesinnungen verkauften. Die Darstellung des absolutistischen Hofes in der ›Chartreuse de Parme‹ enthüllt die Grausamkeit und die damit verbundene Feigheit eines durch Polizeigewalt regierenden Fürsten genau so schonungslos, wie der Wahlkampf von Caen mit seinem Gemisch von gemeiner Gier und Angst in ›Lucien Leuwen‹ dem *juste milieu* die moralische Armseligkeit enthüllt. Stendhal haßte die Feigheit, wo immer er sie fand. [...] Er scheute die Phrase, und so konnte er Heuchelei von der Wahrheit unterscheiden. Deshalb haben seine Romane der Literatur Frankreichs eine ganz neue Rolle von außerordentlicher Tragweite vermacht: Er hat die Epoche gegründet, die durch Balzac und Flaubert mittels Romane zwar nicht erzogen, doch zu einer erstaunlichen Aufrichtigkeit gegen sich selbst gezwungen worden ist. [...]

George Sand, die einmal auf dem gleichen Dampfer mit Stendhal zusammen ein Stück die Rhône hinuntergefahren ist, schreibt, sie sei froh gewesen, sich von dem Mann bald getrennt zu haben: »Hinter seinem Wesen glitzerte Frauen gegenüber die Frivolität.« Schwerlich läßt sich von Stendhal etwas Verkehrteres sagen. Freilich gibt es bei ihm Züge des Sonderlings. [...] Manchmal wirkt alles, was Stendhal geschrieben hat, wie ein einziges endloses Selbstgespräch im Angesicht der geliebten Frau. Seine Phantasie von den Frauen hat ihm sicher mehr gegeben als je eine Frau selbst. Er wußte mehr von den Frauen, als je Frauen von sich wissen können. [...]

Stendhal war einsam, solange er lebte. Er war Gast in den begehrtesten Salons von Paris und Rom, aber er blieb allein und horchte über das Meer der Erinnerungen auf das Brausen seines Gefühls. Er war ohne Glauben und insofern ein echter Sohn des achtzehnten Jahrhunderts. Das Metaphysische verstummte vor ihm, [...] um so rascher drang seine Feder wie durch Dickichte in unermüdlicher Kühnheit nach vorn; in sehr strahlende und auch sehr dunkle Gefilde der menschlichen Seele. Ihm schien noch lange nicht genug gesagt, als der erste Schlaganfall anfing, ihm das Gedächtnis zu rauben. Seinem Freunde schrieb er damals das schauerlich aufrichtige Wort: »Ich habe das Nichts gestreift.«

ERNST WEISS

Im Kampf um den Menschen
Honoré de Balzac

Alles Menschliche hat seine Grenze. Balzac heißt Realist und sicherlich war er der erste, der die welt- und seelenbeherrschende Macht des Geldes und seine zeugende Kraft in der Kunst lebendig wirksam machte. Und doch war er blind gegen das Wahre der einfachsten Dinge und seine Blindheit war nicht Unwissenheit oder die natürliche Folge einer allzu flüchtigen, allzu eiligen Hand. Balzac wußte unermeßlich viel. Was ihm fehlte, war Logik. Daher die vielen Unwahrscheinlichkeiten, daher die vielen Unbegreiflichkeiten in der Führung fast jeden Schicksales, der »Bruch« in der Darstellung fast jeden Ereignisses. Aber das allein würde nichts bedeuten. Seine Welt zwingt gegen die Wahrscheinlichkeit, seine Menschen sind da, obwohl wir sie nicht begreifen. Denn ein Liebender hat sie geschaffen. Aber ist nicht dieser Mangel an Logik die Hauptursache dafür, daß Balzac die letzte Form versagt blieb? Niemand kann das schmerzlicher gefühlt haben als er selbst. Und doch! Szenen von homerischer Wesenheit verdanken wir ihm. Unter den nicht zählbaren Begegnungen seiner Menschenlegionen in den hundert Romanen gibt es hier und dort eine, die ewig bleibt. Ewig bleibt, obwohl sie nicht vollendet ist. Dies ist ihre Tragik. So kann man die Sehnsucht Balzacs nach der Mystik verstehen, seine Anbetung der *außerirdischen* Vollendung, da ihm nicht wie einem Flaubert die irdische im Maß gegeben war. Daher die laute Liebe zur Monarchie, als zur vollendeten Regierungsform. Solange er lebte, wurde Balzac nicht müde, Thron und Altar zu preisen, und das royalistisch-legitimistische System zu verteidigen. Aus dieser Wurzel kommt seine Sehnsucht nach dem Katholizismus, so sehr dieser Katholizismus im Widerspruch zu Balzacs magischer Erfassung der Welt (›Louis Lambert‹) stehen muß. Denn der äußere Bau der römischen Kirche ist das vollendetste Werk menschlicher Organisation auf geistiger Grundlage; man kann es verstehen, daß er durch sie überwältigt wurde.

Balzacs Kampf um den Menschen ist nichts als der Kampf um die Vollendung durch Liebe. Man muß seine herrlichen, mit nichts anderem vergleichbaren Briefe an Eveline von Hanska, seine ewige Braut (das war sie trotz späterer Heirat) gelesen haben, um zu begreifen, daß Balzacs Liebe kein rein sinnliches Problem war. Seine Sehnsucht galt nicht einem fetten Bratenstück aus des François Rabelais Küche. Seine Liebe war nicht nur der Trieb und Traum einer übergroßen Vitalität. Aber eine geheimnisvolle, mit Worten und Gründen nicht erfaßbare molekulare Strömung eines Menschen zum andern war sie, die man nur mit dem Fluidum vergleichen kann, wie es in Goethes ›Wahlverwandtschaften‹ zwischen den Seelen geistert und die stillen Körper in zauberhafter Umarmung beseelt. [...]

Misère war sein nimmermüder Stern, selten wurde er durch parvenühaften Luxus auf kurze Zeit verhüllt, aber nie wurde die furchtbare Ausstrahlung der Misère auch nur durch *ein* sorgenfreies Jahr unterbrochen. Und was für Anstrengungen hat dieser unselige Mann gemacht, um der Misère zu entgehen! Er hat Spekulationen genial ausgedacht, aber sie sind nie gelungen, da es Balzac an Logik fehlt, und man wohl im Jahre 1920, aber nicht 1820 ohne Logik ein Vermögen, eine »Million« erwerben kann. Da gibt es in Balzacs Hirn raffinierte Schiebungen mit Wechseln, Papieren, Häusern, geschriebenen und ungeschriebenen Romanen, Lotterieplänen, Silbergruben in Korsika und Ananasplantagen bei Paris – aber inmitten dieser Pläne, unter diesem giftigen Stern Misère geht seine Schöpfung auf, entsteht ein Werk. [...]

Er war einsam, er hauste für sich allein, ein Mönch von der strengsten Regel. Wie in seine Klausur die ungemessene Fülle von Tatsachen dringen konnte, das ist ganz ungeklärt geblieben. Mehr als das, es hat niemand – und das beschämt seine Kritiker, die ihn bei Lebzeiten totgeschwiegen, nach seinem Tode falsch gedeutet haben – es hat niemand im Ernst darnach gefragt.

FJODOR MICHAILOWITSCH DOSTOJEWSKIJ

Höchste Reinheit oder liederliches Leben? Erinnerungen an George Sand

Die letzte Nummer des ›Tagebuchs‹ vom Mai war schon gesetzt und im Druck, als ich in den Zeitungen vom Tode der George Sand las (sie ist am 27. Mai/8. Juni gestorben). So habe ich nicht Zeit gehabt, auch nur ein Wort von ihrem Tode zu sagen. Erst als ich diese Nachricht las, begriff ich, was dieser Name in meinem Leben bedeutet, wie viel Entzücken und Anbetung diese Dichterin von mir seinerzeit empfangen und wie viel Freuden und Glück sie mir gegeben hatte! Ich setze jedes dieser Worte ganz ohne Bedenken her, weil dies alles buchstäblich der Fall war. Sie ist eine von unseren *(d. h. unseren)* Zeitgenossinnen, eine Idealistin der dreißiger und vierziger Jahre. Es ist einer jener Namen unseres mächtigen, selbstbewußten und zugleich kranken Jahrhunderts, das voll ungeklärtester Ideale und unlösbarster Bestrebungen ist. [...] Viele werden natürlich lächeln, wenn sie lesen, welche Bedeutung ich der George Sand zumesse; aber die Lachenden werden im Unrecht sein; es ist schon recht viel Zeit darüber vergangen, und die George Sand ist als Greisin, siebzig Jahre alt, gestorben und hat ihren Ruhm vielleicht schon längst überlebt. Aber alles, was in der Erscheinung dieser Dichterin ein »neues Wort« ausmachte, alles, was darin »allmenschlich« war, all das machte seinerzeit bei uns in Rußland sofort einen starken und tiefen Eindruck, ging an uns nicht vorüber und zeigte, daß jeder bahnbrechende Dichter Europas, jeder, der dort mit einem neuen Gedanken und einer neuen Kraft auftritt, sofort auch zu einem russischen Dichter wird und nicht umhin kann, das russische Denken zu beeinflussen und zu einem fast russischen Faktor zu werden. [...]

Das Auftreten der George Sand in der Literatur fällt mit den Jahren meiner frühesten Jugend zusammen, und ich bin jetzt sehr froh, daß es schon so lange her ist, weil ich jetzt nach mehr als dreißig Jahren schon fast ganz offen darüber sprechen kann. Es ist zu bemerken, daß damals nur diese Art von Literatur, d. h. die Romanliteratur, bei uns erlaubt war, während alles andere, fast jeder Gedanke, besonders wenn er aus Frankreich kam, strengstens verboten war. Natürlich verstand man damals oft nicht mit richtigen Augen zu sehen; wo hätte man das auch lernen können: selbst Metternich verstand das nicht, geschweige denn seine russischen Nachahmer. [...] Die Romane waren aber dennoch wie am Anfang, so auch in der Mitte und selbst am Ende der Periode erlaubt. [...]

Man machte besonders den russischen Damen Angst damit, daß sie [George Sand] Beinkleider trage, man suchte das Publikum durch ihre Lasterhaftigkeit zu erschrecken und sie lächerlich zu machen. Ssenkowskij, der selbst die Absicht hatte, in seiner Zeitschrift ›Lesebibliothek‹ Übersetzungen aus der George Sand zu bringen, fing an, sie in der Presse Frau

Jegor Sand zu nennen und war anscheinend mit diesem Witz sehr zufrieden. Später, im Jahre 1848, berichtete Bulgarin, über sie in seiner ›Nordischen Biene‹, daß sie sich täglich mit dem Pierre Leroux in den Pariser Vorstädten betrinke und sich an den Orgien im Ministerium des Inneren beim Minister und Banditen Ledru-Rollin beteilige. Ich habe es selbst gelesen und kann mich darauf gut besinnen. Aber damals, im Jahre 1848, war die George Sand schon fast unserem ganzen lesenden Publikum bekannt, und niemand wollte Bulgarin glauben. In der russischen Sprache erschienen ihre Werke zuerst ungefähr in der Mitte der dreißiger Jahre; leider weiß ich nicht mehr, wann und welches ihrer Werke bei uns zuerst übersetzt worden ist; aber um so erstaunlicher ist wohl der Eindruck gewesen. Ich glaube, alle waren damals wie ich, der ich noch ein Jüngling war, von der keuschen, höchsten Reinheit der Typen und Ideale und von der bescheidenen Schönheit des strengen und gedämpften Tones der Erzählung ergriffen, – und diese Frau sollte Beinkleider tragen und ein liederliches Leben führen!

Alfred Kerr

Am Felsgrat auf Steinschwellen
Bei Flaubert

An irgend einer Brandung holt man Atem und denkt an den menschlichen, einst friedevollen Platz in der Normandie, wo man zuvor gesessen: Binnenland.

Obdach und Versteck eines Großen, gebürtig aus Rouen; verstorben zu Croisset, unweit hiervon … – und hat Lebensbücher geschrieben; und furchtlos geleuchtet.

Dort war es. Der Mann wohnte still in Croisset, auf dem Land; den Seinen gehörte die schattig baumreiche Besitzung am Fluß; am Seinefluß. Ein Haus stand im grünen Garten, der sich lang und blättervoll und ruhereich hinzog. Ein Fels war in diesem vernünftigen, gemäßigten Paradies der Wipfel. Grünes Felsgewände gab die Rückmauer des Parks …

Hatte Flaubert den Felsgrat auf Steinschwellen erstiegen, so dehnte sich oben der zweite Teil seiner grünen Besitzung.

Er sah in der Ferne die graugrünen Felsen am Hafen von Rouen mit dem Mastengewirr; er sah in der Ferne das steinerne Filigranwerk sonnig und feucht umdunsteter Normannenkathedralen (die im Mittagsschein verschwebten, am Abend stolz ergrauten …).

Er sah neben sich, oben, Waldabhänge mit halb verborgenen Schlössern im Grünen, er sah im Tal den Fluß, den Seinefluß; mit mildgrünem Glanz – und triefendem Laubwerk.

Es muß holder gewesen sein damals. Man erkennt es noch heut, wenn man die Reste findet. Ein altes Weiblein sagte mir: »Monsieur, à ce temps là, c'était le calme, c'était comme une île!« Damals war es still wie eine Insel.

Hier saß er in seinen Zimmern, rauchte schmale Pfeifen, schrieb auf bläuliches Papier klagende, tobende, lachende, stöhnende, schöpferhafte Briefe (die ein deutscher Musiker hätte geschrieben haben können).

Hier schrieb er seine Bände, sieben Jahre lang an einem. Er schrieb sie nicht, er »schuftet sie zusammen« – je pioche, je pioche, je pioche! ächzt er.

Und als das Werk, die erfolgarme Tat eines Einzigen, in Flüchen, mit Qual und Not unter Dach ist: da stößt er alle Viere von sich, »müde bis ins Mark« … und verreckt.

Es ist anders nicht zu bezeichnen. […]

Ich ging zu dem ehemaligen Koch des Dichters. Er hat zehn und ein halbes Jahr für Flaubert gekocht. In Croisset wohnt er und ließ an seinem Haus mit schwarzen Buchstaben anschreiben, daß er der frühere Koch Gustave Flauberts ist.

Schon ein betagterer Mann, dunkeläugig, mit grauschwarzem Vollbart. Sieht aus wie Treitschke, nur gesünder. Wir plauderten lange. Zu mehreren Malen. Ich fragte zwischendurch gelegentlich, ob er auch Maupassant, den jungen Liebling Flauberts, in Croisset gekannt. »Mais si je l' ai connu!!« Herr von Maupassant kam ja alle Nasen lang. Herr Flaubert hat ihn immer wie einen Sohn betrachtet. Die alte Madame de Maupassant, die Mutter von Herrn Guy, war es (wie zum Dank dafür), die Herrn Flaubert den letzten Dienst erwiesen hat ...

Das war eine Frau! Was Seltenes! Edel und fein im tiefsten Kern! die alte Frau von Maupassant ...

Von der Nichte, die längst aus der Gegend weg ist, nachdem sie ihren Commanville begraben, spricht Herr Colange, ohne scharfe Worte zu brauchen, in eisigem Ton.

Wackrer Koch! ... Sonst nehmen solche Leute hinterher den Mund voll und schwindeln allerhand hinzu. Der Koch Colange erzählt arglos, wie es dort zugegangen ist. Wie dick sein Herr gewesen; eine Zeitlang wog er über zweihundert Pfund ... Wenn Herr Flaubert zuletzt Geld verlor (seine Rente betrug wohl gegen fünfzehntausend Francs an Ererbtem, aber nur schätzungsweise), – so war der Grund seine Großmut, c'était son grand cœur.

Heftig war er bloß, wenn man ihm etwas durchkreuzte. Die alte Mutter, Madame Flaubert, sagte manchmal, wenn Flaubert »außer sich« schien (quand il etait emporté): »Lassen Sie ihn. Nichts erwidern. Den Willen tun.« Abgesehn davon war er ganz huldvoll ... [...]

Einmal sprachen wir von der Arbeitsweise des Verstorbenen. Er wußte davon allein, daß Herr Flaubert damals, wie er das Buch ... na, ›Education sentimentale‹ hieß es, schrieb, daß er damals halb gestört herumlief – surexcité (et surmené); Aufregungszustände.

Sonst ist ihm nicht viel aufgefallen ... Ja, einmal, als das

Buch ›Bouvard et Pécuchet‹ geschrieben wurde, traf er Herrn Flaubert nachts, wie er an der Mauer entlang schob ... und etwas mit den Augen suchte, was er wohl schriftlich abzeichnen wollte (wie ein Maler nach dem Modell malt), und schließlich sagte der Herr: »Ça y est!« ...

Aber sonst ist ihm nichts aufgefallen. [...]

Ich dachte fortwährend an die holde Madame Arnoux, die verschollen ist in der ›Education sentimentale‹ – bevor ihr Meister verschollen ist.

Ich verließ den schäbigen Gartenrest, der an das Wandeln des Schriftstellers G. Flaubert mahnt, ... geboren zu Rouen, gestorben zu Croisset, unweit hiervon.

Ich ging am Fluß entlang. Schön und reich trotz allem blieb die Natur. Mild und feucht und bergig ist es. Der nordische Himmel, der Nordmannenhimmel, hat sozusagen etwas Veredeltes hier. Ich sah auf das Wasser. Auf die Wipfel. Ich gedachte des Toten. In den Lüften lag ein wacher, mahnender, unvergeßbarer Glanz.

Thomas Mann

»Imposantes Neunzehntes Jahrhundert« Über Émile Zola

Émile Zola ist mir immer als einer der stärksten, von der Epoche am exemplarischsten geprägten Repräsentanten des neunzehnten Jahrhunderts erschienen. Einmal, vor Jahrzehnten schon, habe ich ihn zum unberechtigten Schrecken meiner Landsleute, der Deutschen, mit Richard Wagner verglichen: ich nannte die ›Rougon-Macquarts‹ mit dem ›Ring des Nibelungen‹ zusammen. Und gehören sie nicht zusammen? Die Verwandtschaft des Geistes, der Absichten, der Mittel selbst springt heute in die Augen. Es ist nicht nur der Ehrgeiz des Formates, der Kunstgeschmack am Grandiosen und Massenhaften, was sie verbindet, auch nicht nur, im Technischen, das homerische Leitmotiv (das man auch bei Tolstoi findet); es ist vor allem ein Naturalismus, der sich ins Symbolische steigert und enge Fühlung hat mit dem Mythischen. Denn wer wollte in Zolas Epik den Symbolismus und den mythischen Hang verkennen, der bei aller Drastik und ehemals skandalisierenden Brutalität des Wahrheitsdienstes seine Welt ins Überwirkliche hebt? Ist jene Aspasia des zweiten Kaiserreiches, Nana genannt, nicht ein Symbol und ein Mythus? Woher hat sie ihren Namen? Er ist ein Urlaut, ein frühes sinnliches Stammeln der Menschheit; Nana, das war ein Beiname der babylonischen Ischtar. Hat Zola das gewußt? Aber desto merkwürdiger und kennzeichnender, wenn er es nicht gewußt hat.

Seine mächtige Bürgerlichkeit, sein kolossales Arbeitsethos, seine Wissenschaftsfrömmigkeit, die eigentümliche Mischung, die bei ihm eine bis zum Wuchtig-Unflätigen gehende Düsternis der Weltschau einging mit der Fähigkeit zu hellem Glauben an schlichte Ideale und zum Einsatz der Person im Kampfe für sie: das alles ist imposantestes Neunzehntes Jahrhundert, und mit dem Mythus, dünkt mich, hatte es auch zu tun, oder, wenn man ein Synonym für »Mythus« vorzieht, mit Tradition. Denn so gut, wie der wüste Wahrheitsübermut seines epischen Werkes doch im Schutze der Tradition französischer Gesellschaftskritik stand, so gut war seine politische Aktion von 1898, das berühmte »J'accuse«, mit dem er in die Affaire Dreyfus eingriff, mythisch gedeckt durch französische Tradition. [...]

Gestehen wir nur unseren Neid auf die glückliche Einfachheit der moralischen Situation, in die dieser Mann und Schriftsteller gestellt war. Zu fechten für Wahrheit und Recht gegen die trüben und freiheitsfeindlichen Machenschaften einer Militärclique – wie gut, wie klar, wie schön! [...]

Goldenes Zeitalter, wo eine einzige Missetat am Recht, die

schuldlose Verstoßung eines Einzelmenschen die ganze Welt mit Hilfe des Wortes eines großen Schriftstellers in Aufruhr versetzen konnte! [...]

Das bürgerliche Zeitalter, – wahrhaftig, wir sind die Rechten, im Rückblick darauf moquante Gesichter zu schneiden! In Zola bewundere ich das Neunzehnte Jahrhundert, und ich verehre in ihm den Mythus Frankreichs, die Tradition, die ihn beseelte und die eine Tradition gesellschaftlichen Gewissens und wachsamer Empfindlichkeit ist für Freiheit, Wahrheit und Menschenwürde.

WALTER BENJAMIN

Ins Brausen der Brandung gesprochen
Charles Baudelaires ›Fleurs du Mal‹

Die unabgesetzte Resonanz, die die ›Fleurs du mal‹ bis heute gefunden haben, hängt tief mit einem bestimmten Aspekt zusammen, den die Großstadt hier, da sie zum erstenmal in den Vers einging, empfangen hat. Es ist der am wenigsten zu erwartende. Was bei Baudelaire mitschwingt, wo er in seinen Versen Paris beschwört, das ist Hinfälligkeit und Gebrechlichkeit dieser großen Stadt. Sie ist vielleicht nie vollendeter angedeutet worden als im ›Crépuscule du matin‹; der Aspekt selbst aber ist mehr oder minder sämtlichen tableaux parisiens gemeinsam; er kommt in der Transparenz der Stadt, wie ›Le soleil‹ sie heraufzaubert, ebenso zum Ausdruck wie in der Kontrastwirkung des ›Rêve parisien‹. [...]

Man muß annehmen, daß die Gegenstände, die die Mitte von Baudelaires Dichtung ausmachen, einem glanzvollen zielstrebigen Bemühen nicht erreichbar waren: Jene entscheidend neuen Gegenstände – die große Stadt, die Masse – werden denn auch nicht als solche von ihm visiert. Nicht sie sind die Melodie, die er im Sinn hat. Vielmehr ist das der Satanismus, der Spleen und die abwegige Erotik. Die wahren Gegenstände der ›Fleurs du mal‹ sind an unscheinbarer Stelle zu finden. Sie sind, um im Bilde zu bleiben, die noch niemals berührten Saiten des unerhörten Instruments, auf dem Baudelaire phantasiert. [...]

In den ›Fleurs du mal‹ gibt es nicht die leisesten Ansätze zu einer Schilderung von Paris. Das würde genügen, um sie von der späteren »Großstadtlyrik« entscheidend abzuheben. Baudelaire spricht in das Brausen der Stadt Paris hinein wie einer, der in die Brandung spräche. Seine Rede lautet deutlich, soweit sie vernehmbar ist. Aber es mischt sich etwas hinein, was sie beeinträchtigt. Und sie bleibt in dieses Brausen gemischt, das sie weiterträgt und das ihr eine dunkle Bedeutung mitgibt.

Eine verborgene Ähnlichkeit der ›Fleurs du mal‹ mit Dante besteht in dem Nachdruck, mit welchem das Buch die Umrisse eines schöpferischen Daseins zeichnet. Es ist kein Gedichtbuch zu denken, in dem der Poet weniger eitel, und keines, in dem er kraftvoller in Erscheinung träte.

RUDOLF KASSNER

Zwischen Rue de Rome und Closerie des Lilas
Stéphane Mallarmé

Als ich nach Paris kam, war Mallarmé zwei Jahre tot. Von den französischen Schriftstellern, mit denen ich zusammengekommen oder auf die ich flüchtig einmal gestoßen bin, haben viele an seinen Dienstag-Abenden in der Rue de Rome teilgenommen, und mir ist heute, als hätten die meisten, wenn nicht alle, mit weniger Bestimmtheit und Überzeugungskraft von seinem Werk als von seiner Person zu mir geredet. [...] Mallarmé galt allen, die ihn gekannt haben, als die denkbar schönste, ja als eine einzige Verbindung von Würde mit Anmut. In der Tat will es schon etwas bedeuten, wenn ein Lehrer des Englischen an einem Lycée in seiner kleinen Wohnung, darin er mit Frau und Tochter ohne Dienstboten lebt, alle Wochen einmal, eben am Dienstag-Abend, die geistige und künstlerische Elite von Paris zu empfangen in der Lage ist. Er selber öffnet die Haustür, sooft die Klingel einen Gast ankündigt, man setzt sich um einen Tisch im Speisezimmer, um elf Uhr bringt Geneviève, die Tochter, ein Glas Grog oder Tee; an den Hüten draußen im Gang konnte die Anzahl der Gläser bestimmt werden. In der Mitte des Tisches befindet sich ein irdener Topf oder Becher von einigem Umfang mit Tabak, aus dem sich die Gäste und wohl häufiger als diese der Hausherr selber die Zigaretten drehen. Dieser steht die meiste Zeit über am Kamin, und von dort spricht oder, wie einige es bezeichnet haben wollen, »divagiert« er über all die Dinge, die ihn und seine Zuhörer angehen. Gide schreibt, Mallarmé habe seine Gespräche ebenso vorbereitet wie seine ›Divagations‹. Was er redet, sind Monologe, und die Unterbrechungen der anderen, Einwände, sollen nur dazu dienen, den Puls der Rede zu kräftigen. Nur an einem der Abende scheint er so gut wie geschwiegen zu haben, als unter anderen Oscar Wilde bei ihm erschien. Beide, erzählte man mir, hätten an diesem Abend nicht den Mund aufgetan; auch Oscar Wilde nicht, der für einen ebenso glänzenden Causeur, wenn auch von anderer Art: bewußter, geistreicher, witziger, eitel, gegolten hat wie Mallarmé und seine Gespräche gleichfalls vorzubereiten pflegte. Sie schwiegen heute aus Höflichkeit, weil einer dem anderen den Vortritt lassen wollte; sie schwiegen wohl auch aus Verlegenheit. [...]

Um gleich so anzufangen, ich bin ganz und gar nicht fähig, in Mallarmé einen Denker (neben dem Dichter) zu sehen oder in ihm zum mindesten die Möglichkeit eines großen Dichter-Denkers zu finden, wie ihn die französische Literatur zweifellos in Paul Valéry besitzt. Man sehe sich nur einmal sein Gesicht an: ich fühle eigenes Leben, Empfindung, Erregung, Spüren um die Augenlider, Nasenflügel, Mundwinkel, aber keineswegs auf der Stirn, die mir eine typische Dichterstirn, etwa wie die Rilkes oder Hofmannsthals, zu sein scheint. Unter den bedeutenden Gesichtern kenne ich keines, das so wenig die Leidenschaft des Denkens verriete wie das Mallarmés. Und wir müssen leidenschaftliche Denker sein oder lieber gar keine. Ja gerade das Dichten in uns muß die Leidenschaft des Gedankens noch erhöhen. Nein, nein, Mallarmé war kein Denker, ich möchte sogar behaupten, daß seine Gedanken, wo solche allein auftreten, entweder nicht eigentlich originell oder abstrus sind, worin sich vielleicht der Mangel an Leidenschaft noch im besonderen manifestiert. [...]

Mallarmé will nicht mit Worten Musik machen, o nein; wer ihm das zumuten sollte, würde sein Werk ganz falsch sehen. Die Angleichung seiner Dichtung an die Musik ist für ihn damit gegeben, daß alles in seiner Welt vom Grunde her Bild ist und Bild aus Bild entsteht. Hierauf beruht das, was man die scheinbare Magie seiner Dichtung oder seiner Worte nennen kann, derentwegen es oft aussieht, als hätte er die Worte aus der Sprache herausgebrochen. Worte aber besitzen, soweit sie Sprachgestalt sind, eine dunkle untere und eine lichte obere Seite. Weshalb sie nicht umgewendet werden können. [. . .]

Nach dem Tode Mallarmés hatte man den Versuch gemacht, die Dienstag-Abende des toten Meisters in die Closerie des Lilas zu verlegen. Sie haben aber nicht lange angehalten, denn als ich das Café im Frühjahr 1900, also zwei nicht volle Jahre nach Mallarmés Ableben, zu besuchen anfing in den Abend- oder Nachtstunden, war nicht mehr die Rede davon, und um die beiden langgestreckten Marmortische an der rückwärtigen Wand saßen mehr Männer des Pinsels und der Palette als solche der Feder, die meisten davon noch jung an Jahren und auf Ruhm mehr begierig als dessen teilhaftig. Wenn ich von Charles Louis Philippe und Gide absehe, so war keiner von ihnen die vier Stock zu Mallarmés Wohnung je hinaufgestiegen. Es wurde auch nicht mehr viel von ihm und seinem Werk gesprochen, um so mehr von Nietzsche, Keats, Wagner und Dostojewski.

STEFAN ZWEIG

Von stinkender Armut und dem Dunst der Latrinen
Die fiebrigen Visionen des Arthur Rimbaud

Arthur Rimbaud wäre schon merkwürdig allein durch die Tatsache seines Lebens, durch die brüske Verachtung aller Kultur, durch die Überwindung alles Europäertums, durch ein rein instinktives Leben inmitten der Moralsphären, durch seinen unbändigen Individualismus. [. . .]

Den Dichter in ihm hat zweierlei so groß gemacht: eine Bedingung und eine Begabung. Ein Negatives vorerst, ein Manko: der Mangel an inneren Belastungen. Er war in keiner Weise gehemmt. Nichts band ihm die Hände, nichts war ihm heilig. Stolz sagte er: »J'ai de mes ancêtres gaulois l'idolâtrie et l'amour du sacrilège, tous les vices, colère, luxure, magnifique la luxure; surtout mensonge et paresse.« [Ich habe von meinen gallischen Vorfahren die Neigung, Götzen anzubeten und die Lust zur Tempelschändung, alle Laster, Jähzorn und Geilheit, großartig diese Geilheit; besonders Lüge und Faulheit.] Nichts hielt ihn. Familiensinn schien ihm Torheit, Fessel und Strang: seine Briefe sind wie an einen Bankier geschrieben, Geld, Geld ist ihr steter Kehrreim. Patriotismus, Kulturstolz hatte er weggeworfen wie eine faule Frucht: unter dummen Negern lebte er lieber als mit Europäern. Nie zwang ihn Religion in die Knie, Christus ist ihm nichts als der »éternel voleur des énergies« [der ewige Dieb der Kräfte]. Freundschaft hat ihn nie gekettet, wurde ihm nie mehr als flüchtige Vagantenbrüderschaft. Moral: eine Lächerlichkeit, »une faiblesse du cervelle« [eine Gehirnschwäche]. Kunst: irgendeine Sorte von Arbeit. Nichts Festes, Solides gibt ihm das Rückgrat einer Weltanschauung, tänzerisch schwebt er über den Abgründen des Wissens. Selbst der frühe Dichter in ihm ist frei. Frei von Ästhetik, von Kunstverstand, frei von konventioneller Belastung. Brutal faßt er die Poesie an und nicht durch zärtliche Liebe zwingt er ihre Hingabe, sondern durch harten Griff. Rücksichtslos sind seine Gedichte und für schwache Nerven nicht geeignet; manche stinken von Armut, von schmutzigen Kleidern, schwitzigen Schuhen, vom Dunst der Latrinen; ein genialer Knäuel realistischer Wirklichkeit und zügelloser Phantasie. Vorbildlos sind sie: er fängt Verse zu schreiben an, als sei er der erste, als sei die durch Tausende vorgebaute Ästhetik zerfallen wie ein Kartenturm. In dieser blinden Freiheit des Instinktes wächst seine Dichtung eigenartig auf, uneuropäisch, unkonventionell, urwüchsig und groß; germanisch und barbarisch bricht sie in die gallische Hochkultur ein wie in Völkerwanderungszeiten die wandernden Kraftvölker des Nordens in Rom oder Byzanz.

Diese innere Freiheit, dieses in Leben und Dichtung gleich impulsive Sichlosgelösthaben von allen hemmenden Begriffen, ist die Bedingung für seine Größe. Dazu tritt nun eine einzigartige Befähigung, die halluzinative Kraft seiner Anschauung, oder besser: seiner Einfühlung. Denn er umfaßt die Außendinge nicht nur gewissermaßen dimensional, sondern läßt sie in sich mit all ihren Qualitäten einquellen, er sieht sie nicht nur, er hört sie, schmeckt sie, riecht sie, befühlt sie und durchdringt sie. Sein Auffassungsvermögen schluckt die Dinge ein wie ein gurgelnder Strom, gierig, fast gefräßig: und er verzehrt sie auch im künstlerischen Sinn, er saugt ihre Essenz aus, genießt ihre schwindendsten Nuancen, sie sickern bis in sein Blut. Und so tief, so vehement saugt er alle Sinneseindrücke ein, daß ihre geordneten Stränge zerreißen, die Qualitäten sich verlieren: Duft, Ton, Farbe, Stoß, all das rinnt ineinander, berührt sich in jener untersten Schicht, wo kein Wissen mehr ist, sondern dumpfes Empfinden einer Betastung von außen, gereizter Instinkt. [...]

Es ist nur natürlich, daß eine solche innere Zügellosigkeit, eine so brennende Vehemenz des Kolorits, eine so schäumende Fülle des Ausdrucks bald das Gefäß, die traditionelle französische Versform zersprengen mußte. [...] Das ist ein flutender Katarakt ineinandergischtender Bilder, ein kochender Abgrund, in den diese Erkenntnisse aus apokalyptischen Himmeln gestürzt zu sein scheinen. Eine Vision, deren Sinn man erst nachträglich aufspürt; zuerst taumelt man hin unter den Keulenschlägen der Bilder. Nur auf den Zeichnungen des William Blake finden sich noch ähnliche fiebrige Visionen. Diese Länder, die von singenden Fischen durchzogen sind, das blutende Sternengewölbe, die Riesenschlangen, von der Brut der Wanzen zerfressen, die Blumen mit den Pantheraugen, die silbernen Sonnen, dieser Traum »im Gedichte des Meeres«: welche unbegreiflichen Opiate, welche brennende Fieber haben all das gezeugt? [...] Die Literatur, die Kunst waren zu schwach, um das Unaussprechliche ganz sagen zu lassen. Und so warf er sie weg. Mit achtzehn Jahren. Manche finden es nicht »stylisch«, daß er damals nicht starb: daß sich noch ein ganzes Leben wie ein Anhängsel an die literarische Zeit klebt. Sie merken nicht, wie begrenzt, wie literarisch sie empfinden. Mit achtzehn Jahren solche Gedichte zu hinterlassen: es wäre nichts Einzigartiges gewesen, nur ein Rekord, denn Keats starb mit vierundzwanzig. Beispiellos aber und einzig ist die Verachtung eines solchen Künstlers für die Kunst; daß er sich ihr nicht hingab, sondern sie an sich riß, vergewaltigte und dann, als sie nichts mehr für ihn hatte, wegwarf und nie wieder anrührte.

Ernst Robert Curtius

»Stellen wir uns vor, wir hätten eine Verabredung ...« Eine kleine Proust-Studie

Stellen wir uns vor, wir hätten eine Verabredung für heute nachmittag im Park. Sie gilt nur für den Fall, daß die Sonne scheint. Der Himmel ist grau. Unser Glück hängt davon ab, ob die Sonne zum Durchbruch kommt. Wir schauen aus dem Fenster. Draußen auf dem Balkon zeichnet sich das Eisengeländer bei einer Aufhellung der Wolken in scharfen Umrissen ab, die sich dann wieder verwischen, wenn die Sonne verschwindet. Wir verfolgen dies Spiel von Licht und Schatten und empfinden in seinem Wechsel zugleich das Auf und Ab unserer Hoffnungen. Es ist ein scheinbar belangloser seelischer Vorgang. Wie würden wir ihn beschreiben? Kann man ihn überhaupt noch näher beschreiben? Kann man mehr tun, als die Situation in ein paar Sätzen registrieren, wie wir das eben getan haben? Aber lassen wir Proust selbst die Antwort geben und sehen wir zu, was eine neue Ausdrucksform aus dieser Situation machen kann: ... So kam es, daß vom Mittagessen an meine angstvollen Blicke nicht mehr den ungewissen bewölkten Himmel verließen. Die Dunkelheit hielt an. Der Balkon vor dem Fenster war grau. Plötzlich nahm ich auf seinem trübseligen Gestein nicht eigentlich eine weniger trübe Färbung, aber doch eine Neigung zu einer weniger trüben Färbung wahr, das Flirren eines zögernden Strahls, der hervorbrechen wollte. Einen Augenblick später war der Balkon lichtgrau und widerscheinend wie eine Wasserfläche am Morgen, und tausend kleine Schattenreflexe des eisernen Gitterwerks spielten darauf. Ein Windhauch zerstäubte sie wieder, von neuem war der Stein in tristes Dunkel getaucht, doch wie unwiderstehlich angelockt kehrten sie zurück, der Untergrund wurde unmerklich lichter, und in einem jener sich unaufhörlich steigernden Crescendos, wie sie in der Musik am Ende einer Ouvertüre eine einzige Note nach raschem Durchlaufen aller Übergänge bis zum äußersten Fortissimo führen, sah ich ihn bei dem unwandelbar stetigen Goldton der schönen Tage anlangen, von dem das Schattenspiel der schmiedeeisernen Balustrade sich dunkel abhob wie eine launenhafte Vegetation, mit einer Zartheit in der Ausführung der winzigsten Details, die bewußten Fleiß und Künstlerehrgeiz zu verraten schien, und mit solcher plastischen Kraft und weichen samtigen Dichte der friedevoll im Schatten ruhenden ausgefüllten Partien, daß es war, als wisse der schwarze Komplex der breiten Laubmassive auf dem See aus Sonne, daß er das Unterpfand von Glück und Ruhe sei. Dieses erstaunliche Stück offenbart Ausdrucksmöglichkeiten, die einen technischen Fortschritt in demselben Sinne darstellen wie die Farbenskala eines Monet oder die Harmonien eines Debussy. Wir hätten nie gedacht, daß in dem Schattenspiel eines Balkongeländers so viel verborgen sein könne. Aber nun, wo Proust es uns sichtbar gemacht hat, erkennen wir, daß dies alles wirklich darin gegeben war. Was enthalten diese Sätze? Jedenfalls nicht eine Beschreibung im gewöhnlichen Sinne. Proust beschreibt nicht als Maler, wie es die Goncourts getan hätten. Er gibt nicht meteorologische oder optische Erscheinungen, sondern Dinge der Seele – nicht physikalische, sondern psychische Vorgänge. [...] Wir nehmen nichts sinnlich wahr, das nicht sogleich mit einem seelischen Eindruck verschmölze. Jede Empfindung ist eine Beseelung. [...] Einer unbewußten Gewohnheit folgend setzen wir aber meist die naturwissenschaftliche Wirklichkeit an Stelle der ursprünglich gegebenen Erlebniswirklichkeit. Diese letztere stellt Proust wieder her. Er vollzieht für alle Inhalte unserer Erfahrung das, was der Lyriker für bestimmte erhöhte Momente tut. Er gibt allem seinen ursprünglichen Gefühlston wieder. Er poetisiert die Wirklichkeit, kann man sagen – [...] darum gibt er dem »zögernden« Sonnenstrahl die innere Anspannung, die darauf abzielt, »sein Licht zu befreien«. Darum kann er die Reflexe des

Geländers »gezähmt« nennen. Und schließlich kann er in der genauen Umrißzeichnung der Schattenfiguren einen Künstlerfleiß sehen, kann er ihr tiefes Schwarz »glücklich« heißen und ihnen das Bewußtsein ihrer beruhigenden und beglückenden Wirkung *(ils semblaient savoir qu'ils étaient des gages de calme et de bonheur)* zusprechen. [...] Ein optisches Phänomen ist ins Gefühl transponiert.

Rainer Maria Rilke/Marie von Thurn und Taxis

»So unendlich bestrickend ...«
Ein Dialog über ›Swanns Welt‹

Rilke an Marie Taxis nach Lautschin

Paris. 17, Rue Campagne-Première. XIVe
am 21. Januar 1914 <Mittwoch>

Marcel Proust, ›Du côté de chez Swann‹, ein Buch, von dem Sie vielleicht schon Gutes gehört haben, möglicherweise sogar Ausgezeichnetes –. Ich weiß nicht, was es verdient, aber ich empfehle Ihnen den ganzen ersten Theil und den ganzen dritten und bin gewiß, Sie werden ein vielfaches Vergnügen daran haben. [...] Sehr schön auch ist es, wie dem schon Erwachsenen die eine in Thee getauchte »Madeleine« alles Vergangene plötzlich zugänglich macht und wiederschenkt: *tout le temps perdu* –, da setzt dann nur jener seltsamste Fehler des Buches ein, daß die tausend so aufgeregten Erinnerungen, nicht mit der Abnutzung jener einen vom Gutenachtkuß heraufkommen, sondern gleichsam wie zwar alte, aber von dem Erzähler nie gebrauchte Dinge, so daß er gar nicht als ihr Eigenthümer im tiefsten Verstande, sondern höchstens als ihr *Collectionneur* erscheint, wie ja auch die fast übermäßige Fülle des Buches kein Lebendiges ergiebt, sondern eben eine möglichst vollzählige Sammlung, in der jedes Stück Recht hat aber keines eigentlich glücklich ist. Wichtig waren mir gegen Ausgang des 2. Theils die Seiten über die kleine musikalische Phrase in einer gewissen Sonate, Sie werden das auch gern lesen, da Sie ja jetzt so viel in Musik wohnen und sich dort im Größten zuhause fühlen, – was mich nicht wundert. (Wie gern hörte ich in einer Ecke zu.) [...]

Marie Taxis an Rilke nach Paris

Lautschin 29 – 1 – 14 <Donnerstag>

Das Buch ›Du côté de chez Swann‹ habe ich trotz manchem ermüdenden nicht aus den Händen gegeben und wollte Ihnen erst schreiben bis ich es fertig gelesen hatte. Alles in Allem habe ich es sehr sehr genossen, und erwarte mit Ungeduld die [zu] folgenden Theile[n]. [...]

Dieser ganze erste Theil ist wirklich herrlich voller wunderbaren Dingen – und diese Dinge sind beim Namen genannt – schämen sich nicht, verkriechen sich nicht. – Nur manchmal denkt man sich: Was bleibt, wenn die letzte Hülle weg ist? Haben Sie gemerkt daß eigentlich niemand lebt in dem Buch. Können Sie sich die Großmutter vorstellen – oder Mr Swann – den schon gar nicht – Eine Ausnahme ist die Françoise – die ist lebendig, die sieht man. Vielleicht kommt es daher daß er sich eben so sehr in die Seelen vertieft – und wir sehen ja nicht die Seelen, wir kennen nicht das innere des Menschen – nur Äußerlichkeiten geben uns ein Bild, geben uns die Empfindung daß ein *Anderer* lebt – Das soll nicht den Werth des Buches herunter setzen, im Gegentheil. Und diese »terra incognita« ist es eben was uns reizt und mir diese Art Bücher so unendlich bestrickend macht. Auch hat es mich interessirt zu constatiren wie in manchen Puncten die französische Seele von unserer verschieden ist, unendlich verschieden. Sehr schön alles über Musik, über *»le clavier incommensurable, encore presqu' entièrement inconnu«* u.s.w. [...]

Rilke an Marie Taxis nach Lautschin

*Paris. 17, Rue Campagne-Première. XIV*e
am 2. Februar 1914 <Montag>

Wie schön, meine liebe Fürstin, daß der Proust so passend kam, auch bei mir hat ers so getroffen, daß ich geneigt war, Erinnerungen, der Stille, dem inneren Spürsinn mich zu überlassen, allen den Umständen, die ihm günstig sind. [...]

Schreibt man Proust über die Eindrücke, die er einem auf seinen vielen Seiten reichlich bereitet hat, einen Brief, so kann es geschehen, daß er sorgsam, gerührt und überaus ausführlich antwortet, es sind richtige Correspondenzen so entstanden, wenn aber am Ende, der, der den Anfang gemacht hat, sich, angeregt von dem wirklichen Schreibverkehr, hinreißen ließ, anzufragen, ob man, bei soviel gegenseitigem Bedürfnis zur Mittheilung, nicht am Besten thäte, sich einmal (bei ihm, Proust,) zu sehen –: so wird dem Frager mit unbeschreiblicher Milde, wieder in einem langen Brief, angedeutet, daß solches völlig unmöglich sei. Woher, unter diesen Umständen, doch einige Erfahrungen über Proust's Intérieur zustande gekommen sind, ist schwer zu sagen, und sie möchten wohl mit Vorsicht hinzunehmen sein. Man weiß, daß er, zwar allem Lärm feind, doch in einer recht lauten Gegend wohne, Boulevard Haussmann, aber gegen solche Aufdringlichkeit der Außenwelt sich dadurch geschützt halte, daß seine Zimmer mit, übrigens durchaus sichtbaren, Korkplatten verkleidet erscheinen, ja man geht so weit, zu behaupten, daß er auch ohne sie mit der Zeit unter allerhand Schichten einer zunehmenden Lautlosigkeit entgegenginge, indem es verboten ist, in seiner Umgebung dem Ansetzen des Staubes irgendwie zuvorzukommen. So die Fabel; und in ihrer Mitte hat man sich also jetzt den weiteren *Swann* im Werden vorzustellen, auch ich hoffe, daß die nächsten fünfhundert Seiten nicht zu lange werden auf sich warten lassen. [...]

Aber was sich ihm so um die einzelnen Erfahrungen herum einstellt, das kommt aus den seltensten Verstecken hervor, es ist wie eine jener Ausstellungen, die die unzugänglichsten Privatleute mit ihren Erbstücken beschicken –, was bekommt man alles zu sehen. –

Hans Blumenberg

»Vergeudete Zeit« Paul Valérys mögliche Welten

Man korrigiert – wenn man mehr und genauer gesehen hat, und man korrigiert, wenn man vergißt. Sollte ich aus Valérys Texten und Notizen den einen Satz herauszusuchen haben, der am genauesten sein Verfahren angibt, so wäre es der: *Es genügt hinzusehen, um zu begreifen.* Eine Trivialität? Doch wohl nicht. Man denke daran, wie er der Muschel zusieht, um dieses Stück Natur – nach seiner Lieblingsformel – *en construction* zu erfassen. Sein lebenslang ungeglücktes Verhältnis zur Mathematik, der er eine Anschaulichkeit zutraut, die sich ihr doch nicht abgewinnen lassen will, gehört hierher: Auch ihr möchte er *en construction* zuschauen. Schließlich das Kunstwerk. In einer der erst 1929/30 dem ersten Leonardo-Essay beigefügten Marginalien hat Valéry die dichteste Formel für den Zusammenhang von Werk und Sensualität gegeben: *Ein Kunstwerk sollte immer darauf hinweisen, daß wir noch nicht gesehen haben, was wir sehen.* So wenig, so viel ist das. Eine Korrektur an der Gewöhnlichkeit, feiner (und nach Husserl): an der Lebenswelt.

Dann das Vergessen. Die Eigenart von Valérys Korrekturen, seiner *docta ignorantia* insgesamt, ist auch eine Sache seines Gedächtnismangels, und diese wiederum eine seiner sensualistischen Identität. Er hat sich einmal mit Proust verglichen und das Unmögliche einer Suche nach der verlorenen Zeit für sich festgestellt: Ereignisse vergesse er, als könnten es die eines anderen gewesen sein. Er habe keine Kindheitserinnerung, wie sehr er sich auch vom Alter her durch die Landschaft der Kindheit geformt sehen mochte. Die Vergangenheit ist ihm in ihrer Zeitstruktur, in ihrer Erzählbarkeit abhanden gekommen. Es ist nicht Polemik gegen den großen Epiker, eher ein fast bedauerndes Markieren der Distanz in dem Wortspiel, es wäre für ihn verlorene Zeit, die verlorene Zeit wiederzufinden. Unbedrängt von der Vergangenheit, unbedrängt auch von einer Fülle positiver Kenntnisse, wird Valéry so etwas wie ein »Konstruktivist«. Er muß sich erzeugen, was für ihn da sein soll, und es überzeugt ihn nur, insofern er es erzeugt hat. Am Vergleich mit Proust demonstriert er, wie seine Gedächtniskondition ihn dazu geführt habe, die Vergangenheit als vernachlässigenswert und sogar als beliebig zu betrachten.

Kaum bei einem anderen Autor dieses Ranges ist die Diskrepanz so groß zwischen der Form der immanenten Absicht und der der faktischen Darbietung. Das Werk Valérys besteht, außer dem Leonardo-Komplex, der aber auch gerade anderthalb hundert Seiten umfaßt, überwiegend aus Gelegenheitsarbeiten. Valéry suchte diesen Zwang, bis hin zur Zahlenvorgabe der Buchstaben beim ›Eupalinos‹, wie er die Zwänge der bürgerlichen Konsolidierung gesucht hatte, um einer zerfließenden Literatenexistenz zu entgehen. Manches hat er aus seinen Notizheften zusammengestellt und veröffentlicht. Dennoch steht hinter der zerrissenen, jeden Eindruck der Konzentration ausschließenden Manifestation die genau gegenläufige Absicht. Valérys Anspruch an sich selbst, das geheime Spiel seiner Kombination mit der Vielfältigkeit der angehäuften Materialien, war *Le Système.* Schon fünf Jahre nach dem Entschluß, nicht Dichter zu werden, eröffnet er André Gide, er werde ›Das System‹ zum Abschluß bringen und veröffentlichen. Zwar fehle es ihm noch an der genauen Ordnung in der Folge der Thesen; doch um so näher liege es, die Gebäude zu errichten, deren Plan fertig sei. Das erfordere Arbeit und Geduld – zwei Erfordernisse, hinter die Valéry für sich ein Fragezeichen setzen muß.

Aber nicht nur dieser Zweifel an sich selbst ist da. Ein Einwand, den er sich macht und den er zugleich absonderlich findet, besteht darin, daß er das umrissene Unternehmen zu natürlich findet, um nur erstaunt, ja erschrocken sein zu können, wie man im Lauf der Jahrhunderte noch nicht daran gedacht haben sollte. Von diesem Erschrecken sei es nur ein Schritt, irgendein Ungeheuer unten auf dem Grund der Sache zu vermuten. Gide beschwört ihn, dem Zögern begegnend, mit einem für ihn, der das niemals gedacht oder gewagt hätte, charakteristischen Ausruf: »O!! Écris ›Le Système‹.« Das half nichts. Der Anachronismus des Systems geistert durch die Tagebücher, deren Form nahelegen muß, in diesem Stichwort nur den Titel für ein großes Selbstmißverständnis Valérys zu sehen.

Niemals ist er einem System auch nur nahe gekommen. [...]

Auch wenn den pointierten Überlieferungen von André Malraux nicht durchweg zu trauen ist, wird man doch geziemend finden, als letztes Wort des sterbenden Paul Valéry gesagt zu finden: »Das Erstaunlichste ist, daß dies alles doch wohl einen Sinn hat.« Zunächst könnte man es für eines der vielen letzten Worte halten, die mit allem Vorherigen keinen rechten Zusammenhang mehr haben. Doch dann wird manches deutlicher, was sich Valéry in den Notizheften über den Tod notiert hat, zumal das, was zu seinen letzten Notizen gehört: *Ich habe das Gefühl, als sei mein Leben zu Ende, das heißt, ich sehe zurzeit nichts, was nach einem Morgen verlangt. Was mir zu leben übrig bleibt, kann jetzt nur noch vergeudete Zeit sein.*

Franz Blei

Ein alter junger Mann
André Gide

Als Gide nah den Sechzig war, sah er aus und zeigte die Art eines Menschen von dreißig. Damals in Wien, nicht viel über dreißig, war er ein alter junger Mann von der gelblichen Hautfarbe eines am Magen und an Schlaflosigkeit Leidenden. Ein mächtiger Schnauzbart à la Vercingetorix sah aus wie angeklebt, die rechts und links über das Kinn hängenden Spitzen wehten im Winde. Die etwas zu hohe Stimme neigte zum Kippen. Gang und Geste waren unsicher, scheu, schwankend. Nie verließ er das Hôtel ohne sein festgebundenes Notizbuch in der Hand. Mit sechzig Jahren saß die braune Haut fest über dem guten Gerüst seines Schädels, die Augen hatten Lebendigkeit, Gang und Geste zeugten von einer geschmeidigen guten Muskulatur: der sein Leben als ein Greis begonnen hatte, war ein junger Mann geworden. An diesem Prozeß ist der Schriftsteller Gide Buch um Buch wesentlich beteiligt. Bloß so autorlich die Heilwirkung der Nourritures terrestres zu verkünden und als Person aus krankem Magen ihrer nicht teilhaftig zu werden – zu diesem »kleinen Betrug« des Dichters war dieser interessante Mann eines durchaus dialogisch geführten Lebens dichterisch nicht begabt genug. C'est en écartelé que j'ai vécu. Nicht in Widersprüchen, sondern mit ihnen, ja aus ihnen hat er gelebt. [...]

Als ein vom Leben weggezogener Protestant trat er, ein junger Mensch von achtzehn und sich einen Dichter fühlend, auf die dürre Wiese des zeitgenössischen Symbolismus und war zwiefach ein Verlorner, wenn ich mich des Wortes des alten Renoir erinnere, der einmal sagte: »Un peintre, qui a le sentiment des fesses et du téton, c'est un homme sauvé.« Im Augenblick dürfte die Dürre dieser symbolistischen Askese stärker auf Gides Hunger gewirkt haben als die Dürre des Protestantismus. Er befreite sich davon in der Satire ›Paludes‹ und in dem Hymnenbuch der ›Nourritures‹. Gleich darauf las er Nietzsche und erfuhr beglückt Bestätigung. So wie er sie brauchte. Keineswegs im Sinne Nietzsches. Wir waren in jenen Wiener Tagen einmal mit Rudolf Kassner zusammen, dem Manne, dem aus den anständigsten Gründen diese Schrift abscheulich sein muß. Als das Gespräch auf Nietzsche kam, machte er kritische Einwendungen, zur großen Bestürzung Gides. Er schien nicht zu merken, daß Kassners Bemerkungen weniger auf Nietzsche gingen als auf Gides psychologische Zurechtlegung der Doktrin vom Guten und Bösen als einer Art Freibriefes, was immer zu tun, wenn es nur mit aller Intensität gefüllt ist. Ein Dutzend Jahre zuvor war mir Nietzsche in nicht anderer Weise »der Befreier« gewesen, wenn auch nicht so stürmisch entzückt empfangen wie von dem protestantisch geplagt und in zwei feindliche Welten geteilt gewesenen Gide, der nun für eine kurze Weile, die des heftigsten Rückschlages, aus einem Puritaner so was wie ein Impuritaner wurde; er gewann rasch sein Gleichgewicht zurück, jenen für ihn so wesentlichen Zustand der Schwebe in den Möglichkeiten, von denen er keine besonders auszeichnen will, denn dies bedeutete eine andere opfern, wofür kein Grund zu finden, wohl aber der Effekt zu merken: Vereinseitigung, Verengung, Verarmung, Routine, nachdem die christliche Lehre, dieses irdische Leben um des ewigen geistigen Lebens willen zu verneinen, für ihn bedeutungslos geworden war. Worauf er etwa sagte: »Wenn ich, wie Sie sagen, der Ewigkeit so oder so teilhaftig bin, dann lassen Sie mich den kurzen Augenblick der unewigen Unseligkeiten dieses Lebens beglückt hinnehmen. Zum Anschauen des Ewigen habe ich dann ja eine ewige Zeit.« [...]

Zwischen Elbe und Oder geboren, wäre Gide wahrscheinlich ein monströser Autor geworden. So aber legt die Urbanität der französischen civilité über das Selbstzerstörerische seines nie verhafteten und sich eindeutenden Wesens den Zauberschleier ihrer Sitte, ihres Taktes, ihres Formgefühles, ihrer nachbarlichen Güte, ihrer Grazie.

Joseph Breitbach

Ekel vor dem Seienden
Jean Paul Sartre

Claude Gallimard hat einmal verraten, daß Sartre seine Honorare beim Verlag stehen läßt, den größten Teil dieser weiß Gott respektablen Einnahmen verschenkt; daß er, wenn sein Honorarkonto wieder einmal durch die Steuerbehörden bis auf den letzten Centime abgehoben ist, die, denen er helfen will, zum Hause Gallimard schickt, mit Zetteln, auf die er meistens in irgendeinem Café den Betrag gekritzelt hat, den man dem Überbringer aushändigen soll und mit dem Sartre debitiert wird.

Dieser genereusen Hilfsbereitschaft, aber auch mönchischen Gleichgültigkeit gegenüber dem Geld entspricht seine Lebensweise. Sie ist der künstlerischen und denkerischen Arbeit vollkommen untergeordnet. Er, der sich jeden Luxus leisten könnte, begnügt sich mit einem Minimum an Wohnung, Bedienung und Kleidung, hat keinen Wagen und nimmt die Mahlzeiten meist in großräumigen, nicht teuren Lokalen wie der Pariser »Coupole«, die den Vorteil bieten, daß man dort in der Menge nicht auffällt. Die vielen Servituden des Alltags, die schon aus demjenigen einen Sancho Pansa machen, der nur die Bürde einer Familie, eines Haushalts trägt, geschweige die der Führung eines Bauernhofs, einer Fabrik, eines Handels – all das, was der materiellen Existenz an Aufmerksamkeit und Kraft geopfert werden muß, hat Sartre auf ein asketisches Minimum reduziert. »Ich schreibe immer. Was soll ich sonst tun? Nulla dies sine linea. Daran bin ich gewohnt, und es ist mein Handwerk«, heißt es am Ende des ersten Teils seiner, in ihrer Aufrichtigkeit erschütternden Autobiographie ›Les Mots‹. [...]

Sartre aber glaubt nicht an die Zukunft. Der Abscheu vor der Existenz sitzt zu tief in ihm. Er hat – ›les mots‹ zeigen es – schon früh und zu gründlich an der Entdeckung seiner und der Welt Häßlichkeit gelitten; und er hat es Gott nie verziehen, daß er nicht an ihn glauben und sich nicht, um ihn zur Rechenschaft zu ziehen, an ihn halten kann, an diesen Schöpfer all des schleimig-abstoßenden Seienden. Dieser schuldige Vater der Welt! Der ist es in Wahrheit, den der vaterlose Sartre sucht; und weil der Aufruhr gegen diesen bösen Gott schon hinter uns liegt, brauchte sein manichäischer Geist einen neuen, den er an Stelle des gestorbenen Gottes hassen und für die sich immerfort weiterzeugende Häßlichkeit der Welt verantwortlich machen konnte. So warf er sich auf ein Mitgeschöpf, dem man Macht und Geldgier nachsagen kann, auf den *Bourgeois* des Westens. Ihn hat Sartre im gleichen Augenblick, da das Bürgertum auch in Frankreich die Bühne verläßt, zum Gott der Finsternis hochstilisiert, ja zuweilen hochhysterisiert ... und dennoch: wie schwach wirkt Sartres sozialpolitischer Ekel vor dem Bürger und dessen Verbrechen neben dem tiefen Grundekel, den er vor allem Seienden empfindet – und den ein ihm ähnlich angelegter Mensch im gleichen Maße empfunden hätte, wäre er als Schwarzer im verstecktesten Afrika oder als Gelber auf einer unkolonisierten Insel in einem Lande auf die Welt gekommen, wo es keine Klassen gibt, und wo man das Essen von den Bäumen pflückt.

Wolfgang Koeppen

»Ici repose Colette«
Auf dem Père-Lachaise

Vor dem Tor des berühmten Friedhofs Père-Lachaise, der nach dem Père de la Chaise, dem Beichtvater Ludwigs XIV., heißt, der sich hier auf einem Landbesitz der Jesuiten von seines Königs Sünden erholte, steht man am Fuß der unbekannten und abenteuerlichen Quartiere von Ménilmontant und Belleville. Man lebt nicht schlecht von der Trauer. Die Geschäfte des Pompes funèbres florieren. Laden reiht sich an Laden. Alle Welt kauft Blumen, Kränze, Kreuze aus gestanzten gemalten Metallen oder aus Draht gewundene, mit Stoffen drapierte sonderbare Gebilde des Schmerzes, der beschworenen Erinnerungen, und höchst beliebt ist es, die Vergänglichkeit durch eine Photographie des Verstorbenen zu besiegen, die man nach einem geschützten Zunftverfahren wie ein Abziehbild auf den Grabstein klebt. Der Père-Lachaise ist eine Totenstadt. Die Stadt hat Totenstraßen, Totenalleen, Totenhäuser. Die Stadt hat Hügel und Täler und Arrondissements und ist für den Besucher ein Labyrinth. Polizisten, blasse, stille, von ihrer Umgebung angesteckte Gardiens-de-la-Paix patrouillieren über die Boulevards der Totenwelt und geben falsche Auskunft. Die Dichterin Colette liegt unter einem blanken Leichenstein, sehr würdig, sehr schmucklos: »Ici repose Colette.« Andere wohnen in komfortablen Gebeinhäusern, selbst kleinen Wolkenkratzern, und nennen sich noch immer voll Stolz Poète fabuliste. Ihre Namen sind im Gedächtnis der Literatur, doch nicht der Friedhofsbesucher gestorben. Balzac schläft (und selbst seine ausschweifende Phantasie ahnte diese höchst romanhafte Entwicklung nicht) in einem barocken Grab gemeinsam mit allerlei polnischen Adligen, dem Anhang seiner Todesehe mit der unbekannten Briefschreiberin, der Gräfin Hanska, und die stolzen fremden

Nobilitäten scheinen nun des kleinen, selbstverliehenen Adelsprädikats des Dichters zu spotten. Balzacs Haupt blickt wütend wie über ein Chaos. Eine auf dem Grab aufgeschlagene schwarze Bibel aus Marmor, vom Wetter verschmutzt, in der Schrift nicht zu lesen, erhöht noch die Unordnung. Oscar Wilde hat das schwere niederdrückende Denkmal eines bösen Königs bekommen, einen wuchtigen Granit, aus dem der englische Bildhauer Jacob Epstein einen sehr stilisierten fliegenden ägyptischen Totengott mit wunderlich betonten Geschlechtsteilen gemeißelt hat. Zum Weg keine Daten, kein Spruch. Auf der Rückseite die Bemerkung, daß dies Epitaphium von einer Lady gestiftet wurde. Es folgt dann noch eine Art Schullebenslauf des unglücklichen Poeten, und eine schwarze Tür scheint in das Innere des schweren Steins wie in ein schreckliches Geheimnis zu führen. Ein einziges Grab sah ich nicht mit den lächerlichen traurigen Erzeugnissen der Pompes funèbres geschmückt. Es lag unter einem Blütenberg der frischesten Blumen. Dies war die Ruhestätte des »Inspirateur« des Spiritismus. Um seinen Hügel, um seinen Gedenkstein, um seine Blumen herum standen schwarzgekleidete geistergleiche Gestalten. Man konnte sie für wahre Astralleiber halten. Ihre tiefe Trauer, ihre klagende Erregung ließ mich vermuten, der Meister sei eben in die Erde gesenkt worden, doch ruhte er schon gut fünfzig Jahre dort unten und gehört zu den wenigen nicht Vergessenen. Gleich hinter der Geisterschar erwartete ein Marquis die Auferstehung in einem Grab, das wie eine Felsenburg gestaltet war. Mit seinen Schießscharten schien sie mir zu jeder Verteidigung bereit zu sein. Wer aber zählt die Toten, kennt die Namen? Der Père-Lachaise ist ein stummes Paris. In seinem ältesten, verwilderten Teil steht das romantische Denkmal der Liebenden, liegen Héloïse und Abélard in einem Grab, und ich bewunderte die respektvolle Weise, in der die scholastische Zeit einen Skandal beerdigte. In der Nähe, dicht bei der Mauer, finden sich die jüdischen Gräber. Viele deutsche Namen, fast eine deutsche Kolonie. Aus dem Totenhaus der Rahel Rothschild ist die morsche

Holztür herausgebrochen, und innen wuchert Wildnis neben einem hebräischen Spruch. An manchen Stätten erinnern kleine Tafeln an die Verlorenen, die aus der Verschleppung nicht zurückkehrten. Jenseits der alten Mauer stand ein merkwürdiges, ein verwahrlostes Haus, aus dessen zerschlagenen Fensterscheiben die lustige Ball-Musette-Musik erklang. Am hellen Mittag eines Arbeitstages hatten sich hier Menschen von großer Unwirklichkeit zu Trunk und Tanz versammelt. Bei den Gräbern stehend, glaubte ich die gespenstische Hochzeit eines lange schon verstorbenen und begrabenen Königs der Unterwelt zu beobachten. Am Ersten Mai zieht man mit Fahnen und Transparenten auf den Père-Lachaise. Fast quillt die Menge über die Wege, stolpert über die Gräber, fällt in die Grüfte. Der Zug strebt nach Nordosten, zur Mur des Fédérés, der Mauer der Erschießungen von 1871, und der Totenmarsch der Internationale zerschmettert klirrend die Stille.

VI.

»Sinnlos und doch erfüllt von Schönheit«
Savoir vivre – Lebensart, Lebenskunst und die Liebe

Carlo Goldoni

Ausflug nach Marly 1765 oder Eine Landpartie mit Louis XV.

Nachdem ich sechs Monate Dienst getan hatte, bekam ich meine Wohnung im Versailler Schloß; man gab mir die Zimmer, die für den Geburtshelfer der Kronprinzessin bestimmt waren und über die sie angesichts der schlechten Gesundheit des Kronprinzen anderweitig verfügen konnte.

Im Mai desselben Jahres 1765 fand eine kleine Reise nach Marly statt. Ich folgte den Prinzessinnen und erfreute mich dieses schönen Aufenthalts.

Nachdem ich den Tuileriengarten und den Park von Versailles gesehen hatte, glaubte ich, daß nichts in dieser Richtung mich noch überraschen könne; aber die Lage und die Schönheit des Gartens von Marly machten mir einen derartigen Eindruck, daß ich diesem zauberhaften Ort den Vorzug gegeben hätte, hätte nicht die Erinnerung an die Größe und den Reichtum jener beiden anderen Gärten meine Vergleiche bestimmt. Wer dieses Schloß gesehen hat, den Garten mit seinem riesigen Blumenbeet, seinen Fontänen und Wasserfällen, wird mir recht geben; die genauen Beschreibungen, die wir davon haben, stützen meine Meinung.

Aber die Freuden und Annehmlichkeiten dieses ländlichen Aufenthalts wurden noch vermehrt durch den Spielsaal; alle bekannten Leute haben Zutritt, und es gibt Emporen für diejenigen, welche nicht in den Zirkel eindringen können oder wollen.

Ich wählte einen Platz auf der Empore, um zum erstenmal die Ankunft des Königs und seines Gefolges im Saal mitanzusehen. Das ist ein höchst eindrucksvoller Anblick: der König tritt ein, ihm folgen die Königin, der Prinz, die Prinzessinnen und sein ganzes Gefolge; er nimmt seinen Platz am großen Tisch ein, umgeben von allen Großen und Vornehmen des

Königreichs. Die Königin spielt an diesem Tag eine Partie Cavagnol; die Kronprinzessin und die anderen Prinzessinnen saßen an verschiedenen Spieltischen. Man bemerkt mich an meinem Platz und läßt mich herunterbitten, und plötzlich bin ich mitten unter all den großen Herren, Herzögen, Ministern, Beamten. Am Tisch des Königs wurde Landsknecht gespielt, und jeder hält der Reihe nach die Bank; es hieß, Ludwig XV. habe Glück im Spiel. Ich wartete, bis er daran war, die Bank zu halten, setzte sechs Louisdor für mich zugunsten der Bank und gewann. Der König bricht auf, die königliche Familie folgt. Die übrigen bleiben; jeder, wie es ihm beliebt und solange es ihm beliebt. Einmal blieb eine Dame einen Tag und zwei Nächte am selben Tisch sitzen und ließ sich Schokolade und Biskuits bringen, um ihren Leib und ihre Leidenschaft zu nähren.

Trotz der Lustbarkeiten, die den Hauptzweck dieses schönen Landaufenthalts bildeten, hatte ich alle Tage meine geregelten Stunden für die Arbeit mit den Prinzessinnen.

Heinrich von Kleist

Verstand contra Witz
Deutsche und Franzosen

Übrigens muß man gestehen, daß es vielleicht nirgends Unterhaltung gibt, als unter den Franzosen. Man nenne einem Deutschen ein Wort, oder zeige ihm ein Ding, darauf wird er kleben bleiben, er wird es tausendmal mit seinem Geiste anfassen, drehen und wenden, bis er es von allen Seiten kennt, und alles, was sich davon sagen läßt, erschöpft hat. Dagegen ist der zweite Gedanke über ein und dasselbe Ding dem Franzosen langweilig. Er springt von dem Wetter auf die Mode, von der Mode auf das Herz, von dem Herzen auf die Kunst, gewinnt jedem Dinge die interessante Seite ab, spricht mit Ernst von dem Lächerlichen, lachend von dem Ernsthaften, und wenn man dem eine Viertelstunde zugehört hat, so ist es, als ob man in einen Kuckkasten gesehen hätte. Man versucht es, seinen Geist zwei Minuten lang an einem heiligen Gegenstand zu fesseln: er wird das Gespräch kurzweg mit einem ah ba! abbrechen. Der Deutsche spricht mit Verstand, der Franzose mit Witz. Das Gespräch des erstern ist wie eine Reise zum Nutzen, das Gespräch des andern wie ein Spaziergang zum Vergnügen. Der Deutsche geht um das Ding herum, der Franzose fängt den Lichtstrahl auf, den es ihm zuwirft, und geht vorüber.

Julie Elias

»Wahre Wunder« Von den Launen der Pariser Mode

Die Schneider haben beschlossen: die Frauen sollen wieder einen *»ventre«* haben. Um mich gründlich zu unterrichten, bestellte ich mir eine neues Korsett; denn wird es einen *»ventre«* geben, so muß er schon bei der Korsettiere beginnen. Madame Lemaître, eine Künstlerin in ihrem Fach, zieht mir ihre neueste Schöpfung an; der Leib wird zwar gehalten, aber nicht zurückgedrängt. Sucht man sich an den Gedanken zu gewöhnen, so wird er nichts Unschönes mehr haben – es sind die runden, feinen Wellungen der weiblichen Linie, die Maler und Bildhauer von je so begeistert haben; eine Ausnahme machen nur gewisse moderne Bildhauer, die aus kantigen Würfeln die weibliche Schönheit zu türmen suchen ... Madame Lemaître zieht mir ihre neueste Schöpfung wieder aus: *»Oh, que vous êtes brune, délicieusement brune!«* flötet sie mit gesteigerter Liebenswürdigkeit. Ich fühle mich flattiert und denke: sollte sie etwa mit dem Schriftsteller Lemaître verwandt sein? – Ehe ich noch fragen kann, übergibt sie mich schon einer Anprobiererin: denn eine andere Kundin begehrte ihrer energisch, die *»dame de quatre heures«*. Die Meisterin verfügt sich zur Anprobe hinter den japanischen Wandschirm. Wie ich das Zimmer verlasse, höre ich sie mit gesteigerter Liebenswürdigkeit säuseln: *»Oh, que vous êtes blonde, délicieusement blonde!«* – Nein, mit Lemaître ist sie entschieden nicht verwandt ... [...]

Es gibt kaum eine zweite Stadt, die das Wort: Gehen ist ein Vergnügen, Wiedersehen ist ein Glück, so bestätigt wie Paris. Ist es die Beständigkeit des guten Geschmacks, ist es der reizvolle Wechsel der Modeformen, in denen sich dieser Geschmack äußert, ist es die Gewißheit, immer neue Augenweide zu finden, was diese Stadt so verlockend macht? Namentlich in den Herbstzeiten, da jeder schöne Tag verscheidet, als sei er der letzte, und die Natur noch einmal ihren ganzen Reichtum zeigt, ehe sie zur Ruhe geht. Ein solcher Herbst sieht das bewegteste Leben, ein Leben, das seine Spuren bald hierhin, bald dorthin trägt, ohne Grund, sinnlos und doch erfüllt von Schönheit. Die Sonne dieser Tage sinkt freilich früh, und während vor wenigen Wochen noch das Bois die entzückendsten Schauspiele des gesellschaftlichen Treibens sah, sucht jetzt die große Welt ihre nachmittägliche Unterhaltung in den eleganten Hallen der großen Hotels. Auch hier treiben die Launen der Mode ihr Spiel. Im vorigen Jahre, ja im Frühling noch gehörte es in der Gesellschaft zum guten Ton, den Nachmittagstee im Elysée-Palace-Hotel einzunehmen. Unter seiner Riesenkuppel war um die fünfte Stunde kaum ein Platz zu erobern, und Schaulustige belagerten draußen zu Hunderten den Eingang, sahen Autos und Equipagen vorfahren und hatten ihren Teil am Vergnügen. In diesem Herbst aber, seit nebenan das Carlton-Hotel eröffnet ist, zieht der ganze elegante Schwarm zum Five o'clock ins Carlton-Hotel. Wenn man sich verspätet, findet man keinen Platz mehr, und die Schar der Autos und Fuhrwerke hält jetzt ein paar Meter näher dem »Triumphbogen«. Am Sonntag wird wegen zu starken Andrangs ein Posten vor die Tür gestellt, und oft muß geschlossen werden. Der Mann mit der langen Silberkette auf der Brust, der die Garderobe in Empfang nimmt, kann sich vor den dargereichten Hüten und Überziehern kaum retten; die einzigen Menschen, die noch bequem sitzen, sind die Musikanten ... Elysée-Palace aber liegt vereinsamt. Man könnte von Treulosigkeit reden, aber man gebraucht besser nicht so große Worte ...

»Wie wird die Mode im Frühjahr sein?« fragte ich Madame Tafaré, eine Kleiderkünstlerin von Rang. »Sehr historisch«, gab sie mir zur Antwort. Aber ich wollte sie eigentlich gar nicht ausfragen, vielmehr handelte es sich um einen abgerissenen Knopf. Freunde, die ich ihr empfohlen, hatten sich bei mir beklagt, daß die Sachen nicht gut genäht seien ... ein Knopf sei nach kurzer Zeit abgefallen. Ich war der Meinung, ein hübscher Knopf, der abfällt, sei mir lieber als ein häßlicher, der für die Ewigkeit festsitzt. Dennoch fühlte ich mich verpflichtet, Madame Tafaré eine zarte Andeutung über die Hinfälligkeit alles Irdischen im allgemeinen und ihres Knopfes im besonderen zu machen. Sie lachte und sagte: »Wenn ich erst festnähen soll, verliere ich all meine Ideen ... Ehe ich etabliert war, machte ich meine schönsten Sachen. Die Damen sagen mir noch heute: ›Sie schufen damals wahre Wunder, und – man brauchte sich kaum auszuziehen; ein Ärmel blieb meist schon im Wagen‹ ...«

Frank Wedekind

»Das erinnert mich an Marie Louise ...« Erotisches Leben in Paris

8. September 1893

Ich erwache gegen vier. Die Vorhänge sind noch zugezogen. Es ist stockfinster im Zimmer. Ich zünde die Lichter an und stehe allmählich auf. Ich fühle mich von den gestrigen Strapazen wie neugeboren; eine eigentümliche Beweglichkeit in den Gelenken, den Kopf frei und den Körper um zwanzig Pfund leichter. Ich fühle mein spezifisches Gewicht ...

Wie ich auf die Straße trete, spielt die Abendsonne in den obersten Fensterscheiben. Ich gehe in mein kleines Restaurant, kaufe mir unterm Odeon Maeterlincks ›Princesse Maleine‹ und lese sie im Café auf einen Zug durch. – Hätte er seinen Geistern etwas mehr Fleisch gegeben, sie wären wohl auch länger am Leben geblieben. – Ich diniere im Palais Royal und arbeite zu Hause bis Mitternacht.

Wie ich um zwei Uhr aus der Brasserie Pont Neuf komme, geht ein Mädchen in fliegendem Radmantel vor mir her; das erinnert mich an Marie Louise, aber sie ist es nicht.

Ich gehe zu Bovy im unbewußten Bedürfnis, etwas über Raimonde zu erfahren. Das einzig bekannte Gesicht in der kleinen Bude ist Marie Louise. Sie bittet mich um ein Glas Milch und erzählt mir, es habe sich gestern ein Mädchen im Café d'Harcourt auf der Terrasse mit Sublimat vergiftet. Raimonde sei noch im Quartier. Sie sei dans la purée. Sie habe vierzigtausend Francs Schulden. – Das erfüllt mich mit ungeheurer Genugtuung.

Ich frage sie, ob sie noch Morphium nehme. Nein, schon lange nicht mehr. Sie schlägt ihren Radmantel auseinander und macht mich darauf aufmerksam, daß sie von ihrer Last befreit ist. Sie war ihrer Fehlgeburt wegen drei Wochen im

Spital; dabei hat man ihr das Morphium abgewöhnt. Sie sieht auch in der Tat um vieles besser aus. Sie schminkt sich nicht mehr, schläft des Nachts wie ein Kind und ist beim Erwachen von keinen düsteren Gedanken mehr heimgesucht. Vor dem Einschlafen liest sie immer noch im Bett. Sie liest jetzt ›La faute de l'Abbé Mouret‹. Sie hätte sich nie gedacht, daß Zola ein so schönes Buch schreiben könne. Sie hat vorher den ›Assommoir‹ angefangen, aber sie findet ihn geschmacklos und langweilig. So etwas könne sie auch noch schreiben, wenn sie die nötige Zeit hätte! [...]

Eine Stunde später wird meine Angebetete plötzlich munter und meint, wir könnten noch ein wenig zu den Hallen gehen, un peu vadrouiller. Es sei so warm draußen und so eng hier im Zimmer.

Meine Einwendungen helfen nicht viel. Ich erhebe mich mit Ach und Krach, wir trinken rasch noch eine Chartreuse und schlendern durch die graue Morgendämmerung über den Pont Neuf den Hallen zu. Sie möchte nur gerne eine Soupe au fromage essen au grand comptoir. Es werde jedenfalls große Gesellschaft dasein.

Es ist weder Musik noch Gesellschaft da. Im hinteren Lokal sitzen einige vereinsamte Grisetten. Meine Schöne bestellt die Suppe, ich eine Flasche Wein, und wir essen schweigend in uns hinein. Darauf kommt der Kellner: Des écrévisses? Une douzaine de Marenes? Un demi poulet? – Sie schüttelt dreimal den Kopf, und der Kellner geht. Das rührt mich fast zu Tränen. Ich rufe ihn zurück, er solle zwei Dutzend Austern bringen; und während wir sie schlürfen, sage ich, wir wollten dann zum Kaffee zu Barrat gehen.

Bei Barrat sind die Lampen schon ausgelöscht. Uns gegenüber sitzt die Musikgesellschaft und verzehrt ihr Souper. Meine Schöne fragt mich, wie mir die Frau gefalle. Ich entgegne, sie habe nur zu sehr das Aussehen einer Kokotte. Darauf fragt sie mich, ob sie denn nicht das Aussehen einer Kokotte habe. Ich sage ihr eine Schmeichelei, worauf sie mich fragt, ob denn Raimonde nicht das Aussehen einer Kokotte habe? – Mais c'est une belle femme! sage ich, was sie mir zugesteht: »Tu l'aimes à la folie!«

Ich habe fünf oder sechs Tassen getrunken und möchte noch mehr. Aber hier ist mir der Kaffee zu teuer, die Portion kostet einen Franc. So mache ich den Vorschlag, wir sollten nach au Chien qui fume gehen. Sie kennt das Lokal nicht. Ich sage, es liege dicht in der Nähe. So pilgern wir im ersten Sonnenblick des Tages durch endlose Spaliere von Blumenkohl, von weißen und roten Rüben au Chien qui fume, klettern die Wendeltreppe zum Salon hinauf, setzen uns ans Fenster und haben das dichte Marktgewühl der Hallen unter unseren Augen. Wir kommen dahin überein, daß es nichts Schöneres auf Gottes Welt gibt als mitanzusehen, wie so recht gehörig gearbeitet wird.

Um unseren Betrachtungen im vollsten Maße gerecht zu werden, bestelle ich statt des Kaffees wieder Austern und eine Flasche recht kräftigen Wein dazu.

Der große Napoleon liefert den Stoff zur Unterhaltung. Mein kleiner Engel betet ihn an. Wenn sie ein Mann wäre, dann könnte Europa sich in acht nehmen! – [...]

Ein milder Sonnenschein liegt über den Hallen. Vor unserem Fenster wimmelt es wie ein Ameisenhaufen. Die hohen, bunten Barrikaden aus Rüben und Blumenkohl sind schon verschwunden – vielleicht schon gegessen. Ich fühle mich unsagbar wohl.

Das Mädchen scheint mir aus guter Familie. Ich bemerke nichts an ihr, was dem nicht entspräche. [...] Ich mache ihr den Vorschlag, wenn sie ihr Geld bekomme, mich zu ihrem speziellen Freunde zu wählen. Ich mache sie auf meine Vorzüge aufmerksam, auf mein leichtes Gemüt und meine Übung im Verkehr mit Damen. Sie lacht und sagt, ich sei ja reicher als sie. Ich schüttle den Kopf, ich hätte keine dreißig- bis vierzigtausend frs mehr zu erwarten. Gut denn, sie sei damit einverstanden, wenn ich das, was ich noch hätte, mit ihr durchbringen wolle; ich brauche es nur auf den Tisch zu legen. Ich ziehe vor, nicht darauf einzugehen, um meinen Kredit nicht zu schädigen.

Ich sehe nach der Uhr und sage mir, sie ist stehengeblieben. Ich frage den Kellner: Weiß Gott, schon halb eins! [. . .]

Im offenen Fiaker fahren wir über den Pont St. Michel ins Quartier zurück. Paris zeigt sich uns in seinem schönsten Glanz; oder bin ich vielleicht außergewöhnlich dafür empfänglich? Die glitzernde blaue Seine mit ihren unzähligen Dampfschwalben, ihren dunklen Bugsierschiffen, ihren langen, weißen, schimmernden Kähnen, die Bäume auf dem Boulevard, deren letztes Grün in der warmen Mittagsluft zittert, in deren Zweigen da und dort noch bunte Serpentinen vom letztjährigen Karneval baumeln – alles trägt dazu bei, meine Stimmung zu erhöhen, und scheint mir vom lieben Gott auch nur dazu geschaffen zu sein.

Im Café de la Source schlägt mir meine Angebetete eine Partie Petits paquets vor. Sie gewinnt eine Kleinigkeit, die ich ihr in zwei Taillen wieder abnehme. Darauf gewinnt sie fünf Francs, bricht das Spiel ab und dringt auf Bezahlung. Ich vertröste sie auf übermorgen; da sie aber nicht nachläßt, rücke ich schließlich in der Erwägung, daß für sie, umgekehrt wie für mich, Zeit Geld ist, damit heraus, unter der Bedingung, daß sie mir im Café Vachette noch einen Kaffee bezahlt. Ich habe tatsächlich keinen Sou mehr in der Tasche.

Wir schlendern ins Café Vachette. Der Kellner, der mich hier täglich in meiner einsamen Ecke sitzen sieht, fragt mich mit verdoppelter Höflichkeit, was gefällig sei. Ich verweise ihn an Madame. Madame fühlt sich in ungeheuchelter Verlegenheit. Sie stammelt mit niedergeschlagenen Augen: Zwei Kaffee. – Mit Cognac? fragt mich der Kellner. – Das hänge von Madame ab. – Mit Cognac, natürlich! beeilt sich Madame zu bemerken.

Wir fühlen uns beide etwas abgeschlagen. Nachdem ich ausgetrunken, bitte ich sie, mir noch einen zu bezahlen. Die fünf Francs hält sie in der Hand; sie hat sie noch nicht eingesteckt, und wie der Kellner vorbeikommt, bestellt sie noch einen Kaffee für mich.

Es ist halb vier. Ich habe nicht mehr viel Zeit übrig. Wir gehen zusammen zum Carrefour de l'Odéon, dort trennen wir uns. Ich sehe ihr noch eine Weile nach. Wie sie mit ihrem leichten elastischen Schritt um die Ecke von St. Sulpice biegt, fällt mir ein, daß ich vergessen habe, sie nach ihrem Namen zu fragen. Ich gehe in mein Hotel, ziehe die Gardinen zu und lege mich angekleidet aufs Bett.

Arthur Schnitzler

»Aber gespielt wird zum Entzücken«
Theatererfolge der Saison

An Gustav Schwarzkopf

Paris 9.5.97
rue de Maubeuge

Lieber Gustav. Ich rufe 9. Sie rufen 9 u. 18 [Zeilen.] Ich halte sie und rufe noch drüber – als Poker-Kiebitz verstehn Sie ja das. Den Empfang Ihres freundlichen Neides bestätige ich mit herzlichem Dank. [...] Allerdings ist es auch der Mühe werth hieherzukommen um Paris nur miszuverstehen; und auch hier gibt es eine hoffnungsvolle Jugend, welche bemüht scheint, das Wesen ihrer Heimat zu fälschen und das Leben zu misdeuten. Man hat sie mir neulich bei Gelegenheit einer Theateraufführung im »Œuvre« gezeigt. Ich habe Herrn Mauclair gesehn; zugleich Herrn La Jeunesse, der den erstgenannten bei der vorletzten œuvre-Vorstellung geohrfeigt hat und, wie man sich erzählt, daraufhinarbeitet, Kaiser von Frankreich zu werden. Er beginnt damit, Feuilletons zu schreiben und mystische Medaillen zu vertheilen. Ich habe zahlreiche andre Jünglinge mit praeraphaelitischen Fräuleins gesehn, die in den Couloirs herumgespensterten. Leider hab ich auch ein Stück gesehen, war aber nur den zwei ersten Akten gewachsen. Im ersten jammert ein Schwindsüchtiger, daß er schwindsüchtig und complicirt ist (Oh ma mère que je suis compliqué) und eine Blinde, daß sie blind ist; im zweiten kommen die Blinde und der Schwindsüchtige mit verbundnen Handgelenken herein: es ist eine Transfusion gemacht worden und der Schwindsüchtige wird gesund. Und die Blinde, welche noch im ersten Akt die Geliebte des Bruders des Schwindsüchtigen war, wird die Frau des Schwindsüchtigen. Man glaubt eben nicht, was die Transfusion für ein Wundermittel ist! Dann kommen noch zwei Akte, die ich nicht mehr gesehn habe und das ganze heißt: ›Ton sang‹. –

– Sehr interessant waren mir die drei Hauptererfolge der Saison, ›Douloureuse‹, ›Carrière‹, ›Snob‹ – hauptsächlich wegen der Familienähnlichkeit der drei Stücke. In allen dreien könnten vor allem die Titel gewechselt werden, ohne daß es ein Mensch merkt; ja ich hatte sogar den Eindruck, sie würden dann besser zu den Stücken passen. Alle drei sind keine Stücke; in allen dreien ereignet sich das wichtige *zwischen* dem vorletzten u. letzten Akt – u. wir müssen einfach dran glauben; in allen dreien ist der letzte Akt eigentlich nichts als ein sentimentaler Dialog der zwei Hauptpersonen, welche eingesehen haben daß u. s. w. – Aber gespielt wird – zum Entzücken. [...]

Leben Sie wohl und seien Sie herzlich gegrüßt!

Ihr Arth [ur] Schn [itzler]

Walter Benjamin

Feuerwerk über Montmartre
Die Nacht des 14. Juli

Feuerwerk der Fête Nationale. Von Sacré-Cœur aus übergießen bengalische Feuer Montmartre. Der Horizont hinter der Seine glüht, Feuergarben fahren auf und erlöschen über der Ebene. Zehntausende stehen am steilen Abhang gedrängt und folgen dem Schauspiel. Und diese Menge kräuselt unaufhörlich ein Flüstern wie Fältchen, wenn der Wind im Mantel spielt. Spannt man sein Ohr dem schärfer entgegen, so tönt darin noch anderes als Erwartung der Raketen und Leuchtkugeln. Erwartet nicht diese dumpfe Menge ein Unheil, groß genug, aus ihrer festlichen Spannung den Funken zu schlagen, Feuersbrunst oder Weltende, irgend etwas, das dies samtene, tausendstimmige Flüstern umschlagen ließe in einen einzigen Schrei, wie ein Windstoß das Scharlachfutter des Mantels aufdeckt? Denn der helle Schrei des Entsetzens, der panische Schrecken ist die Kehrseite aller wirklichen Massenfeste. Der leise Schauer, der die ungezählten Schultern überrieselt, bangt nach ihm. Für das tiefste, unbewußte Dasein der Massen sind Freudenfeste und Feuersbrünste nur Spiel, an dem sie auf den ungeheuren Augenblick des Mündigwerdens sich vorbereitet, auf die Stunde, da Panik und Fest, nach langer Brudertrennung sich erkennend, im revolutionären Aufstand einander umarmen. Von Rechts wegen begeht man in Frankreich die Nacht des 14. Juli mit Feuerwerk.

Franz Blei

»In der Rechten die Gabel, in der Linken die Zigarette«
Mit Hugo von Hofmannsthal bei Baronin Poilly

Die deutschen Truppen haben 1918 das Schlößchen von Folembray beim Rückzug in die Luft gesprengt. Dabei ging auch der kleine Friedhof mit und was nach zwölfjähriger Ruhe im Grabe noch übrig war von der Schloßherrin, der Baronin Annette de Poilly. Hofmannsthal und ich, wir gehörten zu den jüngsten ihrer Gäste mit unsern Dreißigern und waren für sie schon aus gar keiner Zeit mehr, die sie interessierte. Wir schrieben 1902. Ihre Zeit war die um 1860 gewesen, als d'Aurevilly, damals schon mehr ein älterer Herr, als er sie zum erstenmal erblickte, ausrief, er möchte der Sohn dieser Semiramis sein. Noch als alter blinder Herr kam er auf Schloß Folembray, und nur von ihm erzählte Smain, die nichts und nie aus Vergangenem erzählte, eine kleine Anekdote und auch diese wohl nur, um etwas, das Bourget von dem Connétable der französischen Literatur erzählt hatte und das ihr vielleicht nicht paßte, auszulöschen. Der blinde Barbey, der ja der Geburt nach nur ein gewöhnlicher Barbey und von keinerlei Adel, aber mit Leidenschaft reaktionär war als ein uradeliger d'Aurevilly, in royalistischen und orthodox katholischen Traditionen aufgewachsen – der blinde Barbey nahm sich beim Frühstück einen Flügel vom Huhn heraus und legte ihn, er sah ja fast nichts, statt auf, neben seinen Teller. Darauf aufmerksam gemacht, hatte er sofort die Erklärung: »So aß man das Geflügel in Valognes, als ich jung war.«

Bourget hatte aber vom Connétable erzählt, wie ihm einmal beim Spiel jemand plötzlich gesagt hat: »Mir kommt vor, Sie mogeln.« Und d'Aurevilly darauf diese Antwort gab: »Das ist möglich, Verehrter, aber ich gestatte nicht, daß man mir das sagt«, und sich zwei Tage darauf mit dem Unvorsichtigen auf Pistolen schoß.

Seit wann, wie und warum man sie Smain nannte, die Baronin Poilly, das wußte niemand mehr. Auch sie selber nicht. Einmal vor einem halben Jahrhundert hatten die Kinder ihr, wie das Kinder lieben, einen Namen gegeben und von ihm war dieses »Smain« als Rest übriggeblieben. Aber dieses Wort paßte damit, daß es nur sich selber bedeutete, wie die Namen, welche die Götter tragen, durchaus auf dieses seltsame idolhafte Wesen, um das auch immer wie um ein Götterbild ein feiner blauer Rauch nebelte, wirklich so und nicht metaphorisch damit die staunende Verehrung ihrer Gäste gemeint, denn es war der Rauch ägyptischer Zigaretten, die sie ohne auszusetzen qualmte, ob sie nun, höchst praktische Menagère, im Hof ihrer genauen Geflügelzucht herumwirtschaftete und Hahn und Henne von ihrem Wägelchen aus mit der Zigarette in der einen Hand, einen Rosenkranz in der andern, kommandierte, oder ob sie beim Diner, in der Rechten die Gabel, in der Linken die Zigarette, in den Schälchen ihrer besonderen Gerichte mehr stocherte als aß, denn sie wollte, wie sie sagte, nicht dick werden und habe eine gefährliche Anlage dazu. Die Anlage war immerhin schon auf zweihundertdreißig Pfund gediehen. Aber eingebettet in diese Masse, doch nicht von ihr vergraben, sondern sichtbar immer noch war die ehemalige Schönheit dieser Frau, so barbarisch derb und wie aufgeklebt rote Schminke auch auf den dichtbepuderten Wangen lag, und wie geschmacksicher war auch dies, das Götzenbildhafte zu betonen, das diese unförmliche Frau besaß. Aber auch immer noch ihr blauschwarzes Haar, das sie zum Turm aufgebaut trug, von dem Locken auf die Schulter fielen – und es waren wahrhaft kleine Orangen hineingeflochten wie in eine Girlande, richtige echte Mandarinen. Wir hatten hinten im Park das Theaterchen gezeigt bekommen, wo Smain amateurisch Marivaux und Sedaine und einmal auch ein chinesisches Stückchen ihrer ebenso beleibten Freundin Judith Gautier spielte mit ihren Gästen aus der Literatur und der Bühnenwelt – waren diese Früchte im Haar, diese seltsam geschnittenen Kleider in Stoffen, die wir als kleine Kinder an unsern Müttern gefühlt hatten, diese mit Ringen über und über bedeckten Finger, die knalligen Rosen auf den Wangen, war die Harfe, in der sie Akkorde griff zu einem Lied von Massenet, das sie mit einer feinen, immer noch klingenden Stimme sang – war das von der Liebe zum Theater übriggebliebener zigeunerischer Rest oder aus dem exotischen Blute von Vaters Mutter her, die eine Kreolin von der Isle Bourbon gewesen war?

Ihr Vater, ein bretonischer Baron Hallays-Coëtquen aus jener mit Chateaubriand verwandten Familie, glaubte, er müsse die frühreife Annette schon mit vierzehn Jahren verheiraten, so Angst hatte er vor dem Mädchen, das wohl von ihm die grüngrauen Katzenaugen, aber von der kreolischen Großmutter das brennende Feuer darin hatte. Sie heiratete mit siebzehn Jahren einen Grafen Brigode und war zwei Jahre darauf Witwe. Auch die zweite Ehe mit dem Baron de Poilly dauerte nur ein paar Jahre. Dann lebte sie ihren Launen, die so lange dauerten wie das Geld, das sie ausgiebig verschwendete und das zu Ende war mit ihrer Jugend. Genau zum gleichen Datum.

Es blieb nichts übrig, als ohne Launen, aber mit Ökonomie auf Folembray zu leben. Und alt zu werden. Mit den vielen und häufigen Gästen zusammen, die mit ihr Schritt im Altwerden hielten. Smain liebte Rosen, und überall im Park gab es ihren schweren Duft, als wir zu dritt, Montesquiou, Hofmannsthal und ich, spät in der hellen Juninacht jenes Jahres da spazierten. Und über Smain und das Los der alten Frauen sprachen. Wie sie in einer bitteren Verlassenheit zu Ende lebten, »mit einem Herzen aus Asche«, wie Hofmannsthal sagte. Montesquiou meinte, es gäbe eine Lösung und Erlösung davon, wenn sie es machten wie die Tochter des Herzogs von Morny, die Marquise von Belbeuf, die sich jetzt Marquis Mora nenne und sich als Mann kleide. In den Kreisen nannte und kannte man sie unter dem Namen Missi. Als alte Marquise hätte sie den Anblick der jungen Mädchen nicht ertragen, aber als alter Marquis war er ihr mehr als sympathisch. »Sie hat einen Ausspruch ihres Vaters, den Sie bei Goncourt finden, wahr gemacht, que la tribadie raffine la femme, la parfait, l'accomplit.« Hofmannsthal, immer gepeinigt, wenn menschliche Figur ins Fratzenhafte gewendet wurde, gab gleich dem Gespräch eine andere Richtung, indem er an ein Wort Smains erinnerte, das ihm in der Unterhaltung aufgefallen war: »Ich habe nur viele Neffen und Nichten und bin die Tante Annette, aber niemand nennt mich Großmutter.« Nicht weil ihre Schwiegertochter, die blonde zarte Brigode, um fünfundzwanzig Jahre jünger und schlank war, haßte sie sie, sondern weil sie keine Enkel von ihr hatte.

Anton Kuh

»In Paris überrascht ...« Von Menschen und Gewohnheiten

In Paris überrascht,

daß die Pariserin in ihren Forderungen an die Liebe ungefähr der Vorstellung entspricht, die man gemeinhin von den Bewohnerinnen des Tegernsees hat;

daß man in den Kaffeehäusern das Geld für die Zeche auf die Serviertasse legen kann, ohne »Zahlen!« zu rufen;

daß ein »Bock« nicht eine bestimmte Bier-Sorte oder -Farbe bezeichnet, sondern eine Maßeinheit, nämlich zwei Deziliter;

daß man für den Umgang mit Ämtern oder wichtigen Persönlichkeiten einen sogenannten »tuyau« braucht, das ist: eine Empfehlungszeile;

daß man auf den Terrassen der Kaffeehäuser nicht Eierspeise essen darf, weil im Freien nur Getränke serviert werden, resp. kalte Schüsseln;

daß man auf dem Boulevard Saint-Michel bis um ein Uhr morgens Buchhandlungen offen findet;

daß ein schwarzer Kaffee nicht »café noir« genannt wird, sondern »café nature«, wohingegen der Milchkaffee »café crème« heißt und nicht »café au lait«;

daß der letztgenannte eine graue und keine braune Tönung zeigt;

daß man als altösterreichischer Zögling der Bürokratie mit den Ausdrücken »expreß«, »rekommandiert«, »Recepisse«, »arretieren«, »Commissaire« vor Reichsdeutschen nicht nur im Umgang mit Ämtern einen uneinholbaren Vokabel-Vorsprung hat;

daß der Name des Sozialistenführers Léon Blum nicht, wie man annahm, »Blöm« ausgesprochen wird, sondern schlicht und deutsch »Blum«;

daß hingegen ein Dichter namens Heine hierorts genau so unbekannt ist wie ein zum Ersatz präsentierter: Henri 'Aen – weil die Pariser den Verfasser des ›Buchs der Lieder‹ nur als »eine« kennen;

daß um die Mittagsstunde auf den Treppen der Bankpalais unbeanstandet Bettler schlafen;

daß den Hausbesorgern hier eine so dominierende Stellung zukommt wie im alten Wien Eduard Pötzls und Vinzenz Chiavaccis;

daß das Radebrechen der französischen Sprache auf Frauenohren keinen erotischen Reiz übt;

daß die Polizisten im Dienst rauchen dürfen;

daß die musikalische Entwicklung Frankreichs hinsichtlich der Stücke, die von Orchestrions und Konzertkapellen bevorzugt werden, soeben bei den Schlagern: ›Sagen Sie geschwind, sind Sie das schöne Kind? ...‹, ›Hupf mein Mäderl ...‹ und ›Sei gepriesen du lauschige Nacht!‹ angelangt ist;

daß es zwar weniger Bettler gibt als in Wien, Berlin oder Prag, diese wenigen aber so erbarmungswürdig und vorsintflutlich-realistisch aussehen wie der Strolch, der in unserer Kindheit wegen eines Tellers Suppe an die Türe klopfte;

daß es zwischen zwölf und ein Uhr mittags leichter ist, den Ministerpräsidenten Frankreichs zu sprechen als den Portier, der uns zu ihm hinauflassen soll, da dieser gerade das Mittagessen zelebriert;

daß in die Kunstausstellungen wirklich Menschen gehen;

daß die regelmäßige Benützung der Metro (Untergrundbahn) fraglos den billigsten und gesündesten Körpersport darstellt, weil man an den Umsteigstellen immer einige hundert Meter unterirdisch zu laufen hat;

daß die Deutschenfrage außerhalb des Quai d'Orsay nur die wenigsten Menschen interessiert;

daß sich jemand, der um ein Uhr mittags, statt sechs Gänge zu bestellen, eine Schinkensemmel verlangt, politisch verdächtig macht;

daß im August jeder zweite Fleischer-, Bäcker-, Schuster-,

Krämer- und Grünzeugladen geschlossen ist, weil sich der Inhaber in der Sommerfrische befindet;

daß der Besitzer eines Zehn-Franc-Scheins von diesem nicht (wie es dem valutarischen Verhältnis entspräche) anderthalbmal, sondern zwanzigmal so schwer Abschied nimmt, als ein Tschechoslowake von zehn Kronen;

daß man in der Nacht den Fahrpreis der Auto-Taxis aushandeln kann;

daß den Franzosen hauptsächlich für zwei deutsche Worte der synonyme Ausdruck fehlt, weshalb sich diese zwei als Lieblingsfremdworte bei ihnen eingebürgert haben: »Ersatz« und »Weltanschauung«;

daß die Zeitungen auch am Sonntag erscheinen, und zwar dreimal täglich;

daß in der sprichwörtlichen Fremdenstadt der Zugereiste, dem Volk geringschätzig als »Metèque« (von den griechischen »Metöken«) bezeichnet, weniger Achtung und Liebe genießt als der Aschantineger im weiland Wiener Tiergarten;

daß man im Kleinhandel niemals vom Franc als Einheitsgeld redet, sondern von »vingt sous«, zwanzig Fünfsoustücken;

daß der ›Temps‹, das berühmte Regierungsblatt, erst um sechs Uhr abends erscheint;

daß der Pariser genau so ist, wie ihn Voltaire vor zweihundert Jahren in seinen Romanen ›Candide‹, ›L'ingénu‹ und namentlich der ›Prinzessin von Babylon‹ geschildert hat;

daß es für einen distinguierten Ausländer kein größeres Malheur gibt, als »Kuh« zu heißen.

Friedrich Sieburg

Wo die Welt speist
Diner bei Maxim's

Es genügte, mir den hallenden Schritt meines Heimweges durch die leere Stadt vorzustellen, um mich in diesen warmen Raum zu bannen, der von Stimmen rauschte, von wohlerzogenen Stimmen, die kein erkennbares Wort herausließen und doch so deutlich und selbstsicher waren, wie man sie nur in dieser Stadt hörte. Auch der Geruch, der den Raum mehr durchwehte als erfüllte, nahm mich gefangen. Aus den gebrochenen Stengeln des Fenchels kam unverkennbar das Bittere, das sich mit dem Puderduft und dem Parfüm der Frauen zu einer künstlichen und doch reinlichen Atmosphäre verband und den Rauch der Zigaretten, der in dünnen Fäden zur Decke stieg, nicht aufkommen ließ.

Ich war allein und wollte es bleiben, aber die Gesichter der meisten Menschen im Saal waren mir bekannt. Links von mir, so nahe, als ob sie zu mir gehörte, saß Madame Schiaparelli und plauderte mit dem Herzog von Windsor. Ihre langen schwarzen Lederhandschuhe lagen auf dem kreideweißen Tischtuch, und der linke hatte die Form ihrer Hand behalten, mit aufgebogenen Fingern. Der Herzog saß schweigend neben ihr, ein Ausdruck trüben Erstaunens wich nicht aus seinen Zügen, als habe er schon lange entdeckt, daß es für ihn nichts Traurigeres gebe als das Vergnügen. Die Menschen sahen nur verstohlen zu ihm hin, sie achteten seine Langeweile, die aus edlerem Stoff gemacht schien als sonst der menschliche Überdruß. Jetzt stellte der Kellner eine buntgarnierte Platte vor die beiden, aber der Herzog schenkte ihr keinen Blick, und als er zu essen begann, war man nicht sicher, daß er wußte, was er aß.

Da ging es an dem Tisch rechts von mir anders zu! Auf einer großen Schüssel war ein fester Salatkopf erschienen, den der Kellner wie eine Frucht in vier Stücke teilte und umständlich anrichtete. [...]

Die Musik im Hintergrund des Raumes begann so leise, daß es die Unterhaltung nicht störte, die ›Valse triste‹ von Sibelius zu spielen. Eine Blumenfrau, die wie eine Bittstellerin in einer italienischen Komödie gekleidet war, ging an den Tischen entlang und bot Veilchensträuße. Ich kaufte einen, aber er duftete nicht, im Gegenteil, die feuchten Blüten rochen bitterlich und nach Erde.

Auf der anderen Seite des Saales, mir gerade gegenüber, saß Bernard mit Eve, die den glattfrisierten Kopf, ohne Hut, in die Hand gestützt hielt und mit der Spitze ihres rotlackierten Fingernagels auf das Tischtuch zu zeichnen schien. Das Schweigen, das zwischen ihnen herrschte, war gewitterhaft. Man kannte sie nicht anders, sie waren es gleichsam ihrem Rufe als stürmisches Paar schuldig, die Welt diskret an ihren Spannungen teilnehmen zu lassen, und da es auch heute so war, fühlte sich jeder Gast in dem Saal doppelt heimisch. Alles war, wie es sein sollte, Madame Schiaparelli war gesprächig, der Herzog von Windsor war trübselig, Eve litt und Bernard grollte. Jetzt fehlte nur noch Madame Albenkian mit ihrem schwedischen Grafen, dachte ich. Aber da gewahrte ich die beiden schon, durch eine Säule halb verborgen. Sie trug ihren enormen Körper in den Panzer eines silbernen Abendkleides gebändigt, an ihren nackten Armen klingelten die Goldreifen. Ihr dunkles, orientalisches Gesicht war mit einem Ausdruck verzehrender Mütterlichkeit dem jungen Mann an ihrer Seite zugewandt, dessen blaue Augen gegenüber solcher Inbrunst ganz töricht geworden waren. Schnell wandte ich den Blick ab und betrachtete Bernard, der grade einem Nachbarn schwermütig und bedeutungsvoll zunickte, als wollte er sagen: »Da sind wir wieder einmal, aber was hilft es!« [...]

Wir waren ja so wenige, und wir kannten uns alle. Aber niemand hegte die geringsten Befürchtungen; die Musik hatte, fast unhörbar, wieder begonnen, die Kellner eilten hin und her, drei Rothschilds erschienen und fanden noch einen Tisch,

Olivia Brant lachte so laut, daß alle zu ihr hinsahen und damit erst richtig ihren wunderbaren Abendhut aus lauter grünschillernden Hahnenfedern gewahrten. Mit knabenhaftem Ernst blickte Jacques Fath in den Saal und wandte sich dann wieder seiner weißblonden Frau oder vielmehr ihrem Kleid aus schokoladefarbenem Samt zu, dessen tiefer Ausschnitt mit einem ungeheuren Clip aus Rubinen zusammengehalten war. Wie wohlwollend, wie liebenswürdig war diese Welt, deren Gefallsucht fast bis zur Unschuld gesteigert schien. Jeder Mund lächelte, jede Haut atmete, die Schultern der Männer in den Smokings fühlten sich kräftig, die Knie der Frauen in den leichten Kleidern waren sich ihrer engen Nachbarschaft und Wärme bewußt. Wer sich jetzt erhoben und laut gesagt hätte: »Die Menschen sind Steine – wer wagt es, sie umzuwenden!«, den hätte man erschrocken getröstet, dem hätte man ein Glas Champagner oder eine Scheibe Ananas zur Stärkung hinübergeschickt, hinüber an das Ufer des schwarzen Stroms, gegen dessen eisigen Anhauch alle Öffnungen und Ritzen sorgfältig verstopft waren.

Mein Glas war leer, der Weinkellner kam herbei und füllte es wieder. Liebevoll sah er dem roten Strahl zu, den er langsam in mein Glas lenkte. Seinem Amte entsprechend trug er eine schwarze Schürze, die ihm in dieser Welt einen bäuerlichen Anstrich gab. Sein ruhiges Gesicht, seine widerspenstigen schwarzen Haare, selbst seine tiefe Stimme schienen auf diese Schürze abgestimmt zu sein. »Sie kommen wohl vom Lande?« hätte man ihn fragen mögen, und er hätte es stolz bejaht. Er wurde Gaston gerufen, weil seit Jahrzehnten hier alle Weinkellner so genannt wurden, aber in Wirklichkeit hieß er Paul, wie er mir schon öfter anvertraut hatte. Das Glas war gefüllt, ich nahm einen Schluck, und dann lächelten wir uns zu, weil der Wein so gut war. »Käse aus dem Cantal sollten Sie dazu essen, es ist schade um jeden Tropfen, der nur so getrunken wird«, meinte er, und ehe ich mich versah, stand ein Stück von jenem blaßgelben, sehr harten Käse vor mir, von dem ich mir sogleich einen Würfel zurechtschnitt. Paul blieb stehen und sah mir zu, er fühlte, daß mir seine Nähe angenehm war. Nichts gehe über ein solches Stück Käse, sagte er leise, mit einem Schluck Wein dazu. Es brauche nicht einmal ein so guter Wein zu sein wie dieser Pontet-Canet. Es könne auch ein ganz kleiner, blasser Landwein sein. »Wie bei uns zu Hause. Es ist ein steiniges Land, und das Pflügen ist dort kein Spaß. Auch der Wein ist nicht besonders. Aber es ist doch ein angenehmes Land, wenigstens für die Leute, die dort zu Hause sind.« Er sah sich vorsichtig im Saale um, ob niemand ihn brauche, einige Leute waren schon im Aufbruch, ein Nerzmantel wurde gebracht. [...]

Es war spät, einige Paare strebten dem Ausgang zu, jetzt sah man die Abendkleider erst richtig, die stoffgewordene Wärme duftender Körper, die sich wohlig rührten, das gelassene Spiel holder Hüften und die tausendfältige Art, den Hals und den geschmückten Kopf aus der Haft des Ausschnittes zu entlassen. Olivia, die sich erhoben hatte, stand mit ihren vergoldeten Sandalen auf einer zu Boden gefallenen Serviette, die mit schreienden Flecken von Lippenrot bedeckt war. Der Herzog von Windsor zog seine Nelke aus dem Knopfloch und warf sie in das Wasser des Champagnerkübels. [...]

Mir fiel jetzt die Novembernacht wieder ein, die draußen war und die mich von meiner Wohnung trennte, und so erhob ich mich denn, um nach Hause zu gehen. Einen Wagen wollte ich nicht nehmen, obwohl es rauh und feucht war. Der Mond war wohl inzwischen untergegangen, denn die milchige Trübe des Himmels war einer völligen Finsternis gewichen. Die Steine unter meinen Tritten glänzten schwach vor Feuchtigkeit.

Joseph Roth

»Der Jubel ist schauderhaft und betäubend«
Stierkampf in der Arena

Langsam füllt sich die Arena. Die Erwachsenen, die Kinder und die Soldaten sitzen vom ersten, tiefsten Rang bis zum höchsten, und selbst am obersten Rande der Mauer hocken und stehen noch Zuschauer. Die Arena ist ungefähr drei Stockwerke hoch. Die steinernen Galerien sind mit Menschen gespickt, die ganz klein sind in diesem weißen, runden Ungeheuer. Die vielen Köpfe neben- und übereinander wachsen aus dem Stein wie Rüben aus einem Feld. Es ist, als hätten die Menschen sich nicht gesetzt, sondern als hätte man sie gesät und sie wären aufgegangen. Die Sonne liegt weiß schmelzend auf dem kahlen Rund in der Mitte. Ringsum ein Zaun mit vielen Toren und mehreren verborgenen Ein- und Ausgängen. Aus einem dieser Tore stürzt nach einem feierlichen Trompetenstoß der erste Stier, empfangen vom Geheul der Zuschauer und geblendet von der schmerzenden Sonne. Der Stier kommt aus dem guten dunklen und kühlen Stall. Ihm ist diese Arena eine wüste Hölle aus weißgelbem Brand und Geschrei. Die Hörner gesenkt, die Vorderbeine geknickt, setzt er zum ersten Sprung an, der ihn retten soll. Nach einer Sekunde hat er bereits gesehn, daß aus diesem Ring kein Ausweg ist. Er läuft den runden Zaun entlang und säubert ihn von den Zuschauern, den Männern, die alle mit flinken Sprüngen über die Planken setzen. Sie schreien dabei, beschimpfen das Tier, werfen ihm Mützen in den Weg. Der Stier stößt gegen den Zaun. Indessen sind die jungen Leute wieder in der Mitte der Arena. Sie locken den Stier, schreien, schrecken ihn. Einer läuft dem Tier entgegen, streckt die Hand aus, der Stier stößt gegen den Mann vor, der Mann entweicht. Er ist flinker, er ist zweibeinig, er hat Genossen, die ihm helfen und den wütenden Stier ablenken, er ist in einer unvergleichlich besseren

Situation, der tapfere Mensch. Er darf alle Waffen benützen: die List, die Feigheit, die Zweibeinigkeit, den Zaun, die Ausgänge, den eisernen Kamm. Der Stier hat nichts, man hat ihm über die Hörner Schläuche aus Leinwand gestülpt, um seine Stoßkraft zu mindern.

Der Stier ist schwarz, kräftig, um seinen Nacken kräuselt sich das Fell, sein guter, breiter Schädel glänzt bläulich in der Sonne, seine Augen sind groß, ratlos, dunkelgrün und in aller Wildheit noch fromm.

Die Menschen, die ihn reizen, sind jung, braunhäutig, dumm. Unter ihnen sind zwei, die ich nie vergessen werde: der eine dick, schwer, mit einem würfelförmigen Schädel, den linken Unterarm bandagiert, die Hände klotzig, die Finger aus primitiv geschnitztem Holz, die Nase kurz und stumpf, eine Stirn, die aus zwei Querfalten besteht und zwei Wülsten, die Augen groß unter ganz kleinen Lidern. Das ist der flinkste Jäger, trotz seiner Körperschwere. Er setzt mit einem hohen Sprung über den Zaun. Er läßt sich im richtigen Moment fallen. Er vollführt fünf Drehungen in einer Sekunde. Er ritzt die Stirn des Stiers mit dem eisernen, scharfen Kamm und ist im nächsten Augenblick verschwunden. Er wird zwanzigmal beklatscht, ein paarmal von der Präsidentenloge geehrt, die Musik bläst ihm zu Ehren einen Tusch. Nichts kann seinem Ehrgeiz genügen. Das ist kein Spiel mehr. Dieser Mann haßt den Stier mit der ganzen Kraft seiner Seele. Das Tier ist sein Feind. Dieser Mann will den Stier bluten sehn.

Sein Kollege ist dünn, groß, schwarz, mit langen Gliedmaßen, die ihn hindern. Seine schmale Nase ragt wie ein Messer aus dem Gesicht. Dieser Mann haßt das Tier ebenfalls. Er greift zu Mitteln, die noch hinterhältiger sind als die üblichen. Er rächt sich am Stier für sein eigenes Ungeschick. Er spannt einen violetten Damenschirm auf und hält ihn dem Stier vors Angesicht. Verfolgt, und vom Schirm geschützt, kriecht er über den Zaun und stößt aus seiner feigen Sicherheit die Spitze des Schirms gegen das Geschlecht des Stieres. Großes Gelächter in der Arena. Die Zuschauer halten sich die Bäuche. Das häßlichste Requisit, das der Menschengeist erfunden hat, wird zur Waffe gegen das kräftigste der Tiere. Der Mann konnte kein besseres Symbol für die Würde der Menschheit finden.

Ratlos, erschöpft, mit fließendem Schaum steht der Stier, den Blick gegen das Tor gerichtet, hinter dem der gute, warme, riechende Stall ist, die bergende Heimat. Ach! das Tor ist geschlossen und öffnet sich vielleicht nicht wieder! Die Menschen schreien und lachen, und es scheint, daß der Stier jetzt schon zu unterscheiden weiß zwischen den reizenden Rufen und dem billigen Spott. Eine ungeheure Verachtung, größer als diese Arena, erfüllt die Seele des Stiers. Jetzt weiß er, daß man ihn auslacht. Jetzt ist er zu schwach, um wütend zu sein. Jetzt erkennt er seine Ohnmacht. Jetzt ist er kein Tier mehr. Jetzt ist er, in einem, die Verkörperung aller Märtyrer der Weltgeschichte, Jetzt sieht er aus wie ein verspotteter, geschlagener Jude aus dem Osten, jetzt wie ein Opfer der heiligen Inquisition, jetzt wie ein zerrissener Gladiator, jetzt wie ein gemartertes Mädchen vor dem mittelalterlichen Rat, und in seinem Blick liegt ein Schimmer von dem leuchtenden Schmerz, der im Auge des Gekreuzigten gebrannt hat. Der Stier steht und hofft nicht mehr.

Da erscheint hinter dem Zaun mein Tischgenosse, der Bauer, der so freundlich den Hund gefüttert hat, die gute Seele, mit einer langen Mistgabel und stößt zwei spitze Zinken in den Rücken des Tieres, um es aufzumuntern. Der Stier springt auf, schlägt aus, scharrt den Sand zu einer Wolke auf, rennt gegen den ersten Schreier, stößt mit dumpfem Laut gegen den Zaun, springt über das Geländer, rast im engen Raum zwischen Zaun und Zuschauern. Der Jubel ist schauderhaft und betäubend. Man hört ihn gewiß eine Meile in der Runde.

Oh, jetzt werden noch die schönsten Dinge kommen! Noch wartet man auf den stolzen und rotgoldenen Reiter, die funkelnden Springer, die Träger der roten Tücher, die Pfeilewerfer. Alles, was sich bis jetzt ereignet hat, war nur ein Vorspiel. Die gutherzigen, wohlerzogenen, höflichen Bürger, die sich mit tapferen Zurufen und heroischen Taschentüchern am Spiel aus gesicherter Entfernung beteiligen, die Schneider und Friseure im Sonntagsanzug, sie sind schon aufgeregt. Der Schaum genügt ihnen nicht. Sie wollen Blut sehen, die Braven!

Ich werde die rotgoldenen Helden nicht mehr sehen. Wenn ich das Aussehen eines Tieres hätte unter diesen Menschen – ich bliebe vielleicht. Aber ein Stier könnte mich Unglücklichen für einen Menschen halten. Mein einziger Genosse ist ein kleiner, weißer Hund, den eine Frau mitgebracht hat. Der Hund bellt immer aufgeregt, wenn ein Mensch dem Stier entflohen ist. Der Hund möchte dem Stier beispringen. Ich auch.

Aber, ach! was können zwei arme Hunde gegen fünftausend Menschen?!

VII.

»Der ganze Garten Frankreichs ...«
Aus Küche und Keller

Johann Wolfgang von Goethe

Traurige Lage – willkommener Scherz
Eine Wein-»Eroberung« in der Champagne

Den 19. September nachts
[1792]

So gelangten wir bis Somme Tourbe, wo man halt machte; der König war in einem Gasthofe abgetreten, vor dessen Türe der Herzog von Braunschweig, in einer Art Laube, Hauptquartier und Kanzlei errichtete. Der Platz war groß, es brannten mehrere Feuer, durch große Bündel Weinpfähle gar lebhaft unterhalten. [...]

Ich war zu spät angekommen und mochte mich in der Nähe umsehen wie ich wollte, alles war schon, wo nicht verzehrt, doch in Besitz genommen. [...] Als mir aber soeben ein lieber Bekannter begegnete, der so gut wie ich an Hunger und Durst litt, fiel mir eine Kriegslist ein. [...] Ich forderte meinen Freund auf, die lange Gasse mit hinunter zu gehen. Aus dem vorletzten Hause kam ein Soldat fluchend heraus, daß schon alles aufgezehrt und nirgends nichts mehr zu haben sei. Wir sahen durch die Fenster, da saßen ein paar Jäger ganz ruhig; wir gingen hinein, um wenigstens auf einer Bank unter Dach zu sitzen, wir begrüßten sie als Kameraden, und klagten freilich über den allgemeinen Mangel. Nach einigem Hin- und Widerreden verlangten sie wir sollten ihnen Verschwiegenheit geloben, worauf wir die Hand gaben. Nun eröffneten sie uns, daß sie in dem Hause einen schönen wohlbestellten Keller gefunden: dessen Eingang sie zwar selbst sekretiert, uns jedoch von dem Vorrat einen Anteil nicht versagen wollten. Einer zog einen Schlüssel hervor und nach verschiedenen weggeräumten Hindernissen fand sich eine Kellertür zu eröffnen. Hinabgestiegen fanden wir nun mehrere, etwa zweieimrige Fässer auf dem Lager, was uns aber mehr interessierte, verschiedene Abteilungen in

Sand gelegter gefüllter Flaschen, wo der gutmütige Kamerad, der sie schon durchprobiert hatte, an die beste Sorte wies. Ich nahm zwischen die ausgespreizten Finger jeder Hand zwei Flaschen, zog sie unter den Mantel, mein Freund desgleichen, und so schritten wir, in Hoffnung baldiger Erquickung, die Straße wieder hinaufwärts.

Unmittelbar am großen Wachfeuer gewahrte ich eine schwere starke Egge, setzte mich darauf und schob unter dem Mantel meine Flaschen zwischen die Zacken herein. Nach einiger Zeit bracht' ich eine Flasche hervor, wegen der mich meine Nachbarn beriefen, denen ich sogleich den Mitgenuß anbot. Sie taten gute Züge, der letzte bescheiden, da er wohl merkte er lasse mir nur wenig zurück; ich verbarg die Flasche neben mir und brachte bald darauf die zweite hervor, trank den Freunden zu, die sich's abermals wohl schmecken ließen, anfangs das Wunder nicht bemerkten, bei der dritten Flasche jedoch laut über den Hexenmeister aufschrieen; und es war, in dieser traurigen Lage, ein auf alle Weise willkommener Scherz.

Alfred Kerr

»So groß wie eine kleine Kirsche ... Ihr Nam' ist bigourneaux«

Mittags an der Wirtstafel (unmodisch-erlebnisreicher Gasthof). Es beginnt eine Zwölfuhrmahlzeit mit Austern, die kein Leckerbissen sind, sondern ein Landgemüse; mit rosa Riesenkrabben von zartestem Fleisch, süß schmecken sie schier; mit kleinen Schnecken, zu denen jeder Gast eine lange Stecknadel bekommt, sie herauszuholen.

Ich bin ein alter Escargot-Esser oder Schneckenfreund, mit Petersilie; doch ist mir diese Gattung noch unbekannt. Jede so groß wie eine kleine Kirsche nur; und sie heißen bigourneaux. Köstlich, – schllllffff! Mehr sag' ich nicht, höchstens noch, daß die Schaltiergattungen von Marseille (welches die Schneckenstadt für mein Gefühl ist) nicht solchen bretonischen bigourneaux standhalten. Allerfreundlichster Eindruck, im allerfreundlichsten Gedenken. Bigourneaux ist ihr Name. Ihr Nam' ist bigourneaux.

WALTER BENJAMIN

»Der ganzc Morgen von diesem Tag«
Café crème

Wer sich auf silbernem Brettchen, mit Butterkugeln und Marmelade garniert, den Morgenkaffee auf seinem Pariser Zimmer servieren läßt, weiß nichts von ihm. Im bistro muß man ihn nehmen, wo zwischen den Spiegeln das petit déjeuner selber ein Hohlspiegel ist, in dem das kleinste Bild dieser Stadt erscheint. Bei keiner Mahlzeit sind die Tempi verschiedener, vom mechanischen Handgriff des Angestellten, der am zinc sein Glas Melange herunterstürzt, bis zum beschaulichen Genusse, mit dem, in der Pause zwischen zwei Zügen, ein Reisender langsam die Tasse leert. Und selber sitzest du vielleicht neben ihm, am gleichen Tische, auf der gleichen Bank und bist doch weit entfernt und für dich. Deine morgendliche Nüchternheit opferst du, um etwas zu dir zu nehmen. Und was nimmst du mit diesem Kaffee nicht alles zu dir: den ganzen Morgen, den Morgen von diesem Tag und manchmal auch den verlorenen des Lebens. Hättest du als Kind an diesem Tische gesessen, wieviel Schiffe wären nicht über das Eismeer der Marmorplatte gezogen. Du hättest gewußt, wie es auf dem Marmara-Meere aussieht. Den Blick auf einen Eisberg oder ein Segel hättest du einen Schluck für den Vater und einen für den Onkel und einen für den Bruder genommen, bis an den dicken Rand deiner Tasse, breites Vorgebirge, auf welchem die Lippen ruhten, langsam die Sahne wäre angeschwemmt gekommen. Wie schwach ist dein Ekel geworden. Wie schnell und wie hygienisch geht es zu: du trinkst; du tunkst nicht, du brockst nicht ein. Verschlafen greifst du nach der madeleine im Brotkorb, brichst sie und merkst nicht einmal, wie es dich traurig macht, sie nicht teilen zu können.

HERMANN KESTEN

»Man diskutierte von den Austern bis zum Käse« Zu Tisch mit Dichtern

Die Dichter hatten auch ihre literarischen Freßgesellschaften, sie hielten die Gabel so gern wie die Feder.

Vom *Dîner Magny* sprechen die Tagebücher der Brüder Goncourt und die Korrespondenz von Flaubert. Gavarni hatte seine Freunde, den Doktor Veyne, einen Arzt der Bohemiens, die Brüder Goncourt, Sainte-Beuve und Chennevière zum Essen eingeladen. Das gefiel allen so gut, daß sie beschlossen, regelmäßig im *Restaurant Magny* zusammen zu speisen. Bald kamen Flaubert, Turgenjew, Taine und Gautier dazu. Man diskutierte von den Austern bis zum Käse und Kaffee über Gott und die Religion. Es glich den Sitzungen der Académie Française. [...]

Das *Dîner Magny* führte zum Zwist zwischen Renan und Edmond de Goncourt, der die Gewohnheit hatte, die Bonmots der andern bei den Mahlzeiten zu notieren. Als Edmond de Goncourt später diese Notizen veröffentlichte, klagte ihn Renan der Indiskretion an.

Flaubert kam mehrmals eigens von seinem Landhaus in Croisset, und die Brüder Goncourt unterbrachen fürs *Dîner*

Magny sogar eine Badereise. Renan brachte den berühmten Chemiker Berthelot mit, dem die Synthese von Alkohol und von Benzol gelungen ist. Alexandre Dumas und George Sand kamen zum *Dîner Magny,* wo Flaubert und die Sand sich kennen lernten, damals begann ihre ausführliche Freundschaft und Korrespondenz.

Einmal beschrieb Edmond de Goncourt anläßlich des Todes von Baudelaire dessen Genußsucht und Verkommenheit. Jules de Goncourt erzählte eine unanständige Geschichte über Baudelaire. Die George Sand, die gerade ihre Freundin Juliette Lamber, vulgo Madame Adam mitgebracht hatte, erklärte, solche Konversation sei ihr zuwider, worauf Flaubert lachend gewürztere Geschichten versprach. Ich verbiete es dir! rief die Sand. Darauf fragte Flaubert die Juliette Lamber, warum in ihren ›Récits d'une paysanne‹, einem guten Buch übrigens, eine Figur in einem Kapitel einen Arm in der Mähmaschine verloren hatte, aber im nachfolgenden Kapitel etwas mit beiden Armen aufhob.

George Sand und Alexandre Dumas erzählten sogleich von ähnlichen Nachlässigkeiten in ihren Werken. Als aber Flaubert auf einen Irrtum im neuen Buch der Brüder Goncourt hinwies, verstimmte er beide Brüder, die ja nur ein Autor waren.

Nach dem Tod von Sainte-Beuve speiste man bei *Brébant.* Dort aßen die Literaten während der Belagerung von Paris, als gebe es keine Hungersnot. Als man ihnen einen Hammel servierte, rief Hébrard: »Das nächste Mal serviert man den Schäfer!«

»Hammel?« rief ein anderer. »Das ist eine schöne Hundekeule!« Mehrere schienen angeekelt. Jener tröstete sie, es gebe schon zum drittenmal Hundefleisch. Nefftzer, der Chefredakteur vom ›Temps‹, fand die Keule deliziös, leckte sich die Lippen und schwärmte von gebratenen Ratten, ihr Geschmack schwebe zwischen Truthahn und Schwein. Renan wechselte die Farbe, legte die Zeche auf den Tisch und floh.

Die Parnassiens hatten regelmäßig ihr *Dîner de l'homme qui pêche.* Beim *Dîner du bœuf nature* aßen die jungen Freunde von

Zola, die 1880 mit ihm die ›Soirées de Médan‹ veröffentlicht hatten, Paul Alexis, Henry Céard, Léon Hennique, Guy de Maupassant, Joris-Karl Huysmans und ihr junger Freund Octave Mirbeau. Zola präsidierte, Paul Cézanne, Paul Bourget, Gustave Flaubert, Edmond de Goncourt waren Ehrengäste.

Bei *Trapp,* nahe der Gare Saint-Lazare, gaben am 16. April 1877 die jungen Naturalisten ihren Meistern Flaubert, Goncourt und Zola ein Essen und hoben die *école naturaliste* aus der Taufe. Das Menu lautete angeblich: *Potage, purée Bovary; Truite saumonnée à la Fille Elisa; poularde truffée à la Saint Antoine; Artichauts au Cœur simple; parfait naturaliste; vins de Coupeau; Liqueur de l'Assomoir.* Gustave Flaubert vermißte noch *anguilles à la Carthaginoise* und *Pigeons à la Salambô.*

Das »Dîner der ausgepfiffenen Autoren« hieß auch *Dîner Flaubert.* Turgenjew hatte es angeregt. Flaubert war mit seinem ›Candidat‹ durchgefallen. Zola mit ›Bouton de Rose‹, Goncourt mit ›Henriette Maréchal‹, Alphonse Daudet mit der ›Arlesienne‹, und Turgenjew gab sein »großes Ehrenwort«, er sei in Rußland ausgepfiffen worden. Sie sprachen sogar über Literatur, einmal stritten sie sechs Stunden lang aufs Heftigste um den Rang von Chateaubriand.

Im *Restaurant La Fourchette* speisten regelmäßig elf reifere Schriftsteller, die sich gegenseitig geschworen hatten, einander in die Académie Française zu bringen. Natürlich gelang es. Ein Monsieur Roger, der nichts geschrieben hatte, ließ wenigstens eine Übersetzung von Goldonis Lustspiel ›Der Advokat‹ drucken, worauf ihm Ludwig XVIII. sagte, »Ihre Sache wurde von einem zu guten ›Advokaten‹ vertreten, um nicht von vornherein gewonnen zu sein.«

Auch Honoré de Balzac gründete eine literarische Eßgemeinschaft mit Schriftstellern und Journalisten, darunter Théophile Gautier. Sie vereinbarten, gewisse schlechte Autoren totzuschweigen, andre verdiente zu rühmen. Sie aßen schlecht im *Cheval rouge* hinter dem Jardin des Plantes.

Kurt Tucholsky

»Der große Tag der Côte d'Or«
Weinversteigerung in Beaune 1928

Um halb zwei Uhr ist der alte Keller im Hospital von Beaune schon gesteckt voll. Im Saal sitzen die Händler; vor ihnen auf einem Podium, vor riesigen Fässern, der Bürgermeister und die Stadträte; an einem der Fässer hängt ein kleines Telefon; Neugierige sitzen auf den Fässern ringsum und lassen die Beine baumeln. Die kleine Holztribüne steht auf Fässern, da drängen sich die Leute in beängstigender Fülle. Um zwei Uhr beginnts.

Dies ist der große Tag der Côte d'Or, wo auf sechzig Kilometer Länge die großen Weine der Bourgogne wachsen: der Clos Vougeot und der Pommard und der Romanée Conti und alle die andern. Die Winzer sind mit diesem Weinjahr mehr als zufrieden, und mit Recht. Der Most des Pommard ist nun zwei Monate alt, aber das Kind kann schon laufen – das wird einmal, wenn nicht alles täuscht, ein großer Wein. Nun eröffnet der Bürgermeister die Versteigerung.

Vor einem Beisitzer steht eine Wachskerze, an der er ununterbrochen zwei winzige Lichtchen nacheinander entzündet: Solange die brennen, darf geboten werden, jedes leuchtet nur etwa eine halbe Minute, ist bis dahin der Zuschlag nicht erfolgt, so wird wiederum angezündet; das ist ein sehr alter Brauch. (Wird in Frankreich etwas gerichtlich versteigert, so brennen drei Kerzen – in Beaune nur zwei.) Sie bieten.

Ein Doppelfaß »Nicolas Rollin«, so heißt der Begründer des Spitals, das heute der Stadt gehört, ein Doppelfaß von 456 Litern bringt 15 000 Francs – und der ganze Saal applaudiert – der Wirt vom Hôtel de la Poste in Beaune strahlt über das ganze Gesicht: Er hat etwas für seinen Keller.

Vorher haben die Händler den Wein aus kleinen silbernen gobelets gekostet, niedrigen, flachen Schalen mit einem Handgriff, von uralter Form; ihr Grund ist ornamentiert, damit sich der Wein richtig spiegelt. Sie heben die Tasse an die Nase, ziehen den Duft ein und kosten, unendlich behutsam.

Die alten Stiftungen legten gern den Wein mit der Fürsorge für die Kranken zusammen – man denke nur an das Bürgerspital in Würzburg. Dieses Hospital in Beaune ist ein wunderschönes, altes Bauwerk, mit einer Küche, darin noch ein alter eiserner Bratenröster unermüdlich seine Räder dreht.

Vorher hat die Stadt ein Frühstück gegeben: Der Bürgermeister und der Souspräfekt präsidierten.

Die Weine rannen in die Gläser. [...]

Und Reden wurden gehalten. [...]

Sie versteigern noch immer. Faß auf Faß geht hinaus in die Welt – der Lohn für die Arbeit eines Jahres wird einkassiert. »Premier feu!« ruft der dicke Ausrufer – soviel wie unser »Zum ersten!« – das kleine Licht erglänzt, erlöscht, erglänzt, es riecht nach Wein und weingetränktem Holz, die Glatzen glänzen, der freundliche, alte Bürgermeister [...] spricht den Käufern ihre Fässer zu, die Schreiber schreiben ...

Und wieder einmal ist zu sehen, daß Paris nicht Frankreich ist, und seine Fremdenviertel schon gar nicht. In den sanftblauen Spätherbsthimmel klingelt die Turmuhr, ein braunes Licht liegt über diesem Garten Gottes.

ERNEST HEMINGWAY

»Essen Sie auch genug?« Hungrig in Paris

Man wurde sehr hungrig, wenn man in Paris nicht genug aß, weil alle Bäckereien so gute Sachen in der Auslage hatten und die Leute im Freien an Tischen auf dem Bürgersteig aßen, so daß man das Essen sah und roch. [...]

Nachdem man aus dem Luxembourg hinauskam, konnte man die schmale rue Férou bis zur place St-Sulpice hinuntergehen, und auch da gab es keine Restaurants, nur den stillen Platz mit seinen Bänken und Bäumen. Dort war ein Springbrunnen mit Löwen, und auf dem Bürgersteig spazierten Tauben umher und hockten auf den Statuen der Bischöfe. Dort war die Kirche, und auf der Nordseite des Platzes waren Geschäfte, in denen religiöse Gegenstände und Meßgewänder verkauft wurden.

Von diesem Platz aus konnte man nicht näher an den Fluß gelangen, ohne an Bäckereien und Konditoreien oder an Läden, wo Obst, Gemüse und Wein verkauft wurden, vorbeizukommen, aber wenn man seinen Weg sorgfältig wählte, konnte man sich rechts um die grau- und weißsteinige Kirche hinaufarbeiten und zur rue de l'Odéon gelangen und rechts zur Buchhandlung von Sylvia Beach abbiegen, und auf diesem Wege kam man nicht an allzu vielen Geschäften vorbei, in denen Eßwaren verkauft wurden. In der rue de l'Odéon waren keine Eßlokale, bis man zum Platz kam, wo es drei Restaurants gab.

Bis man die rue de l'Odéon 12 erreicht hatte, konnte man seinen Hunger zügeln, aber alle Wahrnehmungen waren wieder gesteigert. Die Fotografien sahen anders aus, und man sah Bücher, die man nie zuvor gesehen hatte.

»Sie sind zu dünn, Hemingway«, würde Sylvia sagen. »Essen Sie auch genug?«

»Gewiß.«

»Was haben Sie zu Mittag gegessen?«

Mein Magen drehte sich um, und dann sagte ich: »Ich gehe jetzt nach Hause essen.«

»Um drei Uhr?«

»Ich wußte nicht, daß es so spät ist.« [...]

»Dann gehen Sie jetzt nach Hause und essen Ihr Mittagbrot.«

Draußen auf der rue de l'Odéon war ich von mir selber angewidert, weil ich mich über all das beklagt hatte. Ich tat das, was ich tat, aus freien Stücken, und ich benahm mich dabei ganz töricht. Ich hätte ein großes Brot kaufen und es essen sollen, statt eine Mahlzeit auszulassen. Ich konnte die herrliche braune Kruste schmecken. Aber es ist trocken im Mund, wenn man nichts dazu trinkt. Du verfluchter Meckerer. Du drekkiger, falscher Heiliger und Märtyrer, sagte ich zu mir. Du hast aus eigenem Antrieb den Journalismus aufgesteckt. Du hast Kredit, und Sylvia hätte dir Geld geborgt. Hat sie häufig getan. Gewiß. Und das nächste wäre dann, daß man zu einem neuen Kompromiß bereit ist. Hunger ist gesund, und die Bilder sehen wirklich schöner aus, wenn man hungrig ist. Essen ist auch wunderbar, und weißt du, wo du jetzt sofort etwas essen wirst?

Bei *›Lipps‹* wirst du essen und auch trinken.

Zu *›Lipps‹* war es nicht weit, und jedes Lokal, an dem ich vorbeikam, das mein Magen ebenso schnell bemerkte wie meine Augen und meine Nase, machte den Weg zu etwas Besonderem und vergrößerte das Vergnügen. Es waren nur wenige Leute in der *brasserie,* und als ich mich auf die Bank setzte, gegen die Wand, mit dem Spiegel im Rücken und dem Tisch vor mir, und der Kellner mich frug, ob ich Bier haben wolle, bestellte ich Kartoffelsalat und ein *distingué,* den großen Glaskrug, der einen Liter faßt.

Das Bier war sehr kalt und trank sich wunderbar. Die *pommes à l'huile* waren fest und gut mariniert und das Olivenöl köstlich. Ich zermahlte etwas schwarzen Pfeffer über den Kartoffeln und tunkte das Brot in das Olivenöl. Nach dem ersten tiefen Zug Bier trank und aß ich sehr langsam. Als die *pommes à l'huile* alle waren, bestellte ich mir noch eine Portion und eine *cervelas.* Das war eine Wurst, wie eine große, dicke, in Hälften geschnittene Frankfurter, die mit einer vorzüglichen Senfsauce bedeckt war.

Ich wischte alles Öl und alles von der Sauce mit Brot auf und trank das Bier langsam, bis es nicht mehr so kalt war, und dann trank ich es aus und bestellte ein *demi* und sah zu, wie es abgezogen wurde. Es schien kälter als das *distingué,* und ich trank es zur Hälfte. [...]

Mittlerweile hatte ich die Rechnung bezahlt und war hinausgegangen und bog nach rechts ab und überquerte die rue de Rennes, um nicht in die *Deux Magots* zu gehen und einen Kaffee zu trinken, und ging die rue Bonaparte entlang auf dem kürzesten Wege nach Hause.

JOSEPH WECHSBERG

»Diese Mahlzeit ist ein Ritual« Das Geheimnis der Bouillabaisse

Die Bouillabaisse hat vieles mit einer Stradivari gemeinsam: Jeder hat schon davon gehört, aber niemand scheint zu wissen, warum sie etwas so Besonderes ist. Und die geheimnisvollen provenzalischen Namen erschweren es einem noch obendrein, das Grundrezept zu erfassen. An der fünfzig Kilometer langen Küste zwischen Marseille und Toulon trifft man zuweilen auf drei oder vier verschiedene Bezeichnungen für eine einzige Fischsorte. Sogar französische Sachverständige sind sich da nicht immer einig.

Die französischen *bouillabaissiers* können tagelang darüber streiten, ob in die klassische Bouillabaisse Langusten gehören oder nicht (ich bin dafür); ob es gestattet ist, anstatt Wasser

Wein zu verwenden (ja); ob man Miesmuscheln hineintun soll, wie es in Nizza üblich ist (kein Kommentar). Und in Paris gibt es Restaurants, in denen die Fische in einer Mischung aus Wasser und Wein gekocht werden, ja in einzelnen Fällen tut man sogar Absinth in die Suppe, um die harmlosen ausländischen Gäste zu beeindrucken.

Sparsame provenzalische Hausfrauen kochen eine sehr eigenartige Suppe, die sogenannte *bouillabaisse borgne* (auf provenzalisch: *Aigo-sau-d'iou),* die überhaupt keinen Fisch enthält. Hier ist das Rezept: Man tue einen kleingeschnittenen weißen Porreestengel und eine gehackte Zwiebel in einen Topf und brate sie in Olivenöl an. Dann füge man eine zerschnittene Tomate, drei zerquetschte Knoblauchzehen, Fenchel und Orangenschale hinzu, gieße einen Liter kaltes Wasser darüber, würze mit Pfeffer, Salz und einem halben Eßlöffel Safran. Dazu kommt ein Pfund geschälte Kartoffeln, die in knapp ein Zentimeter dicke Scheiben geschnitten sind. Das Ganze wird auf gutem Feuer gekocht, bis die Kartoffeln weich sind; sie dürfen jedoch nicht zerfallen. Während die Kartoffeln noch kochen, schlage man vorsichtig fünf Eier in die Flüssigkeit. Zum Schluß gieße man die Flüssigkeit über Toastscheiben, nehme alle Kräuter und Gewürze heraus, häufe die Kartoffeln auf eine vorgewärmte Platte und lege die pochierten Eier darauf. Dann bestreue man sie mit gehackter Petersilie und trage auf.

Fast jede Küstengegend Frankreichs hat ihre eigene Fischsuppe. Am Atlantik kocht man *bouillabaisse à la Coran d'Ys* mit Weißwein *und* Pernod, die über geröstetes, mit Knoblauch eingeriebenes Brot gegossen wird. In der Normandie verwendet man keinen Safran zur Fischsuppe, tut aber eine Menge Nudeln hinein, um ihr Konsistenz zu geben. Und da wir einmal von Konsistenz sprechen, sollte ich vielleicht noch die Schifferin-Suppe an der deutschen Nordseeküste erwähnen, die mit Sherry und Weißwein zubereitet wird und in die anstatt des gerösteten Brots Spaghetti kommen. Und wer je eine

Reise durch die Bretagne unternimmt (»der einzige Teil Frankreichs, von dem aus man wirklich den Ozean sehen kann«, wie Jean Richepin sagte), der sollte unbedingt zur Küste von Cornouaille oder nach Pont-Avon oder Concarneau fahren und die sogenannte *cotriade*, eine köstliche bretonische Fischsuppe, bestellen. Sie wird aus Kartoffeln und Zwiebeln und natürlich sämtlichen Fischsorten zubereitet, von denen das Meer an dieser Küste wimmelt. Diese Mahlzeit ist geradezu ein Ritual. Man nimmt einen Bissen gekochten, in Essig getauchten Fisch, dann ein Stück Kartoffel und schließlich einen Schluck Apfelwein. Die Bouillon wird hinterher gegessen.

Joachim von Kürenberg

Im Kloster Hautvillers oder Von der Entstehung des Champagners

»Dieses ist nun die Sehenswürdigkeit unseres kleinen Dorfes Hautvillers! In dieser Kirche dort unter der Grabplatte ruht, wie die alte Inschrift besagt: Dom Pérignon, geboren 1638 zu Sainte-Ménehould, gestorben 1715 in Hautvillers.

Wer dieser Dom Pérignon war?

Nun, Sie sollen es hören«, und damit lädt mich der Marquis mit höflicher Handbewegung ein, neben ihm im Kirchengestühl Platz zu nehmen.

»Dom Pérignon ist der Erfinder des Champagners! Er war der Kellermeister in dem alten Kloster Hautvillers, erbaut unmittelbar nach dem sechsten Kreuzzug, im Jahre 1257. Von dem Kloster steht heute nichts mehr; es wurde in den Kämpfen mit Edward dem Schwarzen Prinzen zerstört.

Damals galten die Klöster als Hochburgen kulinarischer Genüsse; ein Anlaß, ihnen noch heute nachzutrauern. Zu den reich dotierten Abteien hat aber Hautvillers nie gehört, vielmehr mußten sich die Mönche alle Mühe geben, ihren Lebensunterhalt zu bestreiten und aus der harten kalkigen Erde Reben zu ziehen, die nur kleine, unansehnliche Beeren tragen wollten. Da alle Hilferufe nach Rom ohne Erfolge blieben, sah sich der Abtprimas gezwungen, seine Mönche zu ermahnen, nicht länger auf Zuschüsse aus der Ewigen Stadt zu warten, um so eifriger aber auf geeigneten Verdienst für das Kloster bedacht zu sein, darum die Kultur der Reben zu verbessern und den Weinabsatz zu steigern, andernfalls die Mönche bei lebendigem Leibe verhungern würden.« [...]

Mit einem Blick auf die Grabplatte fährt der Marquis fort: »Oft mag der Bruder-Kellermeister Pérignon in seinem Laboratorium darüber nachgegrübelt haben, wie er vorteilhafter die kleinen Trauben von Hautvillers verwenden und nutzbringender verkaufen könnte. Ein aus Spanien damals neu eingeführtes Naturprodukt kam ihm dabei zu Hilfe: der Korken. Ohne den Korken wäre der Champagner nie erfunden worden! Die bis dahin für Weinflaschen gebräuchlichen Verschlußmittel hätten den Druck eines stark moussierenden Weines nicht ausgehalten. Erst nach langwierigen Versuchen gelang es schließlich Dom Pérignon, durch Gärung Gas – nämlich Kohlensäure – in der Flasche und damit moussierenden Wein zu erzeugen. So wurde der Champagner erfunden.«

Der Marquis erhebt sich aus dem Gestühl und fordert auf, ihm zu folgen. [...]

Von der Dorfkirche führt ein Pfad aufwärts in die Weinberge. [...]

Bei einem Kruzifix macht der Weg eine Wendung; hier bleibt der Marquis stehen und zeigt auf die tiefer liegende Landschaft, scherzhaft »Champagne pouilleuse« genannt, auf die weite Kalkebene, überzogen von Weinbergen, zwischen denen vereinzelte Schlösser und Dörfer liegen. Kleine Flüßchen schlängeln sich der Marne zu, die als breites silbernes Band im Tal aufblinkt; längs ihrer Ufer laufen Schienenstränge, auf denen gerade eine kleine Lokomotive hin und her fährt, als wäre sie über eigene Entschlußlosigkeit und sinnlose Betätigung ungehalten.

»Der rauchende Schornstein da unten in der Talsenkung«, fährt der Marquis fort, »gehört zu einer Korkenfabrik, davon gibt es hier viele. In Reims haben wir sogar eine Korkenbörse. Das wird verständlich, wenn man weiß, daß in der Stadt allein über hundert Champagnerfabriken registriert sind; hinzu kommen noch die von Ay und Épernay und vielen anderen Orten der Umgebung. Reims, Épernay und Champaubert, am Rande der Île-de-France, bilden das wertvollste Weingebiet in der Champagne; es besteht aus Montagne de Reims mit roten und der Côte des Blancs mit weißen Trauben. Um einen erstrangigen Champagner herzustellen, brauchte man beide Sorten mit ihren vielerlei Abarten. Es ist übrigens ein Irrtum, daß beim Auspressen die roten Trauben der Champagne roten Saft geben; er ist weiß wie der der Côte des Blancs. Jeder dieser Orte, Hügel und Weinberge hat seine eigene Legende oder Geschichte. Diese gehen weit zurück bis in die Antike; der Erste, der in der Champagne Weinberge anlegen ließ, war der römische Kaiser Probus.« [...]

Wie entschuldigend hat es der Marquis lächelnd eingeworfen: »Sobald die Weinlese, die sehr sorgfältig vorgenommen werden muß, abgeschlossen ist, wird sogleich das Keltern vorgenommen. Der Traubensaft wird in Fässern abgefüllt und in die Kellereien überführt. Wenn das letzte Faß eingebracht ist, beginnt die eigentliche Arbeit, deren Produkt jenes köstliche Elixier ist, das man mit Berechtigung den König aller Weine genannt hat. Wenn der junge Saft über die Kufen hinauszuschäumen beginnt, werden Türen und Fenster der Lagerräume weit geöffnet, damit die kalte Winterluft eindringen kann. Dadurch wird der Wein erst klar und kann nun auf seinen Charakter geprüft werden.

Jetzt wird die Mischung, der Verschnitt oder Cuvée der verschiedenen Weine vorgenommen und diese in numéros d'assemblage, große Lagerfässer, eingefüllt. Hin und wieder wird auch Wein aus dem letzten Jahrgang, den man für diesen

Zweck aufbewahrt hat, zur Verfeinerung hinzugesetzt. Im Frühjahr streut man dann einige Prisen Rohrzucker ein, worauf dann der Wein auf Flaschen abgezogen werden kann. Der Zucker ruft eine zweite Gärung hervor, wobei genau darauf geachtet werden muß, daß keine Kohlensäure entweicht, die in ihrem Stärkegrad genau berechnet werden muß.

Nun folgt die »mise sur pointe«; das heißt, die Flasche wird auf den Kopf, auf den Korken gestellt. Früher explodierte dabei oft der halbe Bestand an Flaschen, auch mehr. Erst nach vielerlei Versuchen gelang es, diesen Ausfall zu vermindern und schließlich auf ein Minimum zu beschränken. Man ließ die Böden der Champagnerflaschen nicht mehr glatt anfertigen – sie waren bis dahin durch den Druck wie Scheiben ausgeworfen worden – sondern hohl, nach innen gewölbt. [...]

Danach kommt die Flasche in die Hand eines wahren Künstlers, des Dégorgeur; seine Aufgabe ist es, den Dépot – den Hefesatz – durch einen blitzschnellen Griff beim Wegnehmen des Korkens herauszuholen, wobei nichts von dem werdenden Champagner verlorengehen, aber auch nichts Trübendes zurückbleiben darf. Gute Dégorgeurs sind sehr gesucht und immer hochbezahlt. Wenn nach diesem Kunstgriff nichts Erdenschweres mehr in der Flasche ist, folgt die Einführung der Dosage.« [...]

Kurzes Überlegen, und ein charmantes Lächeln huscht über die Züge des Marquis: »Da kommt mir ein guter Einfall; wie wäre es, wenn wir die Praxis gründlicher als alle Theorie behandeln würden! – Mein Keller birgt die edelsten Weine der Champagne, alle berühmten Marken aus bevorzugten Lagen und nur in erlesenen Jahrgängen: Irroy und Gieseler, Roederer und Mumm, die Veuve Clicquot und Pomméry; aber auch nicht zu vergessen: Delbeck und Perrier-Jouët, auch Georges Goulet und Moët et Chandon. [...]

Bitte keine Widerrede!« – »Ainsi soit-il!«

Alfred Andersch

Delikatessen
Bei Madame Javet und in der Brasserie Lipp

Wenn ich in Paris bin, gehe ich jeden Morgen in mein Bistro an der Ecke der Rue Dragon, wo Pierre, der Kellner, mich schon kennt und sofort, wenn ich erscheine, zur Theke hinüber ruft: »Café au lait!« Ich sage: »Ah, non! – Noir!«, worauf er sich verbessert und im gleichen Singsang schreit: »Café noir!«

Wir spielen dieses Spiel jeden Morgen, und dann kommt Pierre, schmettert voller Grazie eine Tasse vor mich hin und gießt aus einer großen Kanne, mit der er bei den Gästen reihum geht, einen sehr schwarzen und sehr bitteren Café ein, legt den Zucker dazu und reicht mir den Teller mit den Croissants, den mürben und flaumigen Hörnchen, die ganz Frankreich um diese Stunde ißt. Das Frühstück ist billig. Teuer käme das Leben in Paris nur, wenn ich in guten oder auch nur mittelguten Restaurants essen würde.

Statt dessen gehe ich in Madame Javets kleinen Laden in der Rue Jacob. Daß ich immer zu Madame Javet gehe, hat seine Gründe; sie hat mir einmal drei Tage lang, als mir das Geld ausgegangen war, Kredit gewährt – und dann verschwand ich und kam erst ein halbes Jahr später wieder und brachte ihr das Geld. So etwas bindet viel stärker als pünktliche Zahlungen. Madame Javet stammt aus der Normandie, und bei ihr habe ich eine genaue Kenntnis der normannischen Obstweinsorten erworben. »Monsieur Rodolphe, ich habe neuen Wein bekommen, aus Jannetonne-Äpfeln«, sagt sie zum Beispiel und läßt mich ein Gläschen probieren. Während ich den Wein auf der Zunge spüre, beobachtet sie mich gespannt. »Er schmeckt nach Veilchen, finden Sie nicht?« fragt sie. In der Tat – auch ich, ein Pfeifenraucher, mußte feststellen, daß der Wein aus Jannetonne-Äpfeln ein Veilchen-Aroma hatte. »Wenn man aus der Normandie stammt«, erklärt Madame Javet, »erkennt man am Aroma, aus welchen Äpfeln der Wein gemacht wurde. Wenn er ein bißchen nach Moschus riecht, dann hat man den Bérat Rouge oder den Fréquin genommen, und wenn er auf der Zunge ganz leicht nach bitteren Mandeln schmeckt, dann ist er aus Peau de vache nouvelle gekeltert.« Wenn Madame Javet die lustigen oder poetischen Namen der Äpfel nennt, bekomme ich immer Lust zu einem kleinen Ausflug in die Normandie. »Es gibt auch einen Wein, der nach Anis duftet«, erzählt sie, »weil er aus den Fenouillettes gekeltert wurde, aber am liebsten habe ich Wein aus den Binet-Doré-Äpfeln. Er schmeckt nach Honig.«

Bei Madame Javet kauft man nicht einfach eine Flasche Wein, bezahlt und geht, man kauft auch nicht einfach ein Stück Käse, ja nicht einmal ein Stück Camembert oder Roquefort oder Gruyère – eine solche Einteilung wäre ihr viel zu grob –, sondern ... »Sehen Sie einmal, Monsieur Rodolphe«, überfällt sie mich, »ich habe Schafskäse aus dem Périgord bekommen, eine Delikatesse!« Und lachend fügt sie hinzu: »Sie bewahren ihn dort acht Wochen unter dem Bett auf; davon bekommt er eine so harte Rinde.« Ich kaufe also eine Flasche Wein aus Jannetonne-Äpfeln, ein Stück Schafskäse aus dem Périgord, ein Viertel Butter ... »Butter aus Issigny – die beste Butter Frankreichs!« ... vielleicht noch ein Stück Salami, aus der Gegend von Vire, wie Madame Javet versichert, und eine Stange Weißbrot, und habe mich damit für ein paar hundert Francs auf zwei bis drei Tage versorgt, was das Essen anbelangt. Natürlich entgeht mir auf diese Weise das *poulet docteur* bei Lapérouse, oder die *petite marmite* von Alex Humbert, aber ich weiß, daß Madame Javet mir dasselbe bietet wie die berühmten Chefköche der Pariser Luxusrestaurants – das Aroma Frankreichs nämlich, das sie jeden Morgen, wenn es noch dunkel ist, in den »Hallen« mit kundiger Hand und noch kundigerer Nase für ihre Clientèle und zu ihrer eigenen Lust auswählt.

Übrigens sieht man mich in meinem kleinen Hotel

keineswegs über die Schulter an, wenn ich morgens mit dem Weißbrot unterm Arm auf mein Zimmer gehe. In den kleinen Hotels auf der *rive gauche* ist das durchaus üblich, und mein Concierge hat mich selbst auf Madame Javets Laden aufmerksam gemacht. Jeden Morgen schimpft sie mit mir zusammen ein wenig auf die Preise in den Pariser Restaurants. Oben, in meinem Zimmer, zähle ich mein Geld. Wenn ich aufpasse, wird es für zehn Tage Paris reichen. Es wird reichen für den Aperitif am Vormittag, für den Kaffee am Nachmittag, für zwei oder drei Cognacs oder Calvados am Abend und dazu, daß ich ein- oder zweimal mit Denise essen gehe. [...]

Es war Mitternacht, und wir gingen in die Brasserie Lipp zum Abendessen. Die Brasserie Lipp ist reinstes neunzehntes Jahrhundert. Sie ist kein teures oder gar mondänes Restaurant, aber eines der feinsten von Paris. Sie ist hell erleuchtet, ein von weißem Linnen funkelndes Rechteck aus zwei Tischreihen an Wänden entlang, die aus Spiegeln und braunpoliertem Holz bestehen, und sie wird von der ausschweifendsten Theke der Welt beherrscht, einem wahren Rocher de bronce aus Nickel, Gläsern, Flaschen, Kacheln, Fässern und Schinken, die ich, wenn sie nicht so völlig gegenständlich wäre, ein Gedicht oder einen Traum nennen würde oder eine phantasmagorische Erfindung von Makart oder Saul Steinberg. Ich sagte, die Brasserie Lipp sei reinstes neunzehntes Jahrhundert, und das ist sie sogar insoweit, als sie sogar ihre Besucher fast automatisch in neunzehntes Jahrhundert verwandelt, in eine Schar aufmerksamer Esser, die mit umgebundenen Servietten, unter der Obhut alter erfahrener Ober, die delikateste Choucroute von Paris verzehren und dunkles elsässisches Bier oder einen ausgeruhten Beaune trinken. Sogar Jean-Paul Sartre, der an jenem Abend mit ein paar Leuten in einer Ecke saß und schon beim Kaffee angelangt war, wirkte in der Brasserie Lipp wie spätes neunzehntes Jahrhundert.

Tastend nach dem Inbegriff: Frankreich – als Phänomen betrachtet

Ein Essay von Stefan Janson

Frankreich, »La douce France« ... – es scheint nahezu mühelos für einen jeden, eine Vorstellung von diesem Land in sich wachzurufen, es zu fühlen, zu schmecken, nachzuempfinden. Und das seit Generationen, seit Anbeginn seiner historischen Relevanz quer durch alle Gesellschaftsschichten, von der Politik über die Kultur, von der Kunst bis zur »cuisine«, von der Geschichte mit ihren markanten Ereignissen und Gestalten bis hin zu den »secrets de l'amour«. »Leben wie Gott in Frankreich« – auch das ist mehr als eine Redensart, es ist eine umrissene Weltanschauung.

Dieses große, nicht nur in seinen geographischen Ausmaßen bedeutsame Herzstück Europas ist ein Sammelbecken außerordentlicher Naturschönheiten in vielen Variationen. Es ist mit seinen bezeichnenderweise wenigen Metropolen dennoch ein Land, das ganz unmittelbar einen Inbegriff des Städtischen manifest und vorrangig repräsentiert in seinem Zentrum Paris. Paris ist und bleibt das mütterliche Becken vielfachen Treibens mit beachtlichen Rückwirkungen auf die Geschichte des Landes. Noch dazu ist der einst von Émile Zola beschriebene »ventre de Paris«, auch ohne die von ihm zum Symbol erhobenen historischen »Hallen«, im internationalen Understatement der Geburtsort einer kulinarischen »Kultur«, die weltweit nicht nur geschätzt wird, sondern seit je Maßstab schlechthin ist – und wie weit greift sie doch über diesen Bezirk des Agrarischen, der Parfums, der »haute couture« hinaus.

Frankreich zu erschließen, der »Zugriff« auf das Land, ist für den Außenstehenden dennoch allemal schwierig, komplizierter als zum Beispiel im Vergleich mit Italien. Das unterscheidende Kriterium ist die definitive Prägnanz, die den Focus, das Selbstverständnis Italiens so eindeutig werden lässt. Frankreich hingegen oder gar »die Franzosen« – das ist durchaus eine andere »Welt«, weil sie sich differenzierter gibt. Frankreich will zunächst und vor allem emotional erobert werden, das Land bietet sich nicht an. Es ist gleichsam dezent, verschwiegen, hin und wieder sogar geradewegs unerschlossen in manchen Regionen, einzelnen Départements. Daher rührt auch die zuweilen recht willkürliche und engführende Einordnung eines Begriffs von Frankreich, der sich in der Vorstellung zwangsläufig auf bestimmte Regionen und Produkte reduziert, wenn Verstand und Wissen allein im Spiel sind.

Es ist aber der Blick von außen, den es braucht, will man Frankreich in der Gewichtung in etwa gerecht werden. Die Franzosen selbst sind es ja gerade nicht, die sozusagen flanierend auf Suche nach sich selbst gehen. Zwar stammt der Begriff des »Flanierens« aus Frankreich, aus Paris, wie Walter Benjamin, der spezifisch analysierende Betrachter des Landes, uns belehrt. Aber der flanierende Blick des Fremden, des Auswärtigen ist es, der in geradezu idealer Weise fokussiert, was Europa, was die Welt an diesem Land, dessen Kultur, dessen Menschen in bereichernder Weise besitzt.

Frankreich – was ist das? Frankreich ist zu allererst »heilige« Erde. Es ist römisches Land, Gallien, Ort der Verehrung des Göttlichen in den Tempeln, wie sie bis heute überliefert sind, es ist christliches Land, trotz Trennung von Kirche und Staat, es ist Land von Heiligen und Märtyrern, das Land frommer Könige und grandioser Kathedralen.

Von hier aus, grosso modo betrachtet, geht die Geschichte der Neuzeit kurze Wege, von Hochblüten wie unter dem »Sonnenkönig« Louis XIV. zur »Grande Revolution« 1789, dann in die Restauration eines so individuellen Kaisertums, das unter Napoleon I. beileibe nicht nur Europa erschüttert hat. »Liberté« aber ist die wichtigste Vokabel im Sprachgebrauch der Franzosen seit je gewesen und bis heute geblieben – nicht zuletzt im Widerstand gegen den Mann aus Deutschland, der die Stirn hatte, durch den Arc de Triomphe in Paris zu ziehen, um von Frankreich »Besitz zu ergreifen«. Wie hat Frankreich damals gelitten, und wie sehr haben Franzosen jenen geholfen, die, vor diesem Wahnsinnigen flüchtend, in Frankreich Schutz und Sicherheit erhofften. Dass auch in Frankreich »Lager« entstanden – in ihrer menschenverachtenden Führung mancherorts nicht viel anders als die KZs in Deutschland, wie Zeitzeugen berichten –, das freilich hat die französische Politik nicht verhindert.

Deutschland hat sich gewandelt, Frankreich konnte die Hand reichen, und die Ecksteine zur Verständigung und Freundschaft, die Charles de Gaulle und Konrad Adenauer bald schon nach dem Ende des II. Weltkriegs und dem Zusammenbruch des nationalsozialistischen Terrors setzten, sind mit der Zeit so beständig wie die Mauern jener Kathedrale von Reims, in der sie zum Vermächtnis für die Zukunft beider Völker gemacht wurden.

Nicht zu reden von den transnationalen kulturellen Beziehungen, den Adaptionen der französischen Kultur zumal in die deutsche Geistesgeschichte der Nachkriegszeit, beispielhaft wiederzuerkennen in Thomas Manns dichterischer Gestaltung des deutschen Komponisten Adrian Leverkühn im Roman »Doktor Faustus«, dessen fiktive Schöpfung einer Totenmesse unzweifelhaft Züge der monumentalen Requiem-Vertonung von Hector Berlioz trägt.

Den Wegen und Ausfaltungen gerade von Geschichte und Politik Frankreichs nachgehend, gelangt man unversehens ins Zentrum von Geist und Wesen der kulturellen Prägung dieses Landes und bemerkt bald: Frankreich hat es immer verstanden, politische Selbstbehauptung nicht nur zu wahren, sondern aus einer Tradition heraus zu entwickeln. Was unter Ludwig VI. zu Anfang des 12. Jahrhunderts als Aufstieg des französischen Königtums in die Geschichtsbücher einging, resultiert nicht aus dem Verdienst einer Person, sondern verdankt sich der klugen Einsicht, jeweils starken Kräften sich zu verbünden. Dafür empfahl sich damals die enorme Potenz der geistlichen Orden, hier vor allem Cluny, dem Inbegriff reformierter, das heißt bis zum Äußersten geläuterter mönchischer Lebensform, die auf dem Fundament der Regel des abendländischen Ordensgründers Benedikt eine neue Geistigkeit, Intellektualität und Gottesfurcht zu kaum mehr zu überbietender Blüte entfaltete. Die Rudimente von Cluny – architektonisch, ikonographisch, geistig – geben selbst heute noch eine beeindruckende Ahnung, in welchem Maß die gewaltige burgundische Abtei dem geistlichen Zentrum Roms, bei aller Demut, überlegen war. Die Strenge des benediktinischen Reformordens der Zisterzienser verführte freilich auch zum Rigorismus eines Bernard de Clairvaux, der von den Stufen der Kathedrale von Vézelay herab zum Kreuzzug rief. Es wundert nicht, dass Zisterzienser, auch Prämonstratenser als Kulturträger und Kulturvermittler von Frankreich aus weit in die Welt hineinwirkten.

Das mittelalterliche Herrscherideal hat in Frankreich von daher seine Prägung erhalten und sich konsolidiert, schließlich manifestiert in einem »heiligen« König, Ludwig IX., sogar einem Papsttum in Avignon, unter französischer Herrschaft also, was nicht nur den Aufstieg des Nationalstaats beiläufig mit sich brachte, sondern vorrangig ein tief wurzelndes Nationalbewusstsein. Von daher erschließt sich auch der bis heute politisch mit Vehemenz betriebene und lebhaft verteidigte Anspruch Frankreichs auf europäische Vormachtstellung, ebenso die zentrale Bedeutung von Paris als kulturellgeistiger Metropole – einst beinahe noch des Abendlandes, heute Europas.

Sicher, es waren zuweilen geradewegs »wunderbare« Ereignisse, die einen solchen glänzenden Erfolgsweg im Geschichtsverlauf ermöglichten. Dazu zählt auch, dass eine Frau, eine Heilige wiederum – Jeanne d'Arc – in einem nahezu 100-jährigen Krieg die Wende zugunsten Frankreichs erzwang, einen schwachen Regenten zur Besinnung brachte und schließlich ermöglichte, dass der Dauphin in der Kathedrale von Reims zum König gekrönt werden konnte: Das ist keineswegs geschichtsklitternd-verklärende Legende, sondern historische Faktizität.

Bis zur Revolution 1789 hat Frankreich den Kampf um seine Vorherrschaft in Europa mit bestechendem Ehrgeiz ausdauernd geführt. Mag sein, es war Kardinal Richelieus Idee, des Königs ersten Minister, zu diesem Zweck den Absolutismus als Macht erhaltendes Mittel ins Werk zu setzen. Es war kurz zuvor bereits die eines frühaufgeklärten, zur Toleranz neigenden Vordenkers, des Staatsrechtlers Jean Bodin, der allein schon den für die damalige Zeit überaus kühnen Mut aufbrachte, den theologisch fehlgeleiteten Irrsinn der Hexenverbrennungen zu brandmarken und vieles beitrug, um Frankreich den Weg zum Durchbruch in ein neues Zeitalter zu ebnen. Das Land, er spürte es, musste endlich aus der geistigen Strömung beengter und beengender mittelalterlicher Orientierung herauswachsen.

Als der Pulverdampf der Revolution in den Straßen von Paris verflogen war, hatte die letzte Stunde des Ancien régime geschlagen, und Frankreich stand erneut als Wegbereiter an der Spitze einer europäischen Bewegung: der Volkssouveränität. Der konnte auch Napoleon I. nichts anhaben. Und als der politische Kredit Frankreichs doch verspielt war, hatte ein Talleyrand auf dem Wiener Kongress im Handumdrehen das Blatt zugunsten Frankreichs wieder gewendet.

Mag der Cäsarismus Napoleons III. befremden, diese fragwürdige Rückbesinnung auf imperiale, vermeintlich bewährte Formen der Staatsführung – auch jetzt, um die Mitte des 19. Jahrhunderts, schrieb Frankreich seine politische Erfolgsgeschichte fort, gestützt auf ein weiterhin aufstrebendes Bürgertum. Unter der Dritten Republik, die dem Zweiten Kaiserreich, mit dem Erbe des unseligen deutsch-französischen Kriegs, folgte, stellte sich die nationale Lebenskraft des Landes überraschend erstarkend wieder her, ihr Widerspruchsgeist war ungebrochen: Die innenpolitische Dreyfus-Affäre mit ihrem unerwartet großen außenpolitischen Echo vermochte in der französischen Öffentlichkeit Leidenschaften zu wecken. Und es war ein Literat, Émile Zola, der das Machtwort sprach; man vernahm es weltweit. Die Résistance und nachfolgend die Vierte Republik haben das Signal gesetzt, dass Frankreich mit seinen Problemen fertig zu werden vermag und mit seinem souveränen Volksbewußtsein aktiver Wegbereiter und Mitstreiter für ein friedliches und geeintes Europa der Vaterländer wurde.

Frankreich, vom historischen Urgrund her begriffen, vom Impetus geistiger, humaner Willenskraft, ist zweifellos nicht aus einem Stück geworden, ist kein Monolith, an dem jegliche Angriffe abprallen. Aller schlagenden Stringenz zum Trotz haben mitunter schwierige politische Konstellationen durchaus stark wechselhafte Geschichtsverläufe gezeitigt und dennoch, wohl eher noch gerade deshalb kulturell bedeutende und stark nach außen wirkende Triebkräfte freigesetzt: Die gewaltige umspannende Erzählpotenz eines Balzac oder Zola, die artifizielle Sprachkunst und Erfahrungswelt der Symbolisten oder eines Marcel Proust – für den Bereich der Literatur; in der Malerei, bildenden Kunst und der Musik den anmutigen

Duft des Rokoko, das Befreiungsfieber des nachwirkend traumatisierten Delacroix, die lichtdurchtränkte Malerei der Impressionisten mit Manet, Monet, Renoir bis zur bildnerischen Intensität Auguste Rodins – und hin zur Welt von Couperin, Rameau, von Berlioz Orchestrierungskunst, Debussys sphärisch-luzidem »Clair de lune«, Operette, Chanson … – all das fußt auf einem ungeschriebenen, dennoch grundlegenden Manifest, einer Verfassung ohne Worte quasi, einer Gesetzmäßigkeit, die sich nur erahnen lässt. Es erzählen davon aber unablässig, immer und immer wieder, die Kathedralen und Schlösser, die Landschaften und die Bauwerke, nicht minder deren Ruinen und so vieles mehr.

An der Küste der Provence, sagen wir bei Sanary-sur Mer, wo vor mehr als einem halben Jahrhundert die deutschen Exilanten »strandeten« und fürs erste aufatmen konnten, froh dem deutschen Terror auf eine gewisse Zeit entflohen zu sein, wo buchstäblich eine »Weltmacht« hervorragender Literaten in den Cafés beratschlagte, wie es weitergehen soll und könnte, daheim und mit der eigenen Zukunft fern dem Zuhause – da trifft sich längst wieder »tout le monde«. Das Strandleben, südliche Sonne, der Flair der heilen Welt allerorten im Land ist vielen Autoren schöne, bewundernde Worte wert – Paris, die Weltstadt, freilich nicht minder. Eine überbordende Vielfalt liegt wie ein Panorama der staunenden Welt zu Füßen. Was Frankreich ist, was dieses Land mit seinen Menschen, seinen Denkern, seinen Künstlern, seiner Geschichte ausmacht und darstellt, eine solche – beinahe – Kulturgeschichte Frankreichs lässt sich nun einmal nicht objektiv und abschließend, gleichermaßen auch nur annähernd chronologisch koordiniert erfassen.

Einem sensiblen kulturell Gebildeten wie dem Schriftsteller Stefan Zweig wurde solches alsbald bewusst. Mehr oder minder besessen von der Suche nach dem starken, umfassenden Symbol, eroberte er sich ein sehr spezielles Objekt, ein vielsagendes, vielversprechendes: ein umfangreiches, vollständiges Manuskript Honoré de Balzacs nämlich – mithin eine »heilige« Reliquie seiner glühenden Verehrung, Inbegriff dessen, was sich für ihn in denkbar höchster Potenz mit Frankreich schlechthin assoziierte. War es auch erfüllender Besitz? Als der österreichische Jude den unvermeidlichen Weg ins Exil antrat, blieb keine Wahl: Er musste sich vom – äußeren – Besitz des Balzacschen Manuskripts trennen. Balzac aber, vice versa Frankreich, ging ihm nicht verloren, niemals. Was man liebt und bewundert, so lehrt uns dieses bewegende Schicksal, besitzt man innerlich und unverlierbar.

Quellenverzeichnis

Andersch, Alfred: Delikatessen – Bei Madame Javet und in der Brasserie Lipp. In: Gesammelte Werke. © 2004 Diogenes Verlag AG Zürich

Arendt, Hannah: Die Salons des Faubourg Saint-Germain oder Glanz und Niedergang des Judentums in Frankreich. In: Elemente totalitärer Herrschaft © 1986 Piper Verlag GmbH, München

Benjamin, Walter: Der Efeu gelehrter Blätter über den Seine-Quais – Paris und die Bücher. In: Denkbilder. Gesammelte Schriften. Band IV/1. Hrsg. v. Tilman Rexroth. Frankfurt a. M. (Suhrkamp) 1972

Ders.: »Der ganze Morgen von diesem Tag« Café crème. In: a.a.O.

Ders.: Feuerwerk über Montmartre – Die Nacht des 14. Juli. In: a.a.O.

Ders.: Ins Brausen der Brandung gesprochen – Charles Baudelaires ›Fleurs du Mal‹. In: Illuminationen; a.a.O.

Benn, Gottfried: Hermelinmantillen, Kuchensorten bis auf die Trottoirs ... Die Stadt des Aufwands. In: Sämtliche Werke. Stuttgarter Ausgabe. Band III. Prosa 1. 1910-1932. In Verb. m. Ilse Benn hrsg. v. Gerhard Schuster. Stuttgart (Klett-Cotta) 1987

Berggruen, Heinz: »Legen Sie sich auf den Rücken und rühren Sie sich nicht!« Erste Begegnung mit Pablo Picasso. In: Hauptwege und Nebenwege. Berlin: Nicolaische Verlagsbuchhandlung GmbH, 1996

Blei, Franz: Ein alter junger Mann – André Gide. In: Erzählung eines Lebens. Mit einem Nachw. v. Ursula Pia Jauch. © Paul Zsolnay Verlag Wien 2004

Ders.: »In der Rechten die Gabel, in der Linken die Zigarette« Mit Hugo von Hofmannsthal bei Baronin Poilly. In: a.a.O.

Bloch, Ernst: Zwischen Transzendenz und Nüchternheit – Reflektionen vor dem Straßburger Münster. In: Der Goldene Schnitt. Große Essayisten der Neuen Rundschau 1890-1960. Berlin (S. Fischer) 1960

Blumenberg, Hans: »Vergeudete Zeit« Paul Valérys mögliche Welten. In: Lebensthemen. Aus dem Nachlaß. Stuttgart (Reclam) 1998 © Hans Blumenberg Erben

Breitbach, Joseph: Ekel vor dem Seienden – Jean Paul Sartre. In: Feuilletons. Zu Literatur und Politik. Hrsg. v. Wolfgang Mettmann. Pfullingen (Neske) 1978

Büchner, Georg: In den Vogesen – Landschaft um Straßburg. In: Werke und Briefe. München (dtv 12374) 1997

Carus, Karl Gustav: »Ein merklich anderer Himmel« Das Klima über Paris. In: Der Deutsche in der Landschaft. Besorgt v. Rudolf Borchardt. Berlin, Frankfurt a. M. (Suhrkamp) 1953

Curtius, Ernst Robert: »Die Weltgeschichte der Kunst durchwandern« – Ein Spaziergang im Louvre. In: Goethe, Thomas Mann und Italien. Beiträge in der ›Luxemburger Zeitung‹ (1922-1925). Hrsg. v. Roman Kirt. Bonn (Bouvier) 1988

Ders.: »Stellen wir uns vor, wir hätten eine Verabredung ...« Eine kleine Proust-Studie. In: Marcel Proust. Berlin, Frankfurt a. M. (Suhrkamp) 1952 (Lizenzausg. A. Francke. Bern)

Dickens, Charles: »Mein Blut erstarrte ...« Eine Führung durch den Palast von Avignon. In: Sämtliche Werke. 55. Teil. Italienische Reisebilder. Erster Theil. Leipzig (C.B. Lorck) 1846

Döblin, Alfred: 1940 – »Die letzte Viertelstunde vor der Entscheidung«. Bomben auf Paris. In: Schicksalsreise. Bericht und Bekenntnis. Flucht und Exil 1940-1948. Solothurn und Düsseldorf, 1993, Walter-Verlag AG, © Patmos Verlag GmbH & Co. KG

Dostojewskij, Fjodor Michailowitsch: Höchste Reinheit oder liederliches Leben? Erinnerungen an George Sand. In: Tagebuch eines Schriftstellers. Band II: Januar bis September 1876. Hrsg. u. übertragen v. Alexander Eliasberg. München (Musarion) 1921

Elias, Julie: »Wahre Wunder« Von den Launen der Pariser Mode. In: J.E. (Pseud. Hrsg.): Taschenbuch für Damen. Berlin (Ullstein) 1924

Feuchtwanger, Lion: »Wir standen und warteten ...« Endstation »Les Milles«. In: Der Teufel in Frankreich. Erlebnisse. Mit e. Bericht v. Martha Feuchtwanger. © Aufbau Verlagsgruppe GmbH, Berlin 1982 (Das Werk erschien erstmals 1982 im Aufbau-Verlag; Aufbau ist eine Marke der Aufbau Verlagsgruppe GmbH)

Flake, Otto: Voltaire – ein Fehlurteil. In: Werke. Band V: Freiheitsbaum und Guillotine. 57 Essays aus sechs Jahren. Hrsg. v. Rolf Hochhuth und Peter Härtling. Frankfurt a. M. (S. Fischer) 1976

Fontane, Theodor: »Da lag sie, vom Frühlicht umflossen ...« Die Kathedrale von Reims. In: Sämtliche Werke. Hrsg. v. Walter Keitel und Helmuth Nürnberger. © 1973 Carl Hanser Verlag, München

Freud, Sigmund: Napoleon und die »Josefsphantasie«. In: Briefe 1873-1939. Ausgew. u. hrsg. v. E.L. Freud. Frankfurt a. M. (S. Fischer) 1960

Friedell, Egon: Fragwürdige Siege oder Was die Revolution nicht brachte. In: Kulturgeschichte der Neuzeit. Die Krisis der europäischen Seele von der Schwarzen Pest bis zum Ersten Weltkrieg. München (Verlag C.H. Beck) 1996

Ders.: Nicht nur ein Politiker – Richelieu oder Das goldene Zeitalter. In: a.a.O.

Goethe, Johann Wolfgang v.: »Qu'en dit Monsieur Göt?« Mit Napoleon im Gespräch. In: Gedenkausgabe der Werke. Briefe und Gespräche. Hrsgg. v. Ernst Beutler. Band XII. Biographische Einzelschriften. Hrsg. v. Josef Kunz. Zürich (Artemis) 1949

Ders.: Traurige Lage – willkommener Scherz. Eine Wein-»Eroberung« in der Champagne. In: a.a.O.

Goldoni, Carlo: Ausflug nach Marly 1765 oder Eine Landpartie mit Louis XV. In: »Meine Helden sind Menschen«. Memoiren. Frankfurt a. M. (Athenäum) 1987

Ders.: »Lassen Sie sich nicht stören, meine Frau hat zu tun« Besuch bei Jean Jacques Rousseau. In: a.a.O.

Grosz, George: Justemilieu – Französische Kunst um 1920. In: Karl Einstein, Paul Westheim (Hrsg.): Europa Almanach. Potsdam (Kiepenheuer) 1925. ©VG Bild-Kunst, Bonn 2007

Haffner, Sebastian: Die Lampen von Paris. In: Das Leben der Fußgänger. Feuilletons 1933-1938. Hrsg. v. Jürgen Peter Schmied. © 2004 Carl Hanser Verlag, München

Hartlaub, Felix: Im »Bauch von Paris« Kehraus in »Les Halles«. In: »In den eigenen Umriß gebannt«. Kriegsaufzeichnungen, literarische Fragmente und Briefe aus den Jahren 1939 bis 1945. Hrsg. v. Gabriele L. Ewenz. Band I. Texte. Frankfurt a. M. (Suhrkamp) 2002

Hausenstein, Wilhelm: »Der Boden war zerfurcht, ja zerstört ...« Deutsche Ansätze zur Verständigung nach 1945. In: Pariser Erinnerungen. Aus fünf Jahren diplomatischen Dienstes 1950-1955. München (Günter Olzog) 1961

Heine, Heinrich: »Wer ist die schmutzige Frau mit der roten Mütze?« Dialog vor einem Gemälde Eugène Delacroix'. In: Über Frankreich. Französische Maler. Gemäldeausstellung in Paris 1833. In: Sämtliche Schriften. Hrsg. v. Klaus Briegleb. Band III. Hrsg. v. Karl Pörnbacher. München (Hanser) 1975 (dtv 59074)

Hemingway, Ernest: »Essen Sie auch genug?« Hungrig in Paris. In: Paris – ein Fest fürs Leben. Deutsche Übersetzung von Annemarie Horschitz-Horst. © 1965, 1977 by Rowohlt Verlag GmbH, Reinbek bei Hamburg

Hofmannsthal, Hugo v.: »Die Vergangenheit ist noch immer« Von Grenoble in die Camargue. In: Ges. Werke in zehn Bänden. Band VII. Erzählungen, Erfundene Gespräche und Briefe, Reisen. Hrsg. v. Bernd Schoeller in Beratung m. Rudolf Hirsch. Frankfurt a. M. (S. Fischer) 1979

Jünger, Ernst: »Der Duft von Pfirsichen und reifen Melonen« – Ein Vormittag in Antibes. In: Aus der goldenen Muschel. Gänge am Mittelmeer. (Cotta's Bibl. der Moderne), Klett-Cotta, Stuttgart 1984

Kästner, Erich: »Unbeschreibbar und unvergeßlich« Auf den Stufen von Sacré Cœur. In: Gemischte Gefühle. Literarische Publizistik aus der ›Neuen Leipziger Zeitung‹ 1923-1933. Band II. Hrsg. v. Alfred Klein. Zürich (Atrium) 1989

Kaschnitz, Marie-Luise: »Als läge das Schloß ganz einsam ...« Ein Frühlingstag in Versailles. In: Tagebücher aus den Jahren 1936-1966. Hrsg. v. Christian Büttrich, Marianne Büttrich u. Iris Schnebel-Kaschnitz. Mit einem Nachw. v. Arnold Stadler. Band I. Frankfurt a. M. (Insel) 2000

Kassner, Rudolf: Nach der Methode da Vincis – Paul Cézanne. In: Umgang der Jahre. Gleichnis – Gespräch – Essay – Erinnerung. Erlenbach-Zürich 1949 © Deutsche Schillergesellschaft, Marbach am Neckar

Ders.: Zwischen Rue de Rome und Closerie des Lilas – Stéphane Mallarmé. In: a.a.O.

Kerr, Alfred: Am Felsgrat auf Steinschwellen – Bei Flaubert. In: Du bist so schön! Die Welt im Licht II. Ges. Schriften in zwei Reihen. Band II. Berlin (S. Fischer) 1920

Ders.: »So groß wie eine kleine Kirsche ... Ihr Nam' ist bigourneaux«. In: Verweile doch! Die Welt im Licht I. Ges. Schriften in zwei Reihen. Band I. Berlin (S. Fischer) 1920

Kesten, Hermann: »Man diskutierte von den Austern bis zum Käse« Zu Tisch mit Dichtern. In: Ausgew. Werke in zwanzig Einzelbänden: Dichter im Café. Frankfurt a. M., Wien, Berlin (Ullstein) 1983

Kleist, Heinrich v.: Verstand contra Witz – Deutsche und Franzosen. In: Sämtliche Werke und Briefe. Band II. Hrsg. v. Helmut Sembdner. München (Hanser) 6. Aufl. 1977 (dtv 12919)

Koeppen, Wolfgang: Chambord, Amboise, Chenonceaux ... Schlösser an den Ufern der Loire. In: Gesammelte Werke in sechs Bänden. Hrsg. v. Marcel Reich-Ranicki in Zusammenarbeit m. Dagmar v. Briel u. Hans-Ulrich Treichel. Band IV. Berichte und Skizzen I. Frankfurt a. M. (Suhrkamp) 1986

Ders.: »Eine blinkende, lockende Austernschale« Ankunft in Paris. In: a.a.O.

Ders.: »Ici repose Colette« Auf dem Père-Lachaise. In: a.a.O.

Kraus, Karl: Verzauberung der Gegenwart – Über Jacques Offenbach. In: Vor der Walpurgisnacht. Ausgewählte Werke. Band 3: 1925-1933. Hrsg. v. Dietrich Simon unter Mitarb. v. Kurt Krolop u. Roland Links. München (Kösel) o.J.

Kürenberg, Joachim v.: Im Kloster Hautvillers oder Von der Entstehung des Champagners. In: Champagner. Hamburg (R. Mölich) 1948

Kuh, Anton: »In Paris überrascht ...« – Von Menschen und Gewohnheiten. In: Sekundentriumphe und Katzenjammer. Hrsg. v. Traugott Krischke. Wien (Kreymayr & Scheriau) 1994

Liszt, Franz: »Heine lauschte ...« Abendmusik bei Chopin. In: Springorum, Heinrich (Hrsg.): Geschenk der Musik. Nachklang im Wort. München (Prestel) 1950

Mann, Erika und Mann, Klaus: Schauplatz der Sensationen – Sanary-Sommer. In: Das Buch von der Riviera. © 1997 by Rowohlt Verlag GmbH, Reinbek bei Hamburg

Mann, Thomas: »Imposantes Neunzehntes Jahrhundert« – Über Émile Zola. In: Nachlese. Prosa 1951-1955 (Stockholmer Ausg.) Frankfurt a. M. (S. Fischer) 1956

Márai, Sándor: Weihrauch und Blut – François Villon. In: Himmel und Erde. Betrachtungen. Übers., Anmerkungen und Nachw. v. Ernö Zelter. © 2001 Piper Verlag GmbH, München

Mozart, Wolfgang Amadeus: »In Paris ist ein unbeschreiblicher Dreck ...« Musikalische Enttäuschungen. In: Bücken, Ernst (Hrsg.): Musikerbriefe. Leipzig (Dieterich) 1940

Nabokov, Vladimir: Saison in Biarritz – Badefreuden 1907. In: Gesammelte Werke. Band 22: Erinnerung, sprich. Wiedersehen mit einer Autobiographie. Deutsche Übersetzung von Dieter E. Zimmer. © 1964, 1984, 1991 by Rowohlt Verlag GmbH, Reinbek bei Hamburg

Niebelschütz, Wolf von: »Man glaubt Champagner zu atmen« Die Île de France und die »Schule von Barbizon«. In: Freies Spiel des Geistes (Reden und Essais) Düsseldorf-Köln (Diederichs) 1961; ursprünglich Vorwort zu Walter Schöttlers »Französische Skizzen«, 1956 © Maresi von Niebelschütz

Nostitz, Helene v.: Politik, Weltausstellung und Wehmut – In den Salons um 1900. In: Aus dem alten Europa. Menschen und Städte. Hrsg. v. Oswalt v. Nostitz. Mit einem Nachw. v. K. Krolow. Frankfurt a. M. (Insel) 3. Auflage 1982

Pater, Walter: »Zwischen nördlichem Ernst und der Üppigkeit des Südens« – Auxerre, Sens, Troyes. In: Englische Kurzgeschichten von Scott bis Stevenson. Hrsg. v. Ilse Hecht. Bremen (Schünemann) 1979

Reichardt, Johann Friedrich: Der Selbstherrscher und sein auserwählter Komponist oder Napoleon hört Oper. In: Bücken, Ernst (Hrsg.): Musikerbriefe. Leipzig (Dieterich) 1940

Reifenberg, Benno: Selbstgespräche mit Frauen – Über Henry Beyle, gen. Stendhal. In: Lichte Schatten. Aus den literarischen Schriften. Frankfurt a. M. (Societäts-Verlag) 1953

Rilke, Rainer Maria: »Ich rate – Tarascon, bitte, und Beaucaire ...« Empfehlungen für die Provence. In: Rilke, Rainer Maria u. Thurn und Taxis, Marie v.: Briefwechsel. Hrsg. v. Ernst Zinn. Band 1. Zürich (Niehans) 1951

Ders.: Rosa vor Grau – Paris. In: Freundschaft mit Rilke. Begegnungen – Gespräche – Briefe und Aufzeichnungen mitgeteilt durch Elya Maria Nevar. Bern-Bümpliz (A. Züst) 1946

Ders.: »So unendlich bestrickend ...« Ein Dialog über ›Swanns Welt‹. In: Rilke, Rainer Maria u. Thurn und Taxis, Marie v.: Briefwechsel. Hrsg. v. Ernst Zinn. Band 1. Zürich (Niehans) 1951

Roth, Joseph: »Der berauschende kosmopolitische Gestank ...« Marseille. In: Werke. Band 2. Das journalistische Werk 1924-1928. Hrsg. u. m. einem Nachwort v. Klaus Westermann. © 1990 by Verlag Kiepenheuer & Witsch, Köln und Verlag Allert de Lange, Amsterdam

Ders.: »Der Jubel ist schauderhaft und betäubend« Stierkampf in der Arena. In: a.a.O.

Schickele, René: Nächtliches Fest in Meudon. In: Romane und Erzählungen in zwei Bänden. Band 1. Mit einer Einf. v. Wolfdietrich Rasch. Köln (Kiepenheuer & Witsch) 1983

Schneider, Reinhold: Eine jenseitige Welt – Die Kathedrale von Chartres. In: Macht und Gnade. Gestalten, Bilder und Werte in der Geschichte. Leipzig (Insel) 1940

Ders.: Auftrag von oben – Anspruch von unten. Jeanne d'Arc contra Voltaire. In: a.a.O.

Schnitzler, Arthur: »Aber gespielt wird zum Entzücken« Theatererfolge der Saison. In: Briefe 1875-1912. Hrsg. v. Therese Nickel u. Heinrich Schnitzler. Frankfurt a. M. (S. Fischer) 1981

Sieburg, Friedrich: Wo die Welt speist – Diner bei Maxim's. In: Unsere schönsten Jahre. Ein Leben in Paris. © Nachlaß Friedrich Sieburg

Tucholsky, Kurt: »Aber ER!« Maurice Chevalier. In: Ges. Werke. Hrsg. v. Mary Gerold-Tucholsky u. Fritz J. Raddatz. Band II: 1925-1928. Reinbek bei Hamburg (Rowohlt) 2. Aufl. 1967

Ders.: »Da kommt die Prozession« – Ein Tag in Lourdes. In: a.a.O.

Ders.: »Der große Tag der Côte d'Or« – Weinversteigerung in Beaune 1928. In: a.a.O.

Ders.: »In der Métro – kein Mensch« August in Paris. In: a.a.O.

Wagner, Richard: »Die dramatische Musik ist weit über der deutschen ...« Über Hector Berlioz und Henri Vieuxtemps. In: Briefe. Ausgew., eingel. u. kommentiert v. H. Kesting. München, Zürich (R. Piper) 1983

Wechsberg, Joseph: »Diese Mahlzeit ist ein Ritual« Das Geheimnis der Bouillabaisse. In: Forelle blau und schwarze Trüffeln. Wanderungen eines Epikureers. München (Heimeran) 1979

Wedekind, Frank: »Das erinnert mich an Marie Louise ...« Erotisches Leben in Paris. In: Die Tagebücher. Ein erotisches Leben. Hrsg. v. Gerhard Hay. Frankfurt a. M. (Athenäum) 1986

Wegner-Peiser, Cathérine: Und am Ende war alles vergebens ... Erinnerungen an Vichy 1940. Privatbesitz. Rechte beim Herausgeber

Weiss, Ernst: Im Kampf um den Menschen – Honoré de Balzac. In: Das Unverlierbare. Berlin (Rowohlt) 1928

Wolzogen, Wilhelm v.: »Der Lärm war allgemein« Sturm auf die Bastille. In: »Dieses ist der Mittelpunkt der Welt«. Pariser Tagebuch 1788/1789. Hrsg. v. Eva Berié u. Christoph v. Wolzogen. Frankfurt a. M. (S. Fischer) 1989

Woolf, Virginia: Ein Turm, ein Garten, sein Zimmer – Château St. Michel de Montaigne bei Bordeaux. In: Morris, Jan (Hg.): Reisen mit Virginia Woolf. Frankfurt a. M. (S. Fischer) 1995

Zweig, Stefan: Von stinkender Armut und dem Dunst der Latrinen – Die fiebrigen Visionen des Arthur Rimbaud. In: Zeiten und Schicksale. Aufsätze und Vorträge aus den Jahren 1902–1942. Hrsg. v. Knut Beck. Frankfurt a. M. (S. Fischer) 1990

Editorischer Hinweis

Bei allen nicht ins Zitat gesetzten Titeln handelt es sich um vom Herausgeber gewählte Überschriften.

Inhalt

III. »Stoff genug für einen Gesandtschaftsbericht«
Aus Politik, Geschichte, Gesellschaft und Kultur

IV. »Davon konnte man träumen, davon träumte man gerne«
Von Kunst, Architektur und Musik

V. »Wirklich herrlich, voller wunderbarer Dinge«
Die Welt der Literatur und der Literaten

VI. »Sinnlos und doch erfüllt von Schönheit« Savoir vivre – Lebensart, Lebenskunst und die Liebe

VII. »Der ganze Garten Frankreichs . . .«
Aus Küche und Keller

Französische Literatur im dtv

André Gide
Der Immoralist
Roman
Hg. v. Raimund Theis
Übers. v. Gisela Schlientz
ISBN 978-3-423-**12345**-7

Die enge Pforte
Roman
Hg. v. Peter Schnyder
Übers. v. Andrea Spingler
ISBN 978-3-423-**12427**-0

Stirb und Werde
Hg. v. Raimund Theis
Übers. v. Johanna Borek
ISBN 978-3-423-**12859**-9

Der schlechtgefesselte Prometheus
Erzählungen
Hg. v. Raimund Theis
Übers. v. A. Spingler, G. Kleineidam u. G. Scheffel
ISBN 978-3-423-**12651**-9

Die Schule der Frauen
Erzählungen
Hg. v. Peter Schnyder
Übers. v. Andrea Spingler
ISBN 978-3-423-**12772**-1

Isabelle
Erzählung
Hg. v. Peter Schnyder
Übers. v. Andrea Spingler
ISBN 978-3-423-**13442**-2

Victor Hugo
Die Elenden. Les Misérables
Roman
Übers. v. Paul Wiegler u. Wolfgang Günther
ISBN 978-3-423-**08518**-2

Der Glöckner von Notre-Dame
Roman
Übers. v. Michaela Meßner
ISBN 978-3-423-**13376**-0

Joris-Karl Huysmans
Gegen den Strich
Roman
Übers. v. Brigitta Restorff
ISBN 978-3-423-**13098**-1

Trugbilder
Roman
Übers. v. Caroline Vollmann
ISBN 978-3-423-**13549**-8

Zuflucht
Roman
Übers. v. Michael Kleeberg
ISBN 978-3-423-**13550**-4

Madame de Pompadour
Briefe
Ich werde niemals vergessen, Sie zärtlich zu lieben
Übers. v. Hans Pleschinski
ISBN 978-3-423-**13333**-3

Französische Literatur im dtv

Pierre Loti
Im Zeichen der Sahara
Hg. v. S. u. M. Farin
Übers. v. Dirk Hemjeoltmanns
ISBN 978-3-423-**12736**-3

Nach Isfahan
Übers. v. Dirk Hemjeoltmanns
ISBN 978-3-423-**12763**-9

Die Wüste
Übers. v. Dirk Hemjeoltmanns
ISBN 978-3-423-**13308**-1

Jerusalem
Übers. v. Dirk Hemjeoltmanns
ISBN 978-3-423-**13309**-8

Galiläa
Übers. v. Dirk Hemjeoltmanns
ISBN 978-3-423-**13429**-3

Stéphane Mallarmé
Sämtliche Dichtungen
Zweisprachige Ausgabe
Übers. v. C. Fischer u. R. Stabel
ISBN 978-3-423-**12878**-0

Octave Mirbeau
Nie wieder Höhenluft
oder Die 21 Tage eines Neurasthenikers · Roman
Übers. v. Wieland Grommes
ISBN 978-3-423-**12999**-2

Guy de Maupassant
Die vertane Schönheit
Novellen
Übers. v. Hermann Lindner
ISBN 978-3-423-**12801**-8

Guy de Maupassant
Die Liebe zu dritt
Über das Leben und die Kunst
Hg. u. übers. v. H. Lindner
ISBN 978-3-423-**12802**-5

Bel-Ami
Roman
Übers. v. Hermann Lindner
ISBN 978-3-423-**12934**-3

Georges Perec
Ein Mann der schläft
Roman
Übers. v. Eugen Helmlé
ISBN 978-3-423-**12981**-7

Was für ein kleines Moped mit verchromter Lenkstange steht dort im Hof?
Erzählung
Übers. v. Eugen Helmlé
ISBN 978-3-423-**13066**-0

Die Dinge
Roman
Übers. v. Eugen Helmlé
ISBN 978-3-423-**13181**-0

Marcel Proust
Der gewendete Tag
›Auf der Suche nach der verlorenen Zeit‹ in den Vorabdrucken
Hg. u. übers. von Christina Viragh und Hanno Helbling
ISBN 978-3-423-**12877**-3

Französische Literatur im dtv

Marcel Proust
Albertine
Ein Roman aus der ›Suche nach der verlorenen Zeit‹
Hg. u. übers. von Hanno Helbling
ISBN 978-3-423-**12883**-4

George Sand
Ein Winter auf Mallorca
Hg. u. übers. v. U. C. A. Krebs
ISBN 978-3-423-**12497**-3

Briefe
Hg. u. übers. v. A. Haberl
ISBN 978-3-423-**13146**-9

Nanon
Roman
Übers. v. H. Hemje-Oltmanns
ISBN 978-3-423-**13211**-4

Lelia
Roman
Übers. v. H. Hemje-Oltmanns
ISBN 978-3-423-0**2311**-5

Arthur Rimbaud
Sämtliche Dichtungen
Zweisprachige Ausgabe
Hg. u. übers. v. Th. Eichhorn
ISBN 978-3-423-**12945**-9

Stendhal
Rot und Schwarz
Chronik aus dem 19. Jahrhundert
Hg. u. übers. v. Elisabeth Edl
ISBN 978-3-423-**13525**-2

Jules Verne
In 80 Tagen um die Welt
Roman
Übers. v. Sabine Hübner
Mit zahlreichen Illustrationen
ISBN 978-3-423-**13545**-0

Reise zum Mittelpunkt der Erde
Roman
Übers. v. Volker Dehr
ISBN 978-3-423-**13575**-7

François Villon
Sämtliche Werke
Zweisprachige Ausgabe
Hg. u. übers. v. Carl Fischer
ISBN 978-3-423-**12944**-2

Voltaire
Candide
oder der Optimismus
Hg. u. übers. v. W. Tschöke
ISBN 978-3-423-**13009**-7

Émile Zola
Nana
Roman
Übers. v. Walter Widmer
ISBN 978-3-423-**12603**-8

Thérèse Raquin
Roman
Hg. u. übers. v. W. Tschöke
ISBN 978-3-423-**12989**-3